城市空间转型与再生丛书
张京祥　主编

城市蔓延机理与治理
——基于经济与制度的分析

国家自然科学基金课题(No. 41171134)
教育部新世纪优秀人才课题(NCET-07-0432)
教育部人文社会科学研究青年基金课题(No. 11YJCZH058)

洪世键　张京祥　著

东南大学出版社
SOUTHEAST UNIVERSITY PRESS
·南京·

内容提要

作为城市社会、经济活动的空间投影,剧烈的体制转型及其相应的复杂影响必然在城市空间结构与演化上得以显化。改革开放 30 余年以来,中国在政治、经济和社会等方面剧烈的体制转型,从根本上改变了城市空间增长的动力基础,蔓延式增长成为当前中国城市空间增长的主要模式。中国体制转型背景下的城市空间增长与演化,已经成为国内外城市地理和城市规划学界理论研究的前沿问题。本书以改革开放以来中国政治、经济、社会体制转型为基本背景,基于城市经济和城市规划比较分析的视角,全面深刻地分析、理解中国城市空间增长环境的根本性转变,以及这些深层次制度变迁对城市空间增长特别是城市蔓延的巨大影响,揭示和把握体制转型背景下中国城市蔓延的微观和宏观机理,进而构建弹性、集约、高效的城市空间增长管理政策工具体系,为实现中国城市空间协调发展提供理论依据和政策支撑。

本书可供从事中国城市管理、城市规划、人文地理、区域经济研究的人员阅读和参考。

图书在版编目(CIP)数据

城市蔓延机理与治理:基于经济与制度的分析/洪世键,
张京祥著. --南京:东南大学出版社,2012.9
(城市空间转型与再生丛书/张京祥主编)
ISBN 978 - 7 - 5641 - 3648 - 2

Ⅰ.①城… Ⅱ.①洪…②张… Ⅲ.①城市经济-研究-中国
Ⅳ.①F299.2

中国版本图书馆 CIP 数据核字(2012)第 155522 号

书　　名:	城市蔓延机理与治理——基于经济与制度的分析
著　　者:	洪世键　张京祥
责任编辑:	孙惠玉　　　编辑邮箱:894456253@qq.com
出版发行:	东南大学出版社
社　　址:	南京市四牌楼 2 号　　邮　编:210096
网　　址:	http://www.seupress.com
出 版 人:	江建中
印　　刷:	南京玉河印刷厂
排　　版:	江苏凤凰制版有限公司
开　　本:	700 mm×1000 mm　1/16　印张:14.25　字数:233 千
版　　次:	2012 年 9 月第 1 版　2012 年 9 月第 1 次印刷
书　　号:	ISBN 978 - 7 - 5641 - 3648 - 2
定　　价:	39.00 元
经　　销:	全国各地新华书店
发行热线:	025-83790519　83791830

* 版权所有,侵权必究
* 凡购买东大版图书如有印装质量问题,请直接与营销部联系(电话:025-83791830)

总序

几乎是伴随着20世纪80年代以来日益显著的全球化进程,以及西方国家在经济、社会、治理模式等领域展开的巨大变革,中国也同时拉开了改革开放的帷幕,在经济发展取得令全球艳羡的巨大成就的同时,中国的社会经济环境、制度环境与治理环境等也发生了深刻的变化,这就是所谓的"转型"。从本质上讲,转型是一种由于根本发展环境变化所导致的发展目标、发展模式的巨大变迁过程,国际主流观点是将转型视为一个发生根本性变化的过程——从过于强调国家控制的传统社会经济环境,转向新自由主义的市场经济与社会治理环境,是一个新制度代替旧制度的过程。

毫无疑问,在过去的30余年中中国是最受世界关注、最重要的转型国家。相比于西方国家缓慢、渐进式的"改良性"转型过程,以中国为代表的传统计划经济体制国家,则几乎是在全球化、市场化、城市化、信息化多维同步交织的时空过程中发生着复杂的转型,因而往往导致各种问题凸显、矛盾尖锐,这也使得西方有关发展、转型的各种理论、范式都难以简单地套用到中国。因此,中国的城市化、城市发展也就深深地打上了中国独特环境的烙印,正开辟着自己独特的城市发展道路和范式。也正是基于这样的原因,中国的城市发展与城市规划研究本身就是世界的,就是最前沿的。

改革开放以来,中国在经济、政治、社会等方面的剧烈变迁,从根本程度上改变着城市发展的动力基础,各种政治、经济、社会力量和转型期复杂的正式与非正式制度安排,共同而强烈地作用于中国城市空间的发展过程,使得其表现出的现象、机制是既有任何经典的西方城市发展、城市规划理论所不能完全容纳和完美解释的。由于利益、资源控制的分化,城市中多种政治和社会力量博弈,共同决定、影响着城市事务的过程,城市与空间的发展正处于剧烈的转型、解体、冲突与重构的过程之中,正是对这一巨大转型环境的深刻写照。

20世纪80年代以后,空间的社会属性被Lefebvre、Soja、Foucault、Castells等人深刻地揭示出来。Castells宣称"空间不是社会的反映","空间就是社会"。Soja也认为,空间既不是具有自主性建构与转变法则的独立结构,也不是社会生产关系延伸出来的阶级结构的表现,而是一般生产关系的一部分。Lefebvre指出,空间不是社会关系演变的容器,而是社会的产物,空间还反映和反作用于社会。空间不是一种中性的背景或物质存在,而是资本生产模式和社会控制中一种基本的要素,城市空间演化、开发本身就被整合进了市场发育、资本积累的再生产过程之中。总之,按照社会空间辩证法的理解,政治经济的重构以及由此带来的社会生活的转型、治理方式的变迁,必然生产出一种与之相适应的新空间环境——这就是所谓完整意义上的"空间再生"。

空间再生理论本身就是强调将空间置于特定的经济与社会环境中进行考察,因而也给我们提供了一个新的、更加深刻地理解城市发展、城市空间演化、城市规划的重要视角和工具。在社会利益格局日益多元化背景下,城市社会中各利益集团之间竞争、合作、冲突和妥协同时生动地在城市空间中展开,城市空间的再生过程同时承载了转型冲突与各种社会惯性的复杂碰撞。因而,中国改革开放以来广泛进行的城市空间再生运动远不是当年西方城市更新、城市美化、城市结构优化等表象性或技术性话语所能概括的,其根本意义上是一部以空间为载体进行资源与利益再分配的政治、经济、社会博弈的历史。只有对这一过程进行深入分析,才能充分揭示转型语境下中国城市空间再生的生动图景。

这套丛书是充满了前沿挑战的选题,它们在很大程度上跳出了我们传统习惯的城市研究视角,是用一种全新的理念和方法去分析转型期的中国城市空间再生现象和机制——作为一种制度、经济、社会、物质等多维度作用下的复杂过程。这套丛书的作者也都是当前国内城市研究、城市规划界学术思维非常活跃的青年学者,他们具有敏锐的洞察力、思辨力和创新意识,将西方学说与中国的实际进行有机融通并进而推动中国本土城市研究理论的发展,是他们和我们所有当代中国城市研究学人共同的责任。作为前沿性的探索,我们设想这套丛书的选题是开放的、延续的,也认识到本丛书中的许多观点都是值得再讨论的。沐浴着早春明媚和煦的阳光,我们期待着通过包括本丛书在内的共同努力,迎来中国城市研究那"春暖花开"的胜境。

是为丛书总序。

南京大学建筑与城市规划学院教授、博士生导师
2011年早春于南京大学北园

(张京祥,博士,南京大学建筑与城市规划学院教授、博士生导师,南京大学城市规划设计研究院院长,中国城市规划学会理事,中国城市规划学会学术工作委员会委员,教育部高等院校城市规划专业教育评估委员会委员。主要研究方向:城市与区域规划、城市发展史、城市地理与空间结构)

前言

　　城市化作为一个人口、要素集中的过程,从理论上说有利于土地的节约集约利用。但是,中国改革开放以来的城市化历程在总体上并未符合以上的"城市化有利于节约、集约用地"的理论假设,城市空间的过度与低效增长即"城市蔓延",成为中国快速城市化进程中的重要空间特征之一。应该说,这是与改革开放以来中国持续、渐进的体制转型背景是息息相关的。在渐进式的体制转型背景下,城市空间经济属性的凸现和地方政府沦为高度趋利的"企业型政府"所引发的城市空间增长动力机制的变化,使得开发区、新城区、大学城、软件园等新的空间形态不断涌现,成为推动改革开放以来中国城市空间蔓延式扩张的主要宏观动力。

　　在当前中国面临体制转型和"压缩城市化"的背景下,探讨中国城市蔓延的内在机理,进而提出相应的治理措施,无论在理论还是实践上都是一个全新而又极具价值的课题:

　　(1)从理论视角而言,中国特殊的国情和时代背景催生新的城市空间增长理论。作为渐进式体制转型和快速城市化过程作用于空间地域的重要表征,改革开放以来中国的城市空间发展演化表现出令人惊异的多变性,世界上没有现成的理论能够系统全面地解释和回答中国城市蔓延的现象。可以说,中国城市化进程中所出现的空间问题就是当今城市研究领域最前沿的问题之一,中国的城市研究也因此历史地成为世界城市研究的前沿。当前,有关中国城市蔓延的理论研究主要还处在引进国外现有的研究成果阶段,但是国外的"舶来品"往往会水土不服,难以准确、深刻地解释中国城市发展的机制并在中国得到广泛的应用。时代的机遇和理论的贫瘠,迫切需要我们建立适应中国国情、对城市空间增长具有指导作用的理论体系。

　　(2)从实践视角而言,中国"压缩城市化"环境下的城市空间需要更加科学有效的调控。按照西方发达国家的历程,中国正处于"S"型城市化曲线的高速城市化时期,中国的城市化进程无论其速度、广度及其引发的相关问题都是西方国家当年难以堪比的。然而,中国日益短缺的土地、水等资源以及不断恶化的生态环境,再加上节能减排、低碳经济发展方式等压力,使得城市空间增长的门槛约束环境不断紧缩。持续快速的城市化进程以及日益趋紧的资源环境约束,也就是"时间浓缩"和"空间压缩"构成未来中国城市空间增长面临的基本环境。如何在"压缩城市化"环境下控制城市无序蔓延,建立一套有效的、切合中国实际的城市空间增长管理机制,无疑对中国城市化进程具有重大的指导意义。

正是在这一背景下,本书作为国家教育部新世纪优秀人才课题"中国城镇密集地区城市空间增长管理研究"(NCET-07-0432)、国家自然科学基金课题"转型期中国城市空间再生产的效应、机制与治理研究"(No.41171134)、教育部人文社会科学研究青年基金课题"体制转型背景下的城市蔓延机理与调控研究"(No.11YJCZH058)的主要成果之一,重点对上述主题进行了研究探讨。应该说,城市蔓延及其治理是一项跨越多个学科的综合性研究,本书主要基于城市经济学、制度经济学的分析视角,构建基于中国特殊制度背景的城市蔓延机理的理论模型,分析改革开放以来中国城市空间增长失控和城市蔓延的根本驱动因素,并且借鉴西方国家已有的实践,对我国未来城市增长管理政策体系的总体重构提出改革的方向。

本书采用理论与实证相结合、演绎与归纳并用的研究方法,力图从概念、理论、实践三个层次来探讨转型期中国城市蔓延及其治理问题。本书内容主要由以下几个部分构成:

第1章为绪论,主要阐述本研究的背景和意义,辨析相关概念,对国内外相关研究成果进行综述,并说明本书的研究方法与内容。

第2~4章为理论研究部分。其中第2章主要基于城市经济学的视角,对城市空间增长进行理论分析;第3章主要从微观和宏观两个不同的层次来考察城市蔓延的机理,重点是建立城市蔓延机理的理论分析框架;第4章主要从城市蔓延的负面影响、城市增长管理的理念演进和政策工具三个方面阐述城市蔓延治理即城市增长管理问题,重点是构建治理城市蔓延的城市增长管理的政策工具体系。

第5~8章为实证分析部分。第5章主要从发展轨迹、典型案例分析和经验借鉴三个方面,阐述美国城市蔓延与治理实践的发展演变过程;第6章主要阐述转型期中国的制度变迁及其对城市空间增长的影响,重点论述分权化的行政体制改革和市场化导向的土地制度改革的空间效应;第7章概述中国城市空间增长的总体状况,分析其主要驱动因素,并构建计量模型进行验证;第8章以长江三角洲地区为案例区域,主要通过构建城市蔓延指数和动态城市经济模型,对城市蔓延进行验证和解释。

第 9 章为相关政策设计部分。主要阐述中国城市空间增长管理政策体系的演变过程、现状特征及问题，并且指出未来改革的基本方向。

本书的出版，得到了东南大学出版社特别是徐步政、孙惠玉两位编辑的大力支持。在完成上述研究课题及本书的写作过程中，我们有幸得到了诸多师友无私的指导和帮助，深感受益匪浅，在此一并致谢。

城市蔓延是一个复杂而又综合的理论与现实问题，由于作者知识与能力所限，尚不能洞悉该问题的全貌。书中也难免存在不当及疏漏之处，真诚地希望广大读者批评指正。

洪世键　张京祥
2012 年 7 月

目录

总序　/1
前言　/4

1　绪论　/1
　1.1　研究的背景及意义　/1
　　1.1.1　研究背景　/1
　　1.1.2　研究意义　/3
　1.2　基本概念辨析　/3
　　1.2.1　城市规划视野下的城市蔓延　/4
　　1.2.2　城市经济视野下的城市蔓延　/5
　　1.2.3　城市蔓延与相关概念辨析　/8
　1.3　已有研究成果综述　/11
　　1.3.1　国外学者研究成果综述　/11
　　1.3.2　中国学者研究成果综述　/12
　　1.3.3　已有研究成果述评　/13
　1.4　本书的研究目标、内容与创新　/14
　　1.4.1　研究目标　/14
　　1.4.2　研究内容　/14
　　1.4.3　主要创新　/16

2　城市空间增长的理论模型及其应用　/17
　2.1　城市空间增长经济模型的演进　/17
　　2.1.1　杜能农业区位论　/17
　　2.1.2　城市经济静态模型　/19
　　2.1.3　城市经济动态模型　/20
　2.2　基于竞租理论的城市空间增长分析　/22
　　2.2.1　基于静态模型的分析　/22
　　2.2.2　基于动态模型的分析　/25
　　2.2.3　城市空间增长的根本驱动力　/30

2.3　城市空间增长模型的应用　　/ 33
　　　　2.3.1　多中心与城市空间增长　　/ 33
　　　　2.3.2　土地闲置与城市空间增长　　/ 35
　　　　2.3.3　环境质量与城市空间增长　　/ 36
　　　　2.3.4　交通基础设施建设与城市空间增长　　/ 36

3　城市蔓延的机理分析　　/ 40
　　3.1　城市蔓延机理概述　　/ 40
　　　　3.1.1　城市蔓延机理的经验分析　　/ 40
　　　　3.1.2　城市蔓延机理的计量分析　　/ 41
　　　　3.1.3　城市蔓延机理的分类　　/ 41
　　3.2　城市蔓延的微观动力分析　　/ 43
　　　　3.2.1　开敞空间价值与城市蔓延　　/ 43
　　　　3.2.2　通勤行为与城市蔓延　　/ 44
　　　　3.2.3　基础设施与城市蔓延　　/ 45
　　3.3　城市蔓延的宏观动力分析　　/ 47
　　　　3.3.1　地方政府竞争与城市蔓延　　/ 47
　　　　3.3.2　城市土地开发与城市蔓延　　/ 49
　　　　3.3.3　物业税与城市蔓延　　/ 52

4　治理城市蔓延：城市增长管理　　/ 54
　　4.1　城市蔓延的负面影响　　/ 54
　　　　4.1.1　城市蔓延负面影响的争议　　/ 54
　　　　4.1.2　城市蔓延的代价　　/ 56
　　4.2　城市增长管理理念演进　　/ 59
　　　　4.2.1　区域主义　　/ 59
　　　　4.2.2　新城市主义　　/ 59
　　　　4.2.3　精明增长　　/ 60
　　4.3　城市增长管理的政策工具　　/ 62
　　　　4.3.1　城市容纳政策　　/ 64
　　　　4.3.2　开发控制政策　　/ 68
　　　　4.3.3　经济诱导政策　　/ 70

5 美国城市蔓延及其治理实践　/ 75
5.1 美国城市增长管理的缘起与演变　/ 75
5.1.1 战后美国郊区化浪潮　/ 75
5.1.2 郊区化推动下的城市蔓延　/ 77
5.1.3 美国城市增长管理实践的演变　/ 80
5.2 美国城市增长管理的典型案例　/ 88
5.2.1 地方尺度：以 Ramapo 镇为例　/ 88
5.2.2 区域尺度：以波特兰大都市区为例　/ 90
5.2.3 州尺度：以马里兰州为例　/ 95
5.3 美国城市增长管理的效果和启示　/ 99
5.3.1 市场调控与政府调控相结合　/ 99
5.3.2 加强纵向与横向协调　/ 100
5.3.3 鼓励公众广泛参与　/ 101

6 转型期中国制度变迁及其空间效应　/ 103
6.1 渐进式改革道路下的中国制度变迁　/ 103
6.1.1 改革开放以来中国的体制转型　/ 103
6.1.2 分权化的经济体制改革　/ 104
6.1.3 市场化的土地制度改革　/ 105
6.2 体制转型背景下的城市空间增长动力机制变化　/ 108
6.2.1 "二元化"的城乡土地市场结构　/ 108
6.2.2 "双轨制"的城市土地市场　/ 110
6.2.3 企业化的城市政府与城市土地开发　/ 111
6.3 体制转型的空间效应：利益驱动下的城市土地开发热潮　/ 113
6.3.1 方兴未艾的开发区热　/ 113
6.3.2 形式多样的大学城和新区　/ 115
6.3.3 日益猖獗的土地"黑市"　/ 118

7 中国城市空间增长分析　/ 121
7.1 改革开放以来中国城市空间增长概况　/ 121
7.1.1 总体情况　/ 121
7.1.2 区域特征　/ 121
7.1.3 行政区划调整与城市空间增长　/ 124
7.2 中国城市空间增长驱动力分析　/ 125

          7.2.1 已有文献综述 / 125
          7.2.2 基于"社会—空间统一体"的分析框架 / 126
          7.2.3 厦漳泉大都市区城市空间增长演变机理分析 / 127
     7.3 中国城市空间增长驱动力的计量模型分析 / 135
          7.3.1 指标的选取 / 135
          7.3.2 模型的构建 / 136
          7.3.3 研究结果分析 / 137

8 中国城市蔓延的测度与分析：以长江三角洲为例 / 140
     8.1 城市蔓延指数的设计 / 140
          8.1.1 单指标测度 / 140
          8.1.2 多指标测度 / 141
          8.1.3 蔓延指数的设计 / 142
     8.2 长江三角洲地区的城市蔓延状况分析 / 143
          8.2.1 案例区域概述 / 143
          8.2.2 长江三角洲地区的城市空间增长情况 / 146
          8.2.3 长江三角洲地区城市蔓延的测度 / 147
     8.3 中国城市蔓延的经济模型解释 / 149
          8.3.1 地方政府主导下的土地市场的特殊性 / 149
          8.3.2 基于地方政府为主体的城市经济动态模型 / 150
          8.3.3 理论模型对中国城市空间与蔓延的解释 / 155

9 中国城市增长管理的实践及其改进方向 / 158
     9.1 中国城市增长管理实践的演进 / 158
          9.1.1 计划经济时期的城市增长管理 / 158
          9.1.2 转型期的城市增长管理 / 158
          9.1.3 新时期城市增长管理面临的挑战与调整方向 / 159
     9.2 中国城市增长管理的主要政策工具及其存在的问题 / 161
          9.2.1 城市增长边界 / 161
          9.2.2 非城市建设用地规划 / 164
          9.2.3 空间管制分区 / 169
          9.2.4 环城绿带 / 174
          9.2.5 建设用地总量控制 / 183
          9.2.6 基本农田保护制度 / 185

9.3　未来中国城市增长管理的改进方向　/ 188
　　9.3.1　加快土地制度改革,构建城乡统一的土地市场　/ 188
　　9.3.2　科学确定城市扩展范围,加强城市增长空间管制　/ 189
　　9.3.3　强化经济调控手段,实现城市理性发展　/ 190
　　9.3.4　改进规划协调机制,积极推动公众参与　/ 191

参考文献　/ 193
图表来源说明　/ 207

1 绪论

改革开放特别是 1990 年代以来,随着中国城市化进程的加速,中国城市空间也迅速对外扩张,蔓延式增长成为当前中国城市空间增长的主要模式。在当前"压缩城市化"和体制转型背景下,全面审视中国城市蔓延的发生机理,进而提出切合实际的调控措施,已经成为学术界特别是城市经济学和城市规划学理论研究的前沿问题。

1.1 研究的背景及意义

1.1.1 研究背景

改革开放以来,中国正在经历着人类历史上速度最快、规模最大的城市化进程。2011 年我国城镇化率已达 51.27%,这意味着我国的城镇人口首次超过农村人口。我们只用 30 年时间就赶上了西方 100 至 200 年的城市化历程,可谓是一种复杂而"压缩"的形态,表现出极为明显的"时间浓缩"与"空间压缩"特征(张京祥,2010)。一方面,经济快速增长和快速城市化进程要求有更大的城市空间来容纳不断增长的经济和人口规模,并且这种高速增长的态势未来还将继续,中国城市空间增长的时间被"浓缩"了;另一方面,土地、水等资源环境瓶颈和节能低碳等发展理念要求中国的城市不能向过去一样走粗放型增长的道路,特别是 18 亿亩耕地红线提出来之后,土地资源的约束更是成为套在中国城市空间增长头上的"紧箍咒",换句话说,未来中国城市空间增长的空间被"压缩"了。

城市化(Urbanization)主要是指农村居民向城市生活方式的转化过程,反映在城市人口增加、城市建成区扩展、景观和社会以及生活方式的城市环境形成(森川洋,1989)。可见,城市空间增长(Urban Spatial Growth)是城市化进程的组成部分。快速城市化进程引起城市空间的高速增长,但并不必然引发城市蔓延(Urban Sprawl)。城市一旦形成之后,人口的聚集和经济的增长,必然推动城市空间的增长,以容纳更多的人口和经济活动。此外,居民收入水平的提高以及交通成本的降低所造成的居民额外的住房需求,也是推动城市空间增长的重要力量。由此可见,城市空间增长自身是中性的,并不存在褒贬之分。与中性的城市空间增长不同,"城市蔓延"一词从其诞生之日起,就被贴上了鲜明的贬义标签。从本质上看,城市蔓延是一种过度的城市空间增长形式(Brueckner,2000;Mills,2003),也就是超过一定限度(通常指城市化速度,也就是城市人口增长速度)的城市空间增长模式(Ewing,1997),在空间形态上表现出低密度、条状或带状、分散、蛙跳开发式等特征(Burchell,2005;Lopez,2003)。

  城市化作为一个人口集中的过程,从理论上说有利于土地的节约集约利用(周一星,2006)。但是,中国改革开放以来的城市化历程并未符合以上的"城市化有利于节约集约用地"的理论结论,城市空间的过度增长即城市蔓延成为中国城市化进程的重要特征。1990—2006年,我国城镇人口增长90%,而城市建成区面积扩大了1.6倍(杨伟民,2008)。2000—2003年,我国城镇人口年均增长4.49%,而城镇建成区面积年均增长8.05%,人均建设用地达到126平方米,远远高于发达国家人均82.4平方米和发展中国家人均83.3平方米的水平(仇保兴,2006)。城市空间的蔓延式增长,已经导致了大量耕地的流失、土地低效利用、交通状况恶化、绿带被蚕食等问题(Yeh & Li,1996)。正因为如此,城市蔓延问题已开始引起了不少学者的高度关注。陆大道院士等指出,近10年来我国城镇化空间失控现象极为严重,形成了大分散和蔓延式的扩张,如果不能有效遏制"冒进式"城镇化和空间失控的严峻态势,将会严重阻碍我国整个现代化的进程(陆大道,2008)。

  改革开放特别是1990年代以来,城市空间过度增长即城市蔓延之所以成为中国城市化进程的重要特征,与改革开放以来中国持续、渐进的体制转型背景息息相关。作为城市社会经济活动的空间投影,制度变迁及其相应的复杂影响必然在城市空间结构上有着明显的表征,并强烈影响着城市空间增长的进程。体制转型背景下,制度变迁所引发的城市增长动力机制的变化是造成城市蔓延的宏观动力。这主要体现在城市空间经济属性的凸现和地方政府沦为高度趋利的"企业型政府(Entrepreneurial Government)"(Osborne & Gaebler,1992)上。制度变迁在客观上促进城市发展的同时,也使得开发区、新区、大学城、软件园等新的空间形态不断涌现,进而导致城市蔓延、耕地流失等一系列问题。

1.1.2 研究意义

在当前中国面临体制转型和"压缩城市化"的背景下,基于城市经济和城市规划比较分析的视角,探讨中国城市蔓延的机理,进而提出相应的调控措施,无论在理论还是在实践上都是一个全新而又极具价值的课题。

(1) 从理论视角,中国特殊的国情和时代背景催生新的城市空间增长理论。作为渐进式(Gradualism)体制转型和快速城市化过程作用于空间地域的重要表征,近30年来,中国的城市空间发展演化表现出令人惊异的多变性,世界上没有现成的理论能够系统全面地解释和回答中国城市蔓延的现象。可以说中国城市空间增长所出现的问题就是城市研究领域最前沿的问题之一,中国的城市研究也因此第一次历史性地成为世界城市研究的前沿。当前,中国城市空间增长的理论研究还处在引进国外现有的研究成果阶段,但是"舶来品"往往会水土不服,难以在中国得到广泛的应用。时代的机遇和理论的贫瘠迫切需要建立适应中国国情、对城市空间增长具有指导作用的理论体系。

(2) 从实践视角,中国"压缩城市化"环境下的城市空间需要更加科学有效的调控。按照西方发达国家的历程,中国正处于"S"型城市化曲线的中期,即处在城市化的高速推进期。也就是说,中国快速的城市化进程还将持续很长一段时期。然而,中国日益短缺的土地、水等资源以及不断恶化的生态环境,再加上节能、低碳的经济发展方式,使得城市空间增长的门槛约束环境不断紧缩。持续快速的城市化进程以及日益趋紧的资源环境的约束,也就是"时间浓缩"和"空间压缩"构成未来中国城市空间增长面临的基本环境。如何在"压缩城市化"环境下控制城市无序蔓延,建立一套有效的切合中国实际的城市空间增长管理机制,无疑对中国城市化进程具有重大的指导意义。

1.2 基本概念辨析

"蔓延"一词最早由 Earle Draper 于 1937 年在一个全国性的规划师会议上使用,指的是一种缺乏美感和不经济的居住模式(Wassmer,2002);"城市蔓延"一词最早被社会学家 William Whyte 在 1958 年的《财富》杂志开篇所使用,用以指代城市郊区飞地式开发的现象(Whyte,

1958)。从 1960 年代开始,城市蔓延一词被公众和学者广泛接受,用来指代造成不希望得到的社会影响的城市开发模式。从历史背景上看,城市蔓延讨论的形成和壮大,与美国的郊区化问题息息相关。20 世纪 50 年代,美国大城市近郊的小城镇人口迅速增加,引发城市空间的无序蔓延。在实践的推动下,美国学术界对城市蔓延的研究也日益高涨。

1.2.1 城市规划视野下的城市蔓延

虽然城市蔓延一词由来已久,但直到现在也未能形成统一的界定,以至于影响了对城市蔓延及其相关问题的理解和认识。换句话说,学者普遍认为蔓延现象很普遍,负面影响也很严重,但是仍然不能指出什么才是蔓延以及如何进行测度,并且不同学科领域的学者关注城市蔓延的视角也有所区别(陈明星,2008):环境学者关注的是城市蔓延对环境以及人类健康的危害;社会学家关注的是城市蔓延对社会关系的影响;城市规划学者关注的是城市蔓延对城市土地利用以及城市空间结构的影响;经济学家关注的是城市蔓延背后的市场机理以及如何用市场手段来纠正城市蔓延的倾向。

城市规划学者是研究城市蔓延问题的主要力量,也是造成城市蔓延定义混乱的主要因素。在城市规划学者眼里,城市蔓延是一种空间开发形式,以低密度、分散化和不连续的"蛙跳"扩张以及隔离的土地使用为特征,鼓励大量私人交通工具和条状购物中心的使用;该开发形式主要发生在大都市地区边缘的开敞的农村土地(Anderson,1996;Ewing,2003;Burchell,1998;Hadly,2000)。关于城市蔓延的定义如此之多,因此有些学者对相关定义进行归类。Siedentop(2005)认为有五种蔓延的定义:(1)根据居住系统的密度特性来定义蔓延,这些定义把蔓延看做是低密度的居住形式和功能分解的城市;(2)将蔓延定义为与城市向农村的空间扩张相联系的城市职能去中心化的过程;(3)通过居住系统的结构和形式特性来定义蔓延的特征,蔓延被理解为一种城市形式的建筑过程,即从之前的单中心紧凑结构转变为一个离散、多中心和分散居住结构;(4)基于土地利用的社会性的有关影响的定义,例如交通诱导效应、肥沃土壤流失等;(5)基于标准的规划和秩序理解的定义,违背空间开发目标的、没有规划的城市开发被看做是蔓延。Galster 等人在对过去城市蔓延定义进行评述的基础上,归纳了六种蔓延定义类型:(1)通过案例定义蔓延,这可以被看做蔓延特征的具体化,例如洛杉矶;(2)蔓延被作为一般性的城市开发模式的美学判断标准;(3)蔓延是外部性的原因,例如对轿车的高度依赖,逃离内城的居民,工作和住房之间的空间错位,环境质量的降低;(4)蔓延是一个独立变量的结果或影响,例如破碎的地方政府,不科学的规划,排他性的分区;(5)蔓延被定义为一个或多个的现有的开发模式,最经常提到的是低密度和蛙跳,远离中心设施,就业和居住开发的散步,连续的条状开发;(6)蔓延被看做是发生在特定时期,例如城市地区扩张时期的开发过程。他们也对城市蔓延进行了界定:蔓延(名词)是城市地区的一种土地利用模式,该模式是八种独特维度的综合:密度、连续性、集中度、集聚、向心性、核性、混合土地利用和接近性。基于这些维度,Galster 等人还对蔓延式与非蔓延式的城市土地开发进行了比较。

总而言之,在城市规划学者中,Galster 对城市蔓延的界定得到较为普遍的认同,应用也相对较广。

1.2.2 城市经济视野下的城市蔓延

相对于各执一词的城市规划领域而言,城市经济学的学者对城市蔓延的定义相对一致。Mills(2003)认为,对于城市经济学而言,城市蔓延意味着过度郊区化。Brueckner 也把城市蔓延看做是过度的城市空间增长,认为在市场机制,即"看不见的手"的指引下,房地产开发商和非城市使用者(主要是农民和其他农业使用者)之间的竞争有助于决定城市的土地利用强度以及城市空间规模,因而大部分城市空间增长是良性的,其背后的根本力量包括人口增长、收入提高和交通成本下降;城市蔓延是市场失灵导致的过度的城市空间增长,而市场失灵的来源主要有三种:由于开敞空间社会价值所导致的失灵,由于高速公路拥堵产生的社会成本所导致的失灵和完全由于新开发的基础设施的成本造成的失灵。

如果将城市蔓延理解为过度的城市空间增长,那么,城市增长是否过度也就成为区分良性增长与蔓延的分水岭。由于正常城市空间增长是在市场机制作用下的城市地域范围的扩张,因此,这种城市扩张方式从经济效率的视角来看是有效率的,也就是一种帕累托改进式的城市地域范围扩张;相反,城市蔓延是由于市场或政策失灵导致的城市地域范围扩张,是一种无效率,也就是非帕累托改进式的城市地域范围扩张。因此,从经济学的视角出发,我们可以将是否为帕累托改进作为区分正常城市空间增长与城市蔓延的理想化标准。

所谓帕累托改进,是指在其他人福利没有变坏的情况下增进一些人福利的配置方式,如果一种配置方法存在帕累托改进,它就被称为帕累托低效率,反之就称为帕累托有效率(范里安,2006)。下面我们用一个简化的理论模型来分析城市空间增长的过程。

在城市经济学模型中,通常假设家庭从土地以及除土地之外的复合商品中获得效用。在本书中,我们借用这一思想来从理论上区分城市空间增长与城市蔓延。假设某一区域由位于中心的城市和位于外围的农村组成,在地域范围上,城市为农村所包围;城市土地为建设用地,归开发商所有;农村土地为农业用地,归农民所有。农业用地可以转变为城市建设用地,但这一过程是不可逆的,即城市建设用地不能转变为农业用地。基于这样的假设,不难得出这样的结论:城市空间增长即城市地域范围的扩展,必然伴随着土地所有权和用地性质的变更。也就是开发商必须从农民手中购买农业用地,并将其转变为城市建设用地。在市场机制的条件下,城市空间增长的过程可以看做是农村土地交易及其后续开发的过程。如果我们将开发商和农民及其集体看做是交易行为人 A 和 B,将土地和非土地复合商品集合看做是交易的商品 1 和商品 2[①];$X_A = (x_A^1, x_A^2)$ 表示开发商的消费束,其中 x_A^1 表示开发商所消费的土地,x_A^2 表示开发商所消费的非土地复合商品。农民的消费束用 $X_B = (x_B^1, x_B^2)$ 表示。X_A 和 X_B 这一对消费束称为一种配置。如果所消费的每种商品的总数与其总的禀赋量相同,这种配置就是可行配置,即:

$$x_A^1 + x_B^1 = \omega_A^1 + \omega_B^1$$
$$x_A^2 + x_B^2 = \omega_A^2 + \omega_B^2$$

其中 (ω_A^1, ω_A^2) 和 (ω_B^1, ω_B^2) 分别是开发商和农民的初始禀赋配置,也是城市空间增长前的配置。如图 1-1 所示,假设 W 为初始禀赋点。穿过点 W 的行为人 A 和 B 的无差异曲线构成一个呈透镜状的区域。在该区域内任何配置都是可行的,并且每一配置都是帕累托改进。但是,除了点 M 之外,该区域内的其他点均会形成一个新的"互利区",进而能够进行新的帕累托改进的交易。最终,在 M 点上,开发商和农民的无差异曲线相交,也就意味着在该点上不存在对双方都有利的交易。我们可以认为,点 M 就是有效率的帕累托的有效率配置点。由点 W 向点 M 移

---

① 为了便于理解,我们可以把非土地复合商品束用资本来指代。作为商品的资本是有价格的,其价格可以用利率的影子价格表示,并且资本的价格与利率成反比。农业土地价格用地租表示。

动的配置过程意味着开发商以 $|x_A^1 - \omega_A^1|$ 单位的资本换取了 $|x_A^2 - \omega_A^2|$ 单位的土地;相反,农民以 $|x_B^2 - \omega_B^2|$ 单位的土地换取了 $|x_B^1 - \omega_B^1|$ 单位的资本。也就是说,此时城市的边界扩展了 $|x_A^2 - \omega_A^2|$ 单位。由于该城市空间增长轨迹是帕累托改进的过程,也就是福利增进的过程,因此可以称之为帕累托改进的城市空间增长。

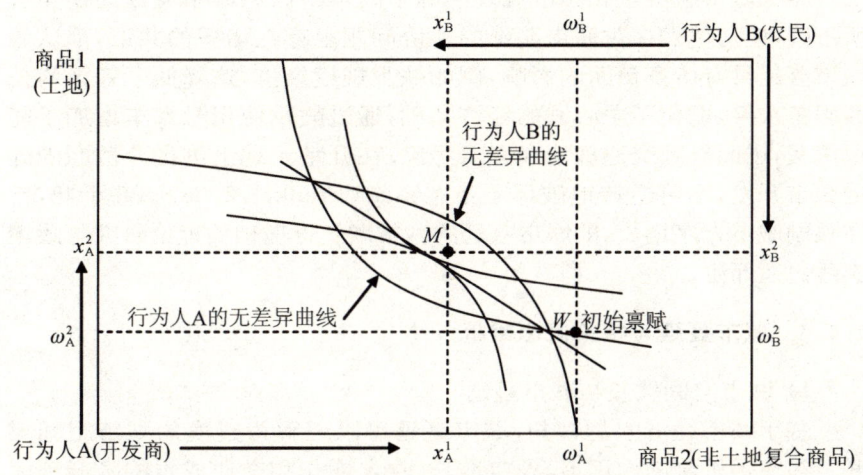

图 1-1 帕累托改进的城市空间增长

需要注意的是,在该分析框架中,土地供应量不变,这与其他经济模型中假设土地总量是固定的有着很大的区别。此外,该方法只考虑建设用地和农用地二者总量的均衡,而不考虑土地资源配置的区位特征。如果考虑土地的区位要素,由于受到土地资源总量的约束,城市空间增长的成本实际上是越来越高的。不过,帕累托改进在现实生活中难以观测和量化,因此,以此区分城市蔓延与正常城市空间增长,只能说是一种理想化的区分,在实际应用中还需要有更加实际和具有可操作性的区分方法,例如将城市空间增长的速度与城市人口增长速度进行比较等等,这将在后面的城市蔓延测度问题中进行详细阐述。

应该说,城市规划和城市经济学领域的学者从各自的视角分别揭示了城市蔓延的内容。城市规划学者普遍从城市土地开发及其形成的城市空间形态的角度来界定城市蔓延,认为城市蔓延是特定的土地开发模式,包括低密度、分散化、跳跃式开发,条带状商业走廊开发和大规模单一功能区开发等等;城市经济学的学者侧重从经济运行机制的角度来界定城市蔓延,认为城市蔓延是由于市场失灵所导致的过度的城市空间增长。实际上,以上两类定义分别描绘了城市蔓延的外延和内涵。从本质上看,城市蔓延是一种过度的城市空间增长形式,在空间形态上表现出低密度、条状或带状、分散、蛙跳开发式等特征,也就是"非紧凑开发"(Ewing,1997)。综合这两类定义既能揭示城市蔓延的本质特征,同时也使新定义具有可操作性,便于在实践中进行测度。

尽管城市经济学和城市规划学等不同学科认识城市蔓延的视角有所不同,但是他们在对城市蔓延的评价问题上存在诸多的共识,都认为城市蔓延具有诸多负面的影响,例如缺少规模经济,这降低了郊区的公共服务水平,弱化了中心城的经济基础;通过鼓励使用私家车增加了能源消费,进而导致交通拥堵和空气污染;在开敞土地上进行分散而破碎的城市开发,不可逆转地破坏了生态系统(Frenkel,2008)。基于此,旨在限制城市无序增长,即城市蔓延的城市增长管理相关理论研究与政策实践应运而生。

1.2.3 城市蔓延与相关概念辨析

1) 城市空间增长与城市蔓延

基于城市经济学的视角,城市蔓延可以理解为过度的城市空间增长。在市场机制的作用下,人口增长、收入增长和交通成本的降低等因素推动了城市足迹的扩展,也就是推动了城市空间增长;而由于土地利用外部性等因素造成的市场失灵问题,导致了过度的城市空间增长,也就是城市蔓延。当然,除了市场失灵因素之外,政策失灵也是导致城市蔓延的重要因素。例如,提供开敞空间普遍被认为是一项限制城市蔓延的公共政策,但是有学者通过研究发现,该政策可能无法收到预期的效果,甚至会造成蛙跳式的城市土地开发模式,进而对城市蔓延起到推波助澜的作用(Wu,2003)。

从历史上看,城市空间增长的现象由来已久。城市一旦形成之后,人口的聚集和经济的增长,必然推动城市空间的增长,以容纳更多的人口和经济活动。此外,居民收入水平的提高以及交通成本的降低所造成的居民对额外住房的需求,也是推动城市空间增长的重要力量。但是,20世纪,特别是1950年代以来,以美国为代表的西方国家的城市空间增长方式是城市"足迹"(城市化地区)的扩张速度明显快于城市人口增长的速度,甚至是城市人口没有增加,而城市化地区仍然在扩大。例如,1950—1990年,美国城市化地区的土地数量增长了245%,而相应的人口仅增长了92%(阿瑟,2008)。如图1-2所示,在1950—1990年期间,除了个别西部城市之外,美国主要大城市的人口数量是减少的,但是在城市化地区的土地面积方面,除了纽约、底特律和新奥尔良之外,其他城市无一例外都是增加的,其中增长最快的印第安纳波利斯,其城市化地区的土地面积增长了558.2%。这说明,在此期间,美国主要大城市土地面积扩张速度快于人口增长速度。与之相应,在此期间,美国主要大城市的人口密度基本上是下降的,甚至有些城市,如印第安纳波利斯的人口密度竟然下降了惊人的73.9%。

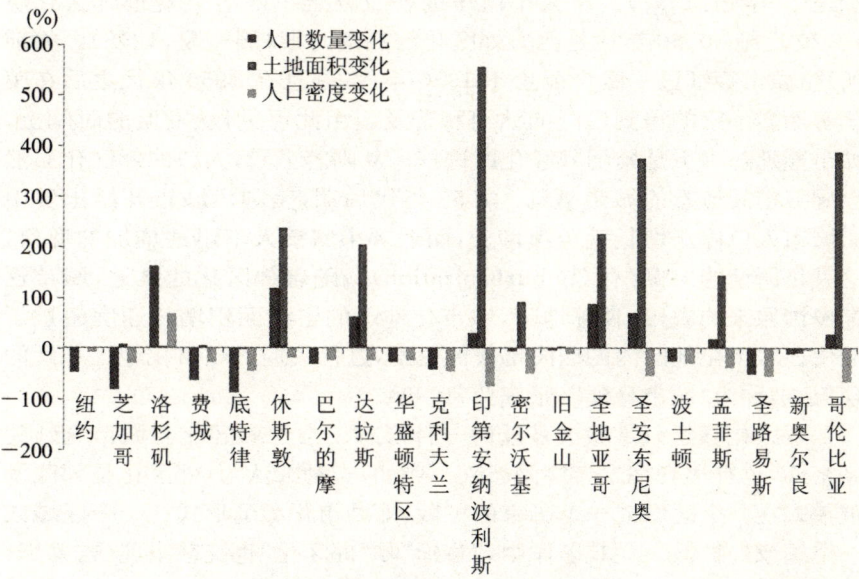

图1-2　1950—1990年美国主要大城市人口、土地面积和人口密度变化情况

由于城市化地区增长速度快于城市人口增长速度导致了城市密度下降,也就是城市以更加分散的方式向外扩张。相对于人口增长而言,城市空间增长速度过快,也就是城市空间过度增长了,这样的空间增长模式就是城市蔓延。由此可见,城市蔓延是城市空间增长的一种形式,是一种过度的、不合意的城市空间增长模式。

正如Mills所言,城市蔓延已经成为紧凑城市和精明增长的对立物,是一个含轻蔑之意的术语,它指呈现低密度、机动化依赖、非城市邻近的城市和大都市增长格局(Mills,2003)。

2) 郊区化与城市蔓延

郊区化的客观结果是城市蔓延。城市空间增长可以分为城市化的增长和郊区化的增长。其中，郊区化指的是城市中心的人口向郊区转移的过程。由于总人口并没有增长，随着郊区化的进行，城市空间必然以更加分散的方式向外扩展。因此，从这一意义上说，郊区化的城市空间增长必然就是城市蔓延。

西方国家和地区的郊区化进程由来已久，最早可追溯到 1930 年代大危机时期。1950 年代后，随着中心城市地价的上涨、生活水平的改善、对低密度的独立住宅的追求和汽车的广泛使用等原因，郊区化进程加速（许学强，1997）。私人小汽车的普及开启了西方大规模郊区化时代，20 世纪 50、60 年代是西方郊区化的高潮时期（周一星，1998）。如前所述，城市蔓延这一概念诞生于 1930 年代，并且在 1950 年代之后在美国等西方国家的得到广泛的认可和普及。由此可见，从发展的时间上，城市蔓延基本上是紧随郊区化的进程。从内容上看，人口的郊区化必然会导致空间形态的城市蔓延。1950 年代后期，美国大城市开始出现中心城市人口停止增长甚至负增长，而近郊小城镇人口迅速增加的现象，这就是所谓的"郊区化（Suburbanization）"；随着郊区化的推进，城市逐渐侵蚀原来的农田、森林地带，城市化地区的土地面积增长速度超过了居住在城市化地区内的居民增长的速度，这种失控的城市化地区蔓延的现象，被称为"城市蔓延"（张庭伟，1999）。

郊区化蔓延只是城市蔓延的一种形态。由于郊区化与城市蔓延关系密切，也有学者将二者等同起来。例如，吉勒姆认为，郊区化是郊区发展模式在一个区域或一个国家的扩散，即城市化蔓延形式在一个区域或一个国家的扩散。在其著作中，"蔓延"和"郊区化"也交替出现（吉勒姆，2007）。不过，准确的表述应该是郊区化蔓延是城市蔓延的一种形式。又例如，Downs(1994)认为城市蔓延是郊区化的特别形式，它包括以极低的人口密度向现有城市化地区的边缘扩展，占用过去从未开发过的土地；Pendall(1999)则主张将郊区化蔓延描述为一种低密度的"城市化"现象。除了郊区化蔓延之外，还存在另一种城市蔓延的形态，即城市化蔓延。郊区化蔓延主要是城市内部的推力和郊区（农村）的拉力共同作用的结果，也就是城市内部居住条件恶化等因素使得城市人口，特别是高收入人群逃离城市，到风景更加优美、居住条件更加优越的郊区居住，而郊区化的空间形态的结果是低密度，有时是蛙跳式的空间增长模式。相对于城市中心的土地利用强度而言，郊区化造成的土地开发强度显然较低，从而也就造成过度的城市空间增长。从这意义上说，郊区化城市空间增长必然是城市蔓延。如果说郊区化蔓延是指由于人口向郊区扩散导致的城市空间增长模式,那么城市化蔓延是指由于人口向城市集中导致的城市空间增长模式,是农村人口向城市集中的过程,由于原有的城市空间容纳不了日益增长的人口,必然形成空间增长。这时,城市空间增长的方式可能是垂直的空间增厚,也可能是平面的向外扩展。如果是前者,那么这种城市空间增长方式必然不是城市蔓延;如果是后者,也不一定带来蔓延,需要对比城市扩展前后的土地利用强度。如果新增长是以一种更加分散的形式进行,使城市空间形态越发分散,那么就是蔓延;如果新增长是以一种更加集中的方式进行,使城市空间形态越发紧凑,那么就不是蔓延。因此,蛙跳式的城市空间增长并不必然是蔓延。因为蛙跳式增长可能在老城区之外建设一个新城,新城的土地开发利用强度可能并不亚于老城,这样的蛙跳式增长也就不能定义为蔓延了。

总而言之,如果将城市蔓延理解为过度的城市空间增长,那么人口郊区化所带来的城市空间增长必然是蔓延;另外,如果郊区化蔓延只是城市蔓延的一种形式,城市化推动的城市空间增长也可能是蔓延。

1.3 已有研究成果综述

1.3.1 国外学者研究成果综述

1960年代以来,西方国家以郊区化为代表的城市蔓延问题引起了学术界的广泛关注,西方学者对城市蔓延特别是其内在机理问题进行了大量的研究。

然而大多数的学者对城市蔓延发生的机理只是作出经验性的判断,认为土地持有者的投机行为、政府的公共管制(分区制)、交通设施的建设、政府的公共政策(交通补贴和住房信贷政策等)以及征收土地开发税等是造成蔓延的重要因素(Harvry,1965;Downs,1994;Duton,2000;Gillham,2002)。1980年代之后,越来越多的学者基于经济学的视角来分析城市蔓延的机理。Alonso(1964)的竞租模型(The Bid-Rent Model)及其建立的单中心城市一般均衡分析框架成为现代新古典城市经济理论的里程碑。而后,Muth(1969)和Mills(1972)对该模型进行扩展,建立了Muth-Mills住房模型。Brueckner(1983)利用Muth-Mills模型来解释城市空间增长问题,他认为城市空间增长与城市人口、城市居民收入和农业土地地租有关;Brueckner(2000)进一步区分了市场力量和市场失灵分别对城市空间增长以及城市蔓延所产生的影响:市场力量包括城市人口增长、城市居民收入水平提高以及交通成本的下降等,这些市场因素造成了良性的城市空间增长;市场失灵包括开敞空间的社会价值、拥堵的社会成本以及新开发基础设施的成本等因素导致的城市空间的过度增长,也就是城市蔓延。

1990年代以来,美国学者和政府广泛检讨了美国郊区化导致的城市空间蔓延及其带来的生态、社会方面的负效应,提出了要通过精明增长(Smart Growth),即增长管理(Growth Management)对土地开发活动进行管制,以提高城市空间增长的综合效益,包括绿带(Green Belt)、城市增长边界(Urban Growth Boundary)、足量公共设施要求(Requirement for Adequate Public Facility)、开发影响费(Development Impact Fee)等政策工具得到广泛应用(Porter,1997;Gillham,2002)。

1.3.2 中国学者研究成果综述

相对于西方汗牛充栋的有关城市蔓延的文献,我们对于中国城市扩张是否过度或无效率这一问题知之甚少(Deng,2004)。目前,国内城市蔓延及其规制问题的研究十分有限,主要集中在城市地理和城市规划领域。大多数的研究是对西方尤其是美国的城市增长管理的实践及其政策工具进行综述,并对这些工具与策略在中国应用进行初步探讨(张进,2002;张波,2004;蒋芳,2007;陈锦富,2009;吴次芳,2009),也有一些学者在借鉴西方城市增长管理,特别是精明增长的相关理论和工具的基础上,以国内的城市为案例进行分析(张忠国,2006;苏建忠,2005;刘冬华,2007;雒占福,2009)。

改革开放以来,中国渐进式体制转型道路引起了不少学者,特别是华裔学者的研究兴趣,基于体制转型背景的城市蔓延机理与规制的文献时常发表于国内外主流城市规划和城市地理刊物上。有些学者以"增长机器(Growth Machine)"模型和"城市政体(Urban Regime)"模型为基础,来分析改革开放以来中国城市空间增长与蔓延问题(Zhu,1999;Deng & Huang,2004;张京祥,2008;朱介鸣,2009);也有学者从尺度重构(Scaling)和地域化(Territorialization)过程的角度来研究中国改革开放以来城市空间结构的变化(沈建法,2007)。在中国的体制转型中,土地制度改革对城市空间增长乃至城市蔓延的影响尤其深远,这也引起不少学者的关注(Cartier,2001;徐江,2007;陈鹏,2007;洪世键,

2009)。

总体而言,目前中国学者(包括华裔学者)对城市蔓延机理及其规制问题的研究还十分有限,特别是缺少基于城市经济学视角的系统化理论与实践研究,而这正是本书试图要解决的问题。

1.3.3 已有研究成果述评

纵观国内外关于城市空间增长及其管理相关问题的研究,我们不难总结出以下几个方面的特点:

第一,国外研究重数理模型,国内研究重计量分析。国外学者对城市空间增长与管理问题的研究,侧重于构建或依托数理模型来进行分析,即使是利用城市样本进行的经验分析,也是以相关的数理模型为基础的。反观国内相关的研究,基本上不涉及数理模型部分,更多的是选取某些指标,以某个或某些城市为案例,采用一定的计量方法进行分析。由于缺少相应的数理模型的支撑,国内不少相关研究成果并没有太大的说服力。

第二,国外研究涉及学科较广,国内研究涉及学科较少。国外研究城市空间增长及其管理的学者涉及地理、城市规划、经济学、环境科学等不同的学科,特别是具有经济学背景的学者占了很大的部分;反观国内研究该问题的学者,基本上以地理学领域的学者为主,具有其他学科背景特别是经济学背景的学者很少。换句话说,国内基于经济学视角研究城市空间增长及其管理问题的成果基本上仍是一片空白。

第三,国内研究以综述和案例分析为主,理论创新不足。由于国内对城市空间增长特别是增长管理问题的研究仍处于起步阶段,已有的研究成果更多的是介绍以美国为主的西方的研究成果,或者是以特定城市为例进行案例分析,缺少构建对分析中国城市空间增长具有普遍指导意义的理论模型,也缺少针对中国特殊制度背景的城市空间增长与管理系统分析。

基于以上的认识,本书将试图填补现有研究成果特别是国内学术界对蔓延机理与规制问题的研究不足,从不同学科特别是基于城市经济学和城市规划学比较分析的视角,构建基于中国特殊制度背景的城市空间增长理论模型,并借助这些理论模型,分析中国城市空间增长与管理实践中存在的问题,为规范中国城市空间增长过程,抑制日趋严重的城市蔓延势头,重构中国城市增长管理政策体系提供依据。

1.4 本书的研究目标、内容与创新

1.4.1 研究目标

如前所述,虽然国内外学者对中国城市空间增长及其蔓延关注已久,但是已有的研究成果或者是关注普遍意义上的城市空间增长类型与模式,或者是从中国个别城市案例中归纳出若干的模式与特征,并没有针对中国体制转型这一特殊的背景,对改革开放以来中国城市空间增长和城市蔓延构建一个具有说服力的理论框架与模型,进而也就没有系统化的、行之有效的城市增长管理的政策措施。事实上,在"压缩城市化"的背景下,由于面临土地紧缺、节能低碳等资源、环境的约束,从制度变迁的视角分析城市蔓延发生的根本因素,探索一条集约、弹性、高效的城市空间增长之路,具有重大的学术价值和社会经济效益。因此,本书试图从体制转型分析入手,应用城市规划学、城市地理学、城市经济学和制度经济学的研究方法对城市蔓延问题进行研究,一方面在理论研究上开辟一个既与国际前沿接轨又有鲜明中国特色的研究领域,同时也为中国城市空间增长管理的实践提供理论指导和政策支撑。本书的主要研究目标为:

(1) 建立中国体制转型背景下的"社会变迁—城市空间结构演化"的互动的总体机制框架,揭示出城市空间增长和蔓延的基本动力作用过程,分析、推演其未来可能态势,为调控城市空间增长提供重要的理论基础。

(2) 将城市经济学、制度经济学等相关学科引入传统的以城市规划和城市地理学为主的城市空间增长的研究领域,建立一个多学科互补融合的研究城市空间结构演化的理论和模型框架,丰富和发展我国城市地理学的研究视野、研究方法和研究内容。

(3) 结合体制背景和城市化进程的阶段性特征,探讨西方现有城市增长管理的思想理念、政策工具和实践经验在中国的适用性,为规范中国城市空间增长政策体系,实现城市空间的良性有序增长提供方向性的政策建议。

1.4.2 研究内容

本书试图通过构建基于中国特殊制度背景的城市蔓延机理的理论

模型,分析城市空间增长失控和城市蔓延的根本因素,并且借鉴美国等西方国家已有的实践经验,对我国未来城市增长管理政策体系的重构提出改革的方向。总体而言,城市空间增长与蔓延问题是一项跨学科的综合性研究,本书主要采用的研究方法包括:① 社会过程—空间互动分析法,建立社会过程与城市空间演化的关系模型,理清它们之间的总体互动机制;② 动态城市经济模型的数理与计量分析,借助动态城市经济分析模型和方法,建立政府主导下的城市蔓延数理模型,并运用相关城市的案例和数据,进行实证验证。具体而言,本书的章节安排如图1-3所示。

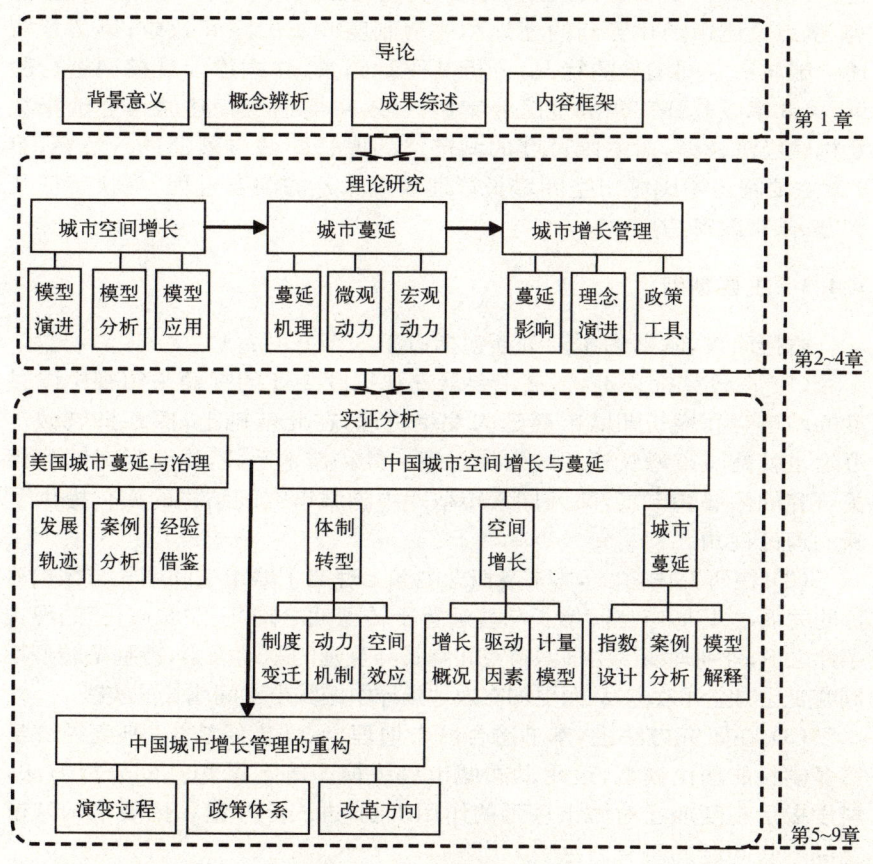

图1-3 本书的研究框架

第1章为导论。主要阐述本书研究的背景和意义,辨析相关概念,对国内外相关研究成果进行综述,并说明本书的研究方法与内容。

第 2~4 章为理论研究部分。其中第 2 章主要基于城市经济学视角,对城市空间增长进行理论分析;第 3 章主要从蔓延机理、微观动力和宏观动力三个方面阐述城市蔓延,重点是建立城市蔓延机理的理论分析框架;第 4 章从城市蔓延的负面影响、城市增长管理的理念演进和政策工具三个方面阐述城市蔓延治理即城市增长管理问题,重点是构建规制城市蔓延的城市增长管理的政策工具体系。

第 5~9 章为实证分析部分。第 5 章主要从发展轨迹、典型案例分析和经验借鉴三个方面阐述美国城市蔓延与城市增长管理的发展演变过程;第 6 章主要阐述转型期中国的制度变迁及其对城市空间增长的影响,重点论述市场化导向的土地和住房制度改革的空间效应;第 7 章概述中国城市空间增长的状况,分析其驱动因素,并构建计量模型进行验证;第 8 章以长江三角洲地区为案例区域,主要通过构建城市蔓延指数及构建经济模型,对中国过度的城市空间增长即城市蔓延进行解释;第 9 章主要阐述中国城市空间增长管理政策体系的演变过程、现状特征及问题、未来改革方向。

1.4.3 主要创新

概括而言,本书的主要创新包括以下 3 个方面:

(1) 在研究视角上,本书主要从宏观制度变迁的视角来审视中国过度的城市空间增长即城市蔓延的发生机理,在此基础上,探索抑制城市蔓延也就是城市增长管理的宏观政策工具和技术手段,这既是对国际相关研究的拓展和丰富,又为探索转型期中国城市空间结构的演化提供了新的理论视角。

(2) 在研究内容上,本书从概念内涵上理清了城市空间增长与城市蔓延的关系,并将城市空间增长与蔓延置于转型期中国"压缩城市化"的现实条件之下,分别理清了中国城市空间增长与蔓延的驱动因素,特别是转型期制度变迁的空间效应,从而更加有效地指导中国城市空间增长的实践。

(3) 在研究方法上,本书融合城市地理学、城市经济学、制度经济学等多学科的理论模型,运用动态城市经济模型等定量和空间分析方法,科学揭示制度变迁对城市蔓延的作用机制,进一步丰富和拓展中国城市空间增长问题的研究方法。

2 城市空间增长的理论模型及其应用

1960年代之后,随着以 Alonso 的投标租金理论为代表的静态城市经济模型的兴起,基于城市经济学的视角研究城市空间增长成为西方城市空间问题研究的热点之一,也极大地扩展和深化了对该问题的研究。

2.1 城市空间增长经济模型的演进

20世纪60年代以来,以竞租模型为基础的西方城市经济理论取得重大突破,为研究城市土地利用以及空间增长提供了很好的视角(顾杰,2006)。

2.1.1 杜能农业区位论

竞租模型是城市经济学诞生的基础,其直接理论来源可以追溯到德国经济学家杜能开创的农业区位论。杜能是19世纪德国著名的农业经济学家,他在长期经营农场经验的基础上,采用孤立抽象的研究方法,提出了著名的农业圈层理论,也就是农业区位论,最早阐述了农业生产布局规律。

为了便于研究,杜能首先将复杂的地理环境假设为一个简单的"孤立国"。这些假设包括:①孤立国是一片匀质平原,并孤立于世界之外,四周为荒地所包围。在孤立国中央是唯一的大城市,城市是这一区域剩余产品的唯一市场。城市的周围是其农业腹地,负责向城市提供农产品。②孤立国的腹地是匀质的,即有相同的土壤肥力、气候等地理环境,也就是具有完全相同的发展农业的自然条件。③孤立国内交通条件完全相同,区内唯一的交通工具是能穿行于农田间的马车,且运费同运输距离及重量成正比。④孤立国内的农业经营者的经营条件和经营技能完全相同,且以追求最大利润为目的,孤立国内农产品价格、劳动者工资和利息率固定不变。

从这些假设条件出发,杜能认为某一地方种植何种作物最为有利完全取决于利润(P),而利润是农产品市场价格(V)与其成本(E)和运费(T)的差额。三者的关系可以用式(2-1)来表示:

$$P=V-(E+T) \tag{2-1}$$

上述等式通过移项可以写成 $P+T=V-E$。由于杜能已经假设在一定时期内农产品的价格是固定不变的,而且孤立国内发展农业的条件是完全一样,因此各地生产同一产品的成本也是固定的。这样一来,等式的右边就为一个常数,也就是说利润和运费之和是一个常数。因此,只有把运费开支压缩到最小才能得到最大利润。这样杜能的农业布局理论就转化为如何合理地布局农业来节约运费,从而最大限度地增加利润。

杜能将他所观察到的数据带入式(2-1)中,计算出各种农作物合理的种植界限,得到孤立国中不同农业经营类型将围绕城市呈同心圆环状分布(图2-1)。

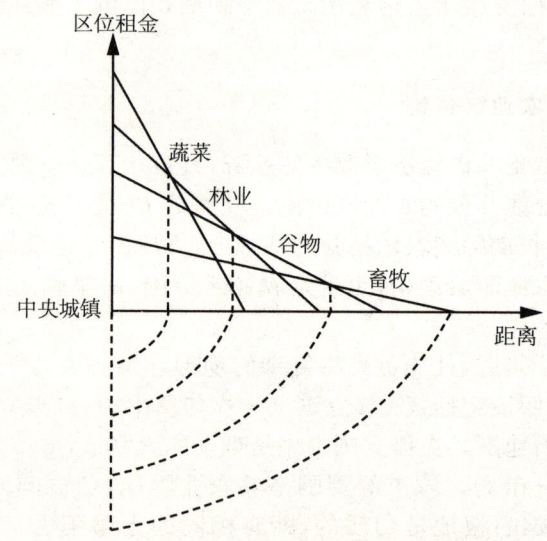

图2-1 杜能模型中的城市同心圆环状结构

杜能将空间概念引入经济问题研究,解释了区位级差地租与城市空间结构的关系,为城市经济学的研究奠定了基础。到了1960年代,Alonso在杜能模型的基础上,提出了经典的竞租模型,开创了城市经济学研究的先河。

2.1.2 城市经济静态模型

Alonso(1964)、Muth(1969)、Mills(1972)和 Brueckner(1983)在杜能模型的基础上,建立了竞租模型(The Bid-Rent Model)和单中心城市一般均衡分析框架,也就是城市经济静态模型。

Alonso 的竞租模型假设城市是一个没有任何特征的平原,区位用到市中心的距离来表示,家庭对区位和消费束的选择由一个静态效用最大化模型来描述。Alonso 通过一系列的假设指出,各种用地需求竞争不同区位的土地,最后在城市土地市场均衡时形成了城市土地利用结构。由于不同的预算约束,各个土地使用者对于同一区位的经济评估(单位面积土地的投入和产出)是不一致的;并且,随着与城市中心距离的递增(意味着区位可达性的递减),各种土地使用者的效益递减速率(边际效益的变化)也是不相同的。基于这样的假设,Alonso 提出的核心概念是不同土地使用者的竞租曲线(Bid-Rent Curves),其表示土地成本和区位成本(克服空间距离的交通成本)之间的权衡,类似于新古典主义经济学的无差别曲线(Indifference Curves)。不同的曲线表示不同的土地使用方式,曲线上的任何一点表示一种选址可能性;同一曲线上任何一种选择方案的经济效益(土地成本和区位成本之和)都是相同的。于是,城市土地使用的空间分布模式就可以用一组地租竞价曲线来加以表示(图 2 – 2)。

Alosno 是在一个家庭直接消费土地的框架中进行的研究,此后,Muth (1969)和 Mills(1967,1972)进一步发展了 Alonso 的单一城市中心模型,在效用函数中以住房替代了土地,建立了一个更真实的模型。Muth 和 Evans 在 Wingo-Alonso 城市经济模型的基础上发展了住房选择的"互换论(Trade off Model)",认为城市居民通过对住房成本(即购或租一定区位的住房的费用)与通勤费用的权衡来确定合适的住宅区位。在均衡时,住房价格(租金)随着距市中心的距离增大而降低。该模型预测,当城市处于均衡状态时,土地(住房)的价值或租金在有更多城市人口的城市里更高;在有更高交通成本和更低收入的城市里,地租函数的斜率更陡峭。

以 Alonso 的理论为主的新古典城市地租理论,成功地将空间关系和距离因素引进经济学领域中。在 Krugman 看来,这个框架是所有经济地理研究中最接近标准新古典主流的理论(Krugman,1995)。但该理

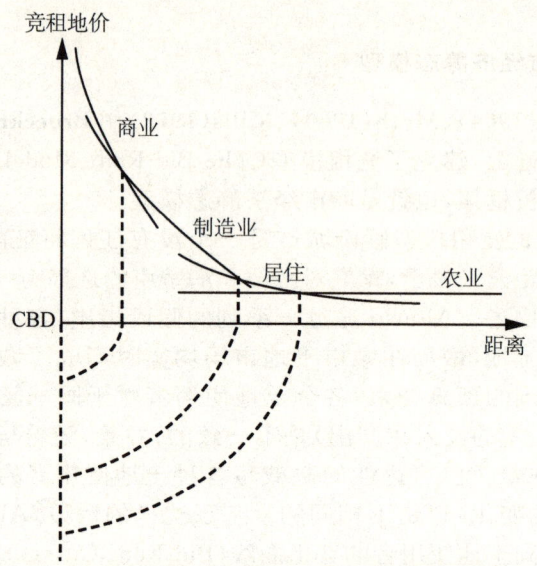

图 2-2 Alonso 模型中的城市土地使用空间分布模式

论的致命弱点就是,建立模型的前提是假定城市是静态的,预言不了城市兴起和多中心城市结构的出现。因此,该理论在后来受到诸多质疑,最主要的质疑即是其将住房及城市空间视为均质性的假设、单中心的假设以及对城市的静态分析。

2.1.3 城市经济动态模型

城市经济静态模型(单一的城市中心模型)预测和推断出土地价格和土地利用强度、人口密度随距离的增加而降低。然而,在城市经济动态模型里,城市增长是一个渐进过程,土地利用密度取决于城市土地开发时的经济状况。土地利用密度并不一定随距离的增加而降低,其也可以随距离的增加而增加。因为,随着时间推移,经济状况会发生变化,如收入增加和通勤费用降低等,因此土地租金或价格、人口密度会随通勤费用的降低而增加。这一结论同城市经济静态理论正好截然不同。此外,城市经济静态理论模型指出,土地价格与地租成正比,在城市边缘地带城市土地地租等于农业土地地租。然而,在城市动态模型里,这两个结论都不成立(丁成日,2002)。因此,有很多城市经济学家将研究的重点转到城市发展中的城市地租和土地价值变化以及由此导致的需求和供给的变动。

Capozza & Helsley(1989)在一个简单的城市经济动态模型中分析了城市增长中土地价格的基本构成。在资本具有耐久性以及土地所有者对未来有完全地预见性的假设条件下,城市内的土地价格有四个不可分的组成部分:① 农业土地价值;② 当前的位置价格,即可达性的经济价值;③ 土地开发成本;④ 可预见的未来位置价值增长,也称城市增长土地价值溢价(Growth Premium)。城市边缘之外的土地价格,由两部分组成:① 农用地价值;② 可预见的土地转变成城市用地后未来土地地租增值所带来的价值。由于这种增长要在未来的开发时间才能获得,所以其值以指数形式下降。对于更外围的地方,由于开发将是很久乃至遥遥无期的事情,预期租金增长的现值接近于零,土地价格仅仅是农用地价值。

Capozza & Helsley(1989)认为,随着市场条件的变化,土地价格的各组成部分也会发生变化。如果城市没有增长,而且预期也不会增长,那么城市增长土地价值溢价变为零。若城市预期有增长时,则预期的开发使城市外围的空置土地有了价值。这种预期导致的价格上升不仅表现为城市外围空置土地价格的上升,还表现为城市内部已开发区域的住宅价格或土地价格的上升。

他们还认为,城市增长土地价值溢价是城市发展(人口和经济)引起的。城市发展越快,土地地租增值的也越快,城市增长土地价值溢价也就越高,城市增长土地价值溢价占土地价值的比重越大。反之,如果城市增长速度很慢,甚至不增长,土地地租增值就会很小,甚至是零,城市增长土地价值溢价在土地价值的比重可以忽略不计。他们还指出,在快速增长的城市中,增长溢价可以占到土地平均价格的一半,并且使城市边缘的土地价格(减去开发成本)和农业地租的价值之间有很大的差距。据估计,如果城市人口增长速度为2%的话,城市增长土地价值溢价占土地价值的27%;如果城市人口增长速度为4%,城市增长土地价值溢价占土地价值的59%。显然,城市增长土地价值溢价是城市土地价值的主要组成部分(Mills,1994)。

Dispasquale & Wheaton(1996)在Capozza & Helsley的动态研究思路下,构造了一个更为真实的模型。在他们的模型中,住房是一种最终消费品,而土地是住房生产过程重点的中间投入。他们根据补偿租金(李嘉图租金,Ricardian Rent)理论分析了城市增长过程中的住房租金和价格的组成。他们指出,当增长率发生变化时,市场会调整对未来增长的预期,由此造成城市土地或住房价格的剧烈变化(尽管即期租金可能保持稳定)。他们认为,房地产价格的变动大部分原因来源于对未来租金收益增长预测的变化,而不是当前租金的实际变化。在其他条件不变时,预期增长速度快的城市会有较低的资本化率;而城市内,城市边缘相对于市中心,租金增长较快,资本化率相对较低。当城市边缘随着时间变化扩张时,城市内部的资本化率将会上升。

虽然,Capozza & Helsley 以及 Dispasquale & Wheaton 在分析思路上存在一定的差异,但二者的结论是一致的,都揭示了城市增长预期对土地价值的影响,这为研究快速城市化进程中的城市空间增长提供了很好的理论框架。城市经济动态理论及其结论丰富和发展了城市土地、住房价值理论,加深了对土地或住房价值形成和发展的理解。城市经济动态模型为我们分析城市空间增长以及城市土地价格变化提供了很好的视角。

2.2 基于竞租理论的城市空间增长分析

接下来,我们以竞租理论为基础,分别用城市经济的静态模型和动态模型来分析城市空间增长的过程以及驱动城市空间增长的主要因素。

2.2.1 基于静态模型的分析

为了分析的便利,我们提出以下假设:(1) 该区域坐落于均质平原上,由城市和农村组成,其中城市位于区域中央,并且被农村包围;(2) 城市集中了所有的非农经济活动,而农村仅进行农业生产;(3) 商业中心(CBD)位于城市的中央,所有的就业机会都集中在 CBD,而城市居民住在 CBD 的外围,需要通勤到 CBD;(4) 交通网络是均质分布,城市居民从居住地到 CBD 的总交通费用就只决定于从住所到市中心的距离;(5) 所有城市居民具有相同的收入、消费倾向和效用函数。除了以上的假设之外,竞租模型还有几个隐含的既定:所有土地都掌握在一个所有者手中,而且对于不同的土地使用者不存在歧视,市场是完全竞争的,农用地的产出为零等。

假设城市土地在不同家庭之间进行分配。家庭通过住宅区位的选择,实现效用最大化。假设效用函数用 $v(C,L)$ 表示,L 表示家庭住宅占据的土地面积,C 表示除住宅之外的复合商品,城市居民通过选择最优的消费组合 (C,L) 来使满意度(Utility Level)最大化(效用函数最优化),即:

$$\max v(C,L)=u \quad (u\text{ 表示城市居民满意度量}) \qquad (2-2)$$

考虑到家庭的效用水平要受到预算的约束。假设城市居民住宅到 CBD 的距离为 x，居民可支配收入为 Y，单位通勤成本为 k，单位土地租金水平为 r。假定复合商品的价格为 1，于是预算约束条件为：

$$Y=C+rL+kx \qquad (2-3)$$

由式(2-3)可以得到：

$$C=Y-rL-kx \qquad (2-4)$$

将式(2-4)代入式(2-2)，得：

$$\max v(Y-rL-kx,L)=u \qquad (2-5)$$

式(2-5)的优化问题简化为对 L 求极值的问题，其必要条件为：

$$-\frac{\partial v(Y-rL-kx,L)}{\partial rL}\frac{\partial rL}{\partial L}+\frac{\partial v(Y-rL-kx,L)}{\partial L}=0 \qquad (2-6)$$

整理后可以得到：

$$\frac{\partial v(Y-rL-kx,L)}{\partial L}\Big/\frac{\partial v(Y-rL-kx,L)}{\partial rL}=r \qquad (2-7)$$

接下来以 x 为参变量对式(2-5)进行全微分，得：

$$-\frac{\partial v(Y-rL-kx,L)}{\partial rL}\left(k+L\frac{\partial r}{\partial x}+r\frac{\partial L}{\partial x}\right)+\frac{\partial v(Y-rL-kx,L)}{\partial L}\frac{\partial L}{\partial x}=0 \qquad (2-8)$$

将式(2-7)代入式(2-8)可以得到：

$$\frac{\partial r}{\partial x}=-\frac{k}{L} \qquad (2-9)$$

式(2-9)说明，随着到城市中心区(CBD)距离的增大，土地租金水平下降。土地价格的空间递减规律说明，靠近城市中心的居民比远离城市中心的居民的交通成本小。为了保证城市居民的满意度空间不变，靠近城市中心的居民要支付比远离城市中心的居民高的土地价格。城市居民要在两项中作出抉择：一是高交通成本，低土地价格(城市郊区)；二是低交通成本，高土地价格(市中心)(丁成日，2008)。

接下来我们来分析土地所有者的行为。土地所有者的目标函数是将土地收益(租金收入)最大化。为了简化分析，假定土地开发的(资本)

密度不随时间变化,换句话说,单位土地开发强度是固定的。根据城市经济学的相关模型,其目标函数定义为:

$$J = \int_0^T r_a e^{-it} dt + \int_T^\infty r(x,t) e^{-it} dt - D e^{-iT} \qquad (2-10)$$

公式(2-10)中,$r(x,t)$代表城市土地地租;r_a代表非城市土地地租;T代表土地开发的时间;i代表折现率(Discount Rate);D代表土地开发总成本;x代表区位;t代表时间。T是决策变量,即某块未开发的土地的未来开发时间,也就是说,在时间T,非城市土地开发成城市土地。公式(2-10)右边的第一项代表土地开发前的总土地收益,第二项代表土地开发后的总土地收益,第三项代表土地开发成本。所有的土地收益和开发成本都折成当前的价值以便比较。

公式(2-10)最大值的必要条件是:

$$\frac{\partial J}{\partial T} = r_a e^{-iT} - r e^{-iT} + i D e^{-iT} = 0 \qquad (2-11)$$

于是可以得到:

$$r(T,x,k) = r_a + iD \qquad (2-12)$$

式(2-12)说明当城市土地地租($r(T,x,k)$)等于农业土地地租(r_a)加上土地开发成本(iD),土地将从农业用地转变为城市用地,从而城市实现空间扩展。其中,iD表示银行贷款成本——假设土地开发成本全部来自银行贷款(假设土地有所者从银行贷款总额为D,利息率等于折旧率)。k为常数时,将从地租函数中消失。在统一的市场机制下,城市的边界为城市土地地租等于农业土地地租加上土地开发成本的点上。

图2-3中,A表示城市土地地租曲线,B表示城市土地地租曲线A平移后的位置。根据式(2-10)可以得出最优土地开发时间T的隐函数为$T(x) = T(r(T,k), r_a, i, D)$。该函数具有特性:$\frac{\partial T(x)}{\partial r} < 0$,意味着土地价格的上升将推动土地开发(使土地开发时间提前);$\frac{\partial T(x)}{\partial k} > 0$,意味着交通成本的降低(如高速公路的建设)将推动土地开发;$\frac{\partial T(x)}{\partial r_a} > 0$,意味着农业土地租金的上升将推迟土地开发;$\frac{\partial T(x)}{\partial D} > 0$,意味着土地开发成本的上升将推迟土地开发。

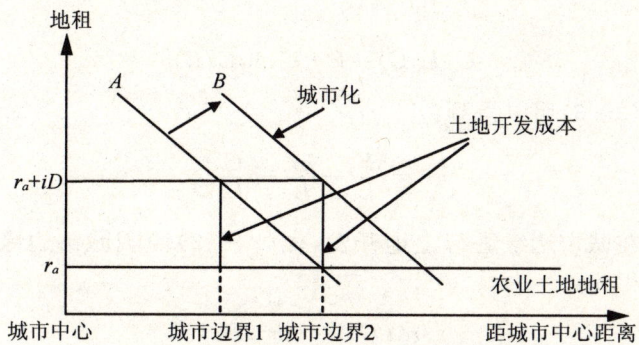

图 2-3 最佳开发时机时的城市边界

在此基础上,丁成日界定了两种不同的城市向外进行空间扩展的动力机制(图 2-4)(丁成日,2005):一是由于城市化和收入的增加导致城市土地地租曲线向外平移;另一个是在城市总人口不变的情况下,由于交通的发展(如高速公路的建设)使城市土地地租曲线逆时针地旋转。前者是城市化带来的空间外延,后者是城市郊区化带来的空间外延。

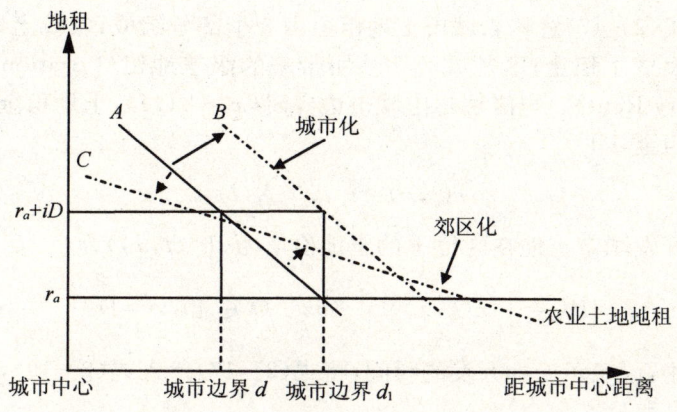

图 2-4 简化的城市空间扩展示意图

2.2.2 基于动态模型的分析

1) Capozza & Helsley 模型

假设效用函数极均质(Homogeneous of Degree 1),即:

$$U(mL, mC) = m \cdot U(L, C)$$

于是有：
$$U(L,C)=L \cdot U(1,C/L) \qquad (2-13)$$

由式(2-3)可以得到：
$$r = \frac{Y}{L} - \frac{kx}{L} - \frac{C}{L} \qquad (2-14)$$

假设在城市边缘进行土地开发，式(2-12)说明城市边缘在时间 t 的土地地租为：
$$r(t,X)=r_a+iD \qquad (2-15)$$

假设 $v(t)$ 为随时间变化的城市居民效用函数值，于是有：
$$v(t) = u\left[(Y/L) - (r_a+iD) - \frac{k}{L}X(t)\right] \qquad (2-16)$$

公式(2-15)中隐含土地租金函数关系为：
$$r = r_a + iD + \frac{k}{L}(X(t)-x), x \leqslant X(t) \qquad (2-17)$$

公式(2-17)意味着城市土地租金由3个部分组成：农业土地租金；土地开发成本租金；区位或可达性所带来的级差地租(Location or Accessibility Rent)。当区位超出城市边界时($x > X(t)$)，土地租金等于农业土地租金，即：
$$r(t,x)=r_a, x > X(t) \qquad (2-18)$$

已开发城市土地在区位 x 的土地价值为($P^d(t,x)$)为：
$$P^d = \int_t^\infty r(z,x)e^{-i(z-t)}dz \quad (t \in [t_1, \infty]) \qquad (2-19)$$

其中，t_1 表示土地开发的时间，将式(2-17)代入式(2-19)，得：
$$P^d(t,x) = \int_t^\infty \left[r_a + iD + \frac{k}{L}(X(t)-x)\right]e^{-i(z-t)}dz$$
$$= \frac{1}{i}[r_a + iD + \frac{k}{L}(X(t)-x)] + \frac{k}{L}\int_t^\infty X(t)e^{-i(z-t)}dz \qquad (2-20)$$

对公式(2-20)右边最后一项部分积分，得：
$$P^d(t,z) = \frac{1}{i}[r_a + iD + \frac{k}{L}(X(t)-x)] + \frac{k}{i \cdot L}\int_t^\infty X'(t)e^{-i(z-t)}dz$$
$$(2-21)$$

其等价于(根据公式(2-17)):

$$P^d(t,z) = \frac{1}{i}\left[r_a + iD + \frac{k}{L}(X(t)-x)\right] + \frac{1}{i}\int_t^\infty r'(t)\mathrm{e}^{-i(z-t)}\mathrm{d}z \qquad (2-22)$$

在这一模型中,已开发土地的价格被分解为 4 个部分:农业土地价值(A/r);土地开发成本 C;可达性的经济价值(($1/i$)(k/L)[$X(t)-x$]);可预见的未来土地租金增值所带来的价值(($1/i$)·$\int_t^\infty r'(t)\mathrm{e}^{-i(z-t)}\mathrm{d}z$)),其也称为城市增长的土地价值溢价,即这部分土地价值是由于城市发展(人口和经济)而产生的。城市发展速度越快,土地租金增值也就越快,进而城市增长土地价值溢价也就越高,城市增长土地价值溢价占土地价值的比重越大。反之,如果城市增长速度很慢,甚至不增长,土地租金增长就会很小,甚至为零(城市人口通常总是不断增加,故仅在极个别情况下城市才会衰退,进而走向死亡,城市内部分地区的衰退不在此列),这时,城市土地租金的主要构成是农业土地价值、土地开发成本、可达性的经济价值。城市增长土地溢价所占的比重可以忽略不计。

通过类似的方法,我们可以得到农业土地的价格。

如果区位 x 的土地在时间 t 还没有被开发成城市用地,则其价值为:

$$P^a(t,z) = \int_t^{t_1} r_a \mathrm{e}^{-i(z-t)}\mathrm{d}z + \int_{t_1}^\infty r(z,x)\mathrm{e}^{-i(z-t_1)}\mathrm{d}z - D\mathrm{e}^{-i(t_1-t)} \quad (t \in [0,t_1]) \qquad (2-23)$$

将公式(2-17)代入公式(2-23),得到:

$$\begin{aligned}P^a(t,z) &= \int_t^{t_1} r_a \mathrm{e}^{-i(z-t)}\mathrm{d}z + \int_{t_1}^\infty \left[r_a + iD + \frac{k}{L}(X(t)-x)\right]\mathrm{e}^{-i(z-t_1)}\mathrm{d}z - D\mathrm{e}^{-i(t_1-t)}\\ &= \int_t^\infty r_a\mathrm{e}^{-i(z-t)}\mathrm{d}z + \int_{t_1}^\infty iD\mathrm{e}^{-i(z-t)}\mathrm{d}z - D\mathrm{e}^{-i(t_1-t)} + \int_{t_1}^\infty \frac{k}{L}(X(t)-x)\mathrm{e}^{-i(z-t)}\mathrm{d}z\\ &= \frac{r_a}{i} + \int_{t_1}^\infty \frac{k}{L}(X(t)-x)\mathrm{e}^{-i(z-t)}\mathrm{d}z\\ &= \frac{r_a}{i} + \frac{1}{i}\int_{t_1}^\infty r'(t)\mathrm{e}^{-i(z-t)}\mathrm{d}z \quad \text{(在城市边缘,}X(t)=x\text{)} \qquad (2-24)\end{aligned}$$

公式(2-24)显示城市边缘农业土地价值由两部分构成:资本化的土地租金;可预见的农业土地转变为城市用地后,土地租金增值所带来的价值(($1/r$)$\int_t^\infty R_T(T,z)\mathrm{e}^{-r(T-t)}\mathrm{d}T$)。

上述分析可以总结为两张简单的图。图2-5表示城市边界内、外的租金。城市边界之外是农业土地租金。在城市边缘,由于有将生地转变为熟地的机会成本,租金发生跳跃。在城市边界内部,租金以单位土地单位距离的交通成本的比率增加。

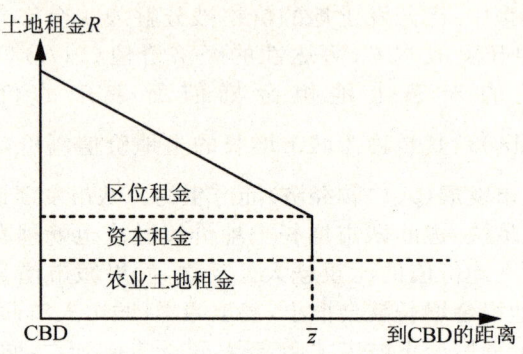

图2-5 城市地区内外的土地租金

图2-6是城市内、外的土地价格的横截面。在距离城市足够远的地方,土地以资本化的农业租金形式出售(A/r),土地仍然保持农业用途,靠近边界,土地价格将以溢价出售,溢价等于预期的土地转变为城市用地之后的土地租金升值的现价。在城市边缘,由于开发成本C,使得土地价格发生跳跃。在城市地区内部,随着到CBD距离的减少,资本化的可达性价值增加,土地价格也随之增加。

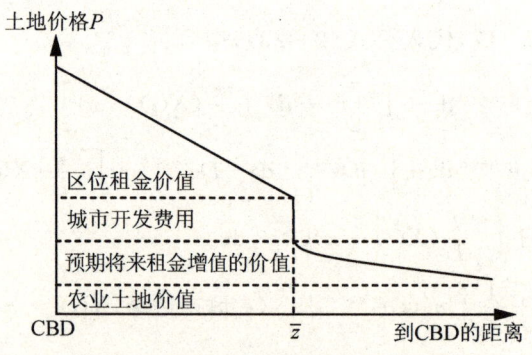

图2-6 城市地区内外的土地价格

2) Dispasquale & Wheaton 模型

前面我们基于 Capozza & Helsley 模型分析了城市内、外土地租金和土地价值的构成,接下来我们基于 Dispasquale & Wheaton 模型来分析城市增长与土地增值之间的关系(Dispasquale & Wheaton,1996)。

同样假设城市位于匀质平原的几何中心,CBD 集中了所有的工作机会,居民通勤至 CBD。根据之前的分析,我们可以得到,在时期 t,城市半径为 b_t 时,任何城市半径区域内的区位的土地租金为:

$$R_t(d) = r_a + c + k(b_t - d), d \leqslant b_t(\text{对所有的 } t) \qquad (2-25)$$

式(2-25)中,r_a 为农业用地租金,b_t 为时期 t 的城市边缘,d 为该区位与 CBD 的距离,k 为单位交通费用。

假设折现率为 i,在时刻 t,CBD 到城市边缘(固定位置)交通费用的现值为 $\frac{kb_t}{i}$。从 $t=0$ 时刻起,城市边缘以速率 g 连续扩张,那么从时刻 t 起,CBD 到未来城市边缘交通费用的现值为 $kb_t \mathrm{e}^{gt} \mathrm{e}^{-it} = kb_t \mathrm{e}^{-(i-g)t}$。连续增长的收入流的现值 $p = \int_0^T kb_t \mathrm{e}^{-(i-g)t} \mathrm{d}t = [1 - \mathrm{e}^{-i(i-g)T}] \frac{kb_t}{i-g}$,如果收入是恒久的,即 $T=\infty$,那么 $p = \frac{kb_t}{i-g}$。当城市边缘扩张时,交通费用增加的现值为 $\frac{kb_t}{i-g} - \frac{kb_t}{i} = \frac{kb_t g}{i(i-g)}$。根据租金补偿理论,交通费用的增长会造成区位租金的增加。也就是说,当城市以速率 g 扩张时,未来土地租金增长额的现值就是交通费用增加额的现值,即 $\frac{kb_t g}{i(i-g)}$。因此,按照 Dispasquale & Wheaton 模型,任何时间、任何地点的土地价格都是未来土地资金流的折现值(PDV)。假设折现率或利率为 i,时间 t 区位 d 的土地价格可以表示为:

$$P_t(d) = \mathop{PDV}_{t \to \infty}[R_t(d)] = \frac{r_a}{i} + \frac{c}{i} + \frac{k(b_t - d)}{i} + \frac{kb_t g}{i(i-g)} \quad (d < b_t, i > g)$$
$$(2-26)$$

式(2-26)中,右边第一项是农业土地租金的现值,第二项是土地开发成本的现值,第三项是区位租金的现值,第四项是未来租金增长额的现值。比较式(2-22)与式(2-26),虽然二者在表达形式上存在一定的差别,但是,二者在内涵上是一致的,均说明了城市土地的价格由农业土地价值、开发成本、区位土地租金价值和增长溢价 4 个部分构成。

接下来,我们分析城市空间增长条件下的土地价格和土地租金的关系。比较当前($t=0$)的价格租金比,也就是式(2-26)除以式(2-25),

我们可以得到：

$$\frac{P_0(d)}{R_0(d)} = \frac{1}{i} + \frac{kb_0 g}{i(i-g)R_0(d)} \quad (2-27)$$

如果城市不扩张（$g=0$），那么式（2-27）右边的第二项就不存在，也就是价格租金比为折现率或利率的倒数，即 $\frac{1}{i}$；如果城市扩张（$g>0$），那么价格租金比将超过 $\frac{1}{i}$。如果考虑不同的区位，由于城市边缘的 $R_0(d)$ 比较小，因此式（2-27）的值就会比较大。也就是说，在城市地域范围内，越靠近城市边缘，城市土地价格增长率越高。如图 2-7 所示，随着城市边缘的增长，城市土地价格也会随之相应增长。假设开发成本和农业土地租金价值不变，越靠近城市边缘，城市土地价格增长的幅度越大，增长溢价的增加幅度也随之相应增大。由此可见，城市空间增长速度的变化将影响城市土地价格的变化，并且增长率 g 越大，所带来的增长溢价越大。

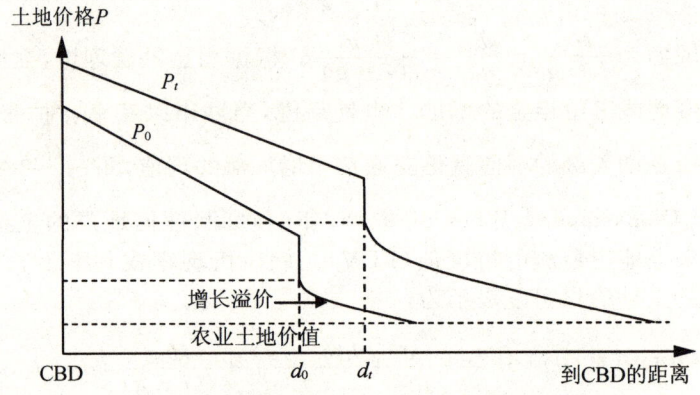

图 2-7 城市空间增长对城市土地价格变化的影响

2.2.3 城市空间增长的根本驱动力

城市空间增长是一个复杂的问题，必然与诸多条件与因素有着密切的联系。基于以上构建的城市空间增长模型，我们认为人口、收入（经济）、农业租金以及交通基础设施对城市空间增长的影响最为显著。根据以上构建的竞租模型，人口增长、收入增长和通勤成本的下降是城市空间增长的根本力量。

1) 人口增长

根据 Brueckner 的证明，在一个封闭的城市系统下，人口 N 对城市空间增长及其相关变量的影响为：

$$\frac{\partial X}{\partial N} > 0, \frac{\partial u}{\partial N} < 0, \frac{\partial L}{\partial N} < 0, \frac{\partial r}{\partial N} > 0 \qquad (2-28)$$

式(2-28)说明，人口增长引起城市空间的扩张，并且产生一个较低的城市效用水平，同时人口增长会使家庭消费的土地面积减少，并且抬高城市土地租金水平。其实，这个结论也很容易进行解释。假设城市初始状态是均衡的，然后人口增长，如此一来，在原有的城市土地价格水平下就产生了对土地的超额需求，其结果是原有的城市范围 X 无法容纳增长的人口，于是，整个城市的用土地租金表示的土地价格水平被哄抬起来。在消费方面，土地价格的上升导致家庭在特定区位上消费的土地面积减少；在供给方面，土地租金以及土地价格的上升导致生产者用资本替代土地，产生更高的居住密度，也就是在特定区位居住的人口增加，从而降低了城市效用水平。土地租金函数水平的上升，使城市边界也相应地外推，从而城市空间范围实现了增长。随着人口密度的增加和城市空间的增长，超额的土地需求逐渐趋于消失，城市从而实现新的均衡。基于以上人口增长对城市空间增长影响的分析，我们可以简单地认为，在其他要素保持不变的情况下，城市人口越多，城市空间范围越大；并且在任何给定的到城市中心的距离上，较大城市的建筑、人口密度以及土地租金水平更高。

2) 农业土地租金下降

农业土地租金 r_a 下降对封闭城市均衡所造成的影响与人口增长的情况类似，即：

$$\frac{\partial X}{\partial r_a} < 0, \frac{\partial u}{\partial r_a} < 0, \frac{\partial L}{\partial r_a} < 0, \frac{\partial r}{\partial r_a} > 0 \qquad (2-29)$$

式(2-29)说明农业土地租金增加导致城市空间规模减小，城市效用水平降低，家庭消耗的土地面积减少，城市土地租金以及价格水平的上升。同样，我们也可以直观地对这一现象进行解释。假设 u,r 保持不变，农业土地租金水平从 r'_a 增加到 r''_a，使城市边界发生相应的缩减(图 2-8)。城市空间范围的减少导致了城市内对土地的超额需求，从而形成与人口增长类型相同的调整情况。需要注意的是，由于原来的城市人口被安置在一个更小的城市范围内，也就是城市变得更密集了，当城

市边界 X 在第一轮调整(调整到 $\overline{x_c}$,在图2-8中对应于 r_1 的最终土地租金函数)后继续扩展时,也不会提高到原来的效用水平。了解农业土地租金对城市空间的影响有助于我们解释现实生活中的一些特殊的现象。例如,在其他条件相同的情况下,为何贫瘠土地地区(如沙漠地区)城市的空间范围要比位于富饶土地地区的城市大得多。

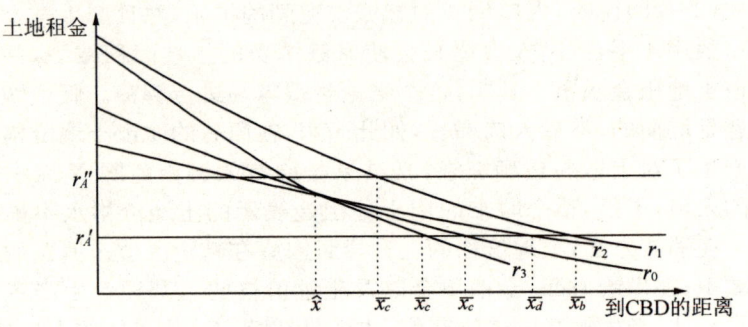

图2-8　不同要素影响下的城市空间增长情况

3) 居民收入增长

城市居民收入水平的提高增加了对土地的需求,进而推动城市空间规模的增长以及居民效用水平的上升,即:

$$\frac{\partial X}{\partial y} > 0, \frac{\partial u}{\partial y} > 0 \qquad (2-30)$$

城市居民收入的提高对城市土地租金水平和居民消耗的土地面积的影响较为复杂。其中,城市土地租金函数曲线将发生逆时针旋转(在图2-8中旋转支点为 $\hat{X}$),且在 $[0, \hat{X}]$ 范围内居民消耗的土地面积增加,也就说中心区位的人口密度将会下降。

总之,收入上升和人口增长对城市空间增长的作用机理相类似,在形式上都表现为城市地域范围的对外扩张,因此,二者都可以归结为城市化驱动的城市空间增长。

4) 通勤成本下降

接下来我们来分析通勤成本下降对城市空间增长的影响。在一个封闭的城市中,通勤成本与城市边界和住宅价格曲线的关系如下:

$$\frac{\partial X}{\partial t} < 0, \frac{\partial X}{\partial u} < 0, \frac{\mathrm{d}P}{\mathrm{d}t} = \frac{\partial P}{\partial u}\frac{\partial u}{\partial t} + \frac{\partial P}{\partial t} \gtreqless 0 \left(当 x \gtreqless x^* 时,其中 0 < x^* < \overline{x}\right)$$
$$(2-31)$$

通过式(2-31)可以看出,总体上,通勤成本的下降将扩大城市的空间范围;但是,通勤成本对住宅价格(居住竞租曲线)的影响却很复杂。这可以解释为:通勤成本 t 的降低增加了城市内每单位土地租金和结构密度;而在较远的区位上,抬高了上述变量的值。由于,土地租金在 $x^* < \bar{x}$ 范围内下降,在 x^* 范围外下降,因此土地租金曲线以 x^* 为支点逆时针方向旋转,为了简化起见,图 2-8 假设 $x^* = \bar{x}$,由于通勤成本的降低在形式上表现为城市郊区化,因此称之为郊区化驱动下的城市空间增长(图 2-4)。

2.3 城市空间增长模型的应用

基于竞租理论的城市空间增长模型是一个很好的经济学分析工具,这一模型可以用来分析多中心、环境质量、土地闲置和交通基础设施建设等与城市空间增长的关系。

2.3.1 多中心与城市空间增长

不少学者认为,单中心假设是竞租模型的重要缺陷,实际上,Alonso 在竞租模型中已经考虑了多中心的情况(阿朗索,2007)。他以两个中心为例,分别考虑了处于竞争关系且同等大小的相邻城市中心、处于竞争关系且大小不同的相邻城市中心以及两个互补的城市中心等情形,并认为以上不同的情况对城市空间结构和城市边界的影响是不同。

如图 2-9(a)所示,两个空间上相邻的竞争性城市中心,如果二者实力大小相当,并且空间距离足够接近,那么每个中心彼此的服务范围就会相交于一条直线。也就是说,两个城市的地域范围在空间上连为一体,呈现出某种形式的"双核结构"。如图 2-9(b)所示,如果两个城市中心的实力存在较大的差距,并且二者在空间上足够接近,那么较小的中心 B 的服务区域可能被较大的中心 A 的服务区域所完全包围。如果 B 是一个独立的中心,那么其土地价格和居住密度均会比当前的实际情况低,如图中的阴影所示。

除了"竞争中心"之外,Alonso 还阐述了"互补中心"对城市空间结构的影响。他认为城市存在不同的职能,不同的职能可能形成不同的中心,如零售中心、金融中心、制造中心等等,这些中心可能与 CBD 在空间上是分离的,并且形成互补关系。不同的人群在就业和通勤上可能指向不同的中心,这种指向性在他们的效用函数和通勤函数中有所体现。在

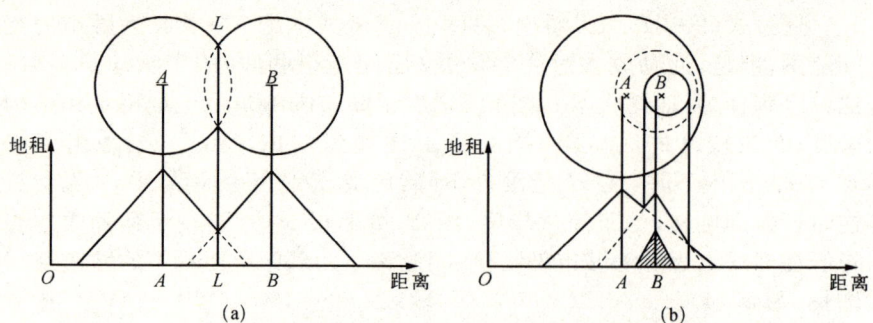

图 2-9 处于竞争关系的相邻城市中心的地租模式

存在互补中心的情况下,我们必须综合考虑一系列的空间距离,这样一来,市场均衡就相对更为复杂。以一个简单的情况为例,假设制造业中心 B 从原来的单一中心 A 中分离出来,那么势必会分离出一部分人口在 B 工作。假设在 A 工作和购物的人口的竞价函数为 p_i,在 B 工作而在 A 购物的人口的竞价函数为 p_j,不难看出,p_j 曲线有两个顶点,并且这两个顶点分别与两个中心相对应。根据曲线 p_i 和曲线 p_j 的关系,制造业中心 B 的分离对城市空间结构的影响可能存在不同的情况(图 2-10)。如图 2-10(a)的阴影区所示,工作和购物都在 A 的人口在中心 A 附近聚集,并且被工作在 B 而购物在 A 的人口所包围,通常而言,在中心 A 附近工作和购物的人口为高收入阶层,因为他们愿意为居住在中心 A 附近而支付更高的土地租金。当然,也存在另外一种情况,在两个中心合力的作用下,部分在中心 B 工作的人口可能会愿意为居住在中心 A 附近而支付更高的土地租金,那么中心 A 附近的区域可能被在中心 B 工作而在中心 A 购物的人口所占据(图 2-10(b))。

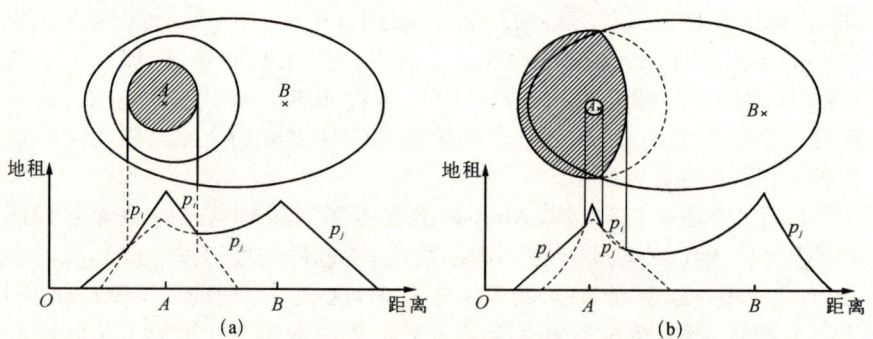

图 2-10 处于互补关系的相邻城市中心的地租模式

2.3.2 土地闲置与城市空间增长

按照前述的城市空间增长模型,城乡边界为城市土地租金等于农业土地租金加上土地开发成本的点。然而,在现实生活中,我们经常看到似乎相互矛盾的现象:一方面,城市内部存在大量的闲置或农业用地,另一方面,实际的城市土地开发往往超过理论上的城市边界,延伸到农业用地之中。Mills 等将这种现象称之为城乡用地的"模糊边界",并且认为有三个因素导致这一问题的发生:第一是农业生产率并不是同一的,城市边界之内某些地块的农业生产率相对较高,从而维持农业生产是有利可图的,而城市边界之外的某些地块的农业生产率相对较低,将其转变为城市用地也是合理的;第二是农场主倾向于在特定的时间段交易农业土地,例如在退休前农场主交易土地的意愿更为强烈,这样就延缓某些农业土地转变为城市用途的时间;第三是土地投机行为,在经济快速发展和城市空间迅速增长时期,城市土地增值预期很高,土地市场中的投机活动十分盛行,土地所有者因而不愿将土地出售或者长期出租,而宁愿让其闲置或作为绿化用地(Mills,1994)。

土地投机活动盛行,不仅使城市内部大量土地闲置,而且也推动了城市空间增长。如图 2-11 所示,由于土地投机盛行,大量城市土地闲置,也就减少了土地市场中有效的土地供应量,反过来又抬高了城市所有区位的土地租金,也就使竞租曲线外移,从而使城市边界相应外移。由此可见,土地投机及其所导致的土地闲置问题的普遍存在,在不断自我推高土地租金和价格的过程中,也使城市空间不断扩展,而这一过程也是土地价格泡沫形成与膨胀的主要路径。

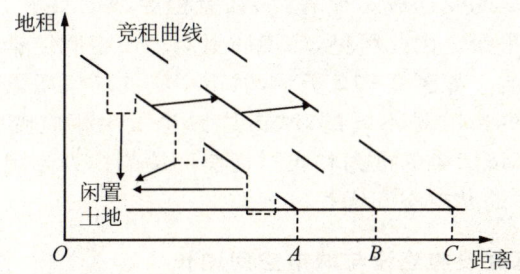

图 2-11 土地投机盛行下的竞租曲线与城市边界

2.3.3 环境质量与城市空间增长

在现实生活中,家庭进行居住区位选择要考虑很多因素,环境就是其中重要的因素之一。环境的变化不仅会影响家庭的居住区位选择,而且也会对城市空间增长与结构产生影响(麦卡恩,2010)。

假设由于人口过度聚集导致城市中心的居住环境恶化,并且与城市中心距离越远,环境质量越好。我们将环境质量定义为 $E=f(x)$,其中 E 代表环境质量;$f(x)$ 表示环境质量,是与城市中心距离的函数。假设环境质量是与距离无关的公共产品,那么 E 与该区位消耗的土地数量无关。在土地和非土地要素投入水平既定的情况下,我们可以把环境质量的提高看作效用的增加。于是,我们可以把环境质量加入到家庭效用函数中,即:

$$U = U(C(x), L(x,r), E(x)) \qquad (2-32)$$

相应地,约束条件变为:

$$Y - iC(x) - r(x)S(x,r) - tx - E(x) \geqslant 0 \qquad (2-33)$$

均衡的条件为:

$$\frac{\partial r}{\partial x} = \frac{1}{S}\left[\frac{\partial E}{\partial x} - \left(t + \frac{\partial t}{\partial x}x\right)\right] \qquad (2-34)$$

不难看出,式(2-34)的符号取决于括号内的部分,即竞租曲线的斜率和形状取决于环境质量改善的收益和距离增加带来的交通成本的对比情况。如果距离增加所带来的环境质量改善的收益大于距离增加所带来的交通费用的增加,那么竞租曲线将向上倾斜;反之,如果环境质量的改善不如距离的交通成本显著,那么竞租曲线的斜率仍然为负,不过曲线变得比较平缓。由此可见,环境质量对城市空间结构和边界均会产生实质性的影响。如图2-12所示,城市中心的环境质量情况对城市土地的竞租曲线的影响是不同的,城市边界也发生相应变化。总体上而言,城市中心环境污染的推力和农村优美环境的拉力倾向于扩大城市边界,也就是更多的城市空间增长。

2.3.4 交通基础设施建设与城市空间增长

Brueckner(2003)和丁成日(2005)认为,在城市总人口不变的情况下,由于交通的发展(如高速公路的建设)使城市土地地租曲线逆时针旋

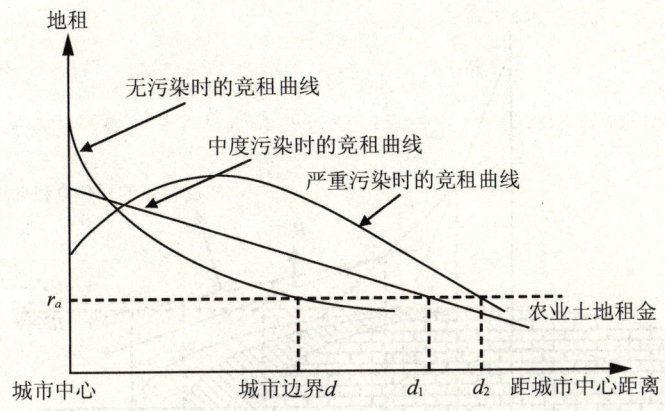

图 2-12　环境质量对城市空间结构和城市边界的影响

转,称之为城市郊区化带来的空间外延。笔者认为,这只是交通基础设施影响城市空间增长的路径之一,交通基础设施对城市空间增长的影响远比此复杂(洪世键,2010)。

假设地方政府出资修建了一条由市中心 O 通往郊区 A 的公路。公路的修建,减少了城乡之间的通勤成本。假设所有的交易均在城市中心发生,因此通勤成本的降低对商业和工业没有影响。如前所述,在一个封闭的城市中,总体上,通勤成本的下降将扩大城市的空间范围;但是,通勤成本对住宅价格(居住竞租曲线)的影响却很复杂。这可以解释为:通勤成本的下降降低了城市中心区位上每单位住宅的价格、居住土地租金和结构密度;而在较远的区位上,抬高了上述变量的值。由于住宅价格在 $x^* < \bar{x}$ 范围内下降,在 x^* 范围外下降,因此住宅价格曲线以 x^* 为支点逆时针方向旋转,居住竞租曲线也发生相应的旋转。为了分析的便利,假设 x^* 为工业用地和居住用地的分界点,于是旋转之后的居住竞租曲线 R'_3 如图 2-13 所示。

此时,城市边界应该外推至点 x'。但是,考虑到基础设施是由地方政府出资修建的,其成本要计入土地开发成本之中,因此,实际上竞租曲线的均衡点上升为 $r = r_a + iD' - s$,相应地,城市边界点也由点 x' 变为点 x''①。同时考虑到公路修建所产生的通勤成本的下降具有空间衰减的

---

① 假设交通基础设施修建成本很高,以至于对于地方政府而言,增加的土地开发成本超过了城市空间扩展的收益,那么修建交通基础设施就是不经济的,城市空间也就不会发生增长。

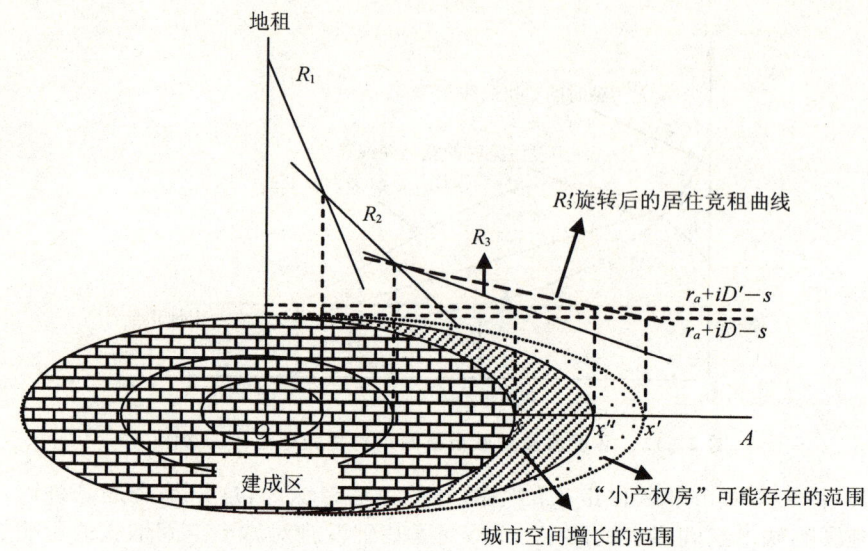

图 2-13　公路基础设施建设对城市空间增长的影响示意图

特征，也就是距离道路越远，通勤成本下降的幅度越小，因此，由地方投资的连接城乡的公路对城市空间所产生的影响是沿着公路的方向拉升了城市的空间范围，即图 2-13[x,x'']之间的阴影部分①。图 2-13[x'', x']范围内区域，对于地方政府而言，进行城市土地开发是不经济的；但是对于开发商而言，由于不需要承担交通基础设施的修建成本，因此建造住宅仍然是有利可图的。这样一来，在这一地带就有可能发生开发商未经政府的征收和出让手续而自行从农民手中租用土地开发房地产的现象，这就是所谓的"小产权房"。因此，基于本书的分析视角，我们认为"小产权房"可以看做是交通基础设施外部性效应的结果。

如果修建的交通基础设施不是公路，而是轻轨等轨道交通，那么其对城市空间增长的影响会与公路有所不同。由于在这些轨道交通站点周围通勤成本的下降更为明显，因此居住竞租曲线在这些站点形成偏折，并且偏折程度随着站点与城市中心距离的增大而变小。这样一来，在郊区的轨道交通站点周围形成一定范围的居民区，从而使城市将以"珍珠项链"方式扩展（图 2-14）。

---

① 交通基础设施的建设对城市内部的空间结构也会产生一定的影响，但这不是本书的重点，因此不予讨论。

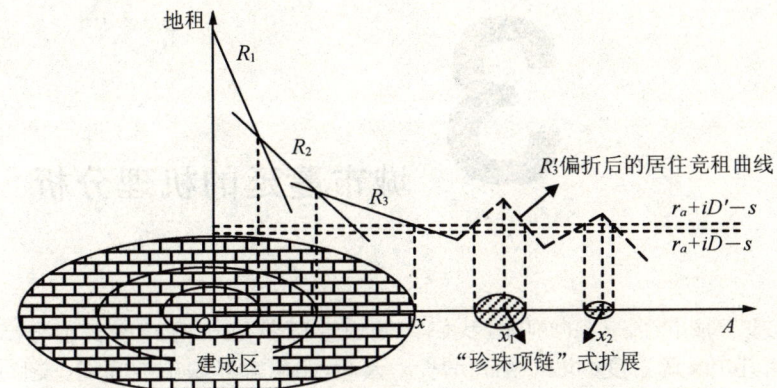

图 2-14　轨道交通基础设施建设对城市空间增长影响示意图

3 城市蔓延的机理分析

基于城市经济学的视角,我们将城市蔓延从城市空间增长中分离出来,将其定义为过度的城市空间增长。因此,如何解释城市空间增长超过了界限就成为研究城市蔓延机理的关键所在。在本章中,我们将对城市蔓延机理区分为微观因素和宏观因素,分别分析这些因素与城市蔓延的关系。

3.1 城市蔓延机理概述

3.1.1 城市蔓延机理的经验分析

自从 1960 年代以来,西方国家以郊区化为代表的城市蔓延问题引起了学术界的广泛关注,许多西方学者对城市蔓延特别是其内在机理问题进行了大量的经验分析。

Harvry(1965)总结城市蔓延的原因包括垄断竞争者的独立决策、土地持有者的投机行为、自然地形状况、政府的公共管制、交通设施的建设、政府的公共政策以及征收土地开发税等。不过有些学者认为,与资源配置中性的税种如土地税相比,物业税(房地产税)所产生的扭曲效应更加促进蔓延式的开发模式。由于物业税同时对土地和房屋(资本)征税,从而提高了房屋建筑的相对成本。为了减少税负,人们倾向于在开发过程中多用土地、少用资本,这会降低房屋建筑量的均衡水平,导致土地开发强度、最优密度下降,推动城市空间扩张(谷一桢,2008)。但是,并不是所有学者都认同物业税推动城市蔓延的观点,例如 Brueckner & Kim(2003)认为,物业税对城市空间大小的净效应是不确定的。而 Song & Zenou(2006)认为,物业税实际上抑制了城市蔓延。Downs(1994)认为,导致城市持续低密度蔓延的主要因素是人们对独栋住宅的喜爱、小汽车的拥有、低层厂房的建设以及大量独立的地方政府的存在。Carruthers(2001)指出,许多关联的政策因素和人们的生活方式导致了城市蔓延:首先是国家和地方政府的政策,包括国家对高速公路的支出以及地方政府对道路和污水管道等公共服务设施的投资;其次,平均成本定价政策(Average Cost Pricing)也推动了城市的低密度发展;最后,地方政府的土地利用规划放大了这些政策的效应。LeRoy(2003)总结了导致城市蔓延的相关原因,包括人们对低密度住房的偏好、缺少有效的区域规划、城市间对税收和就业的竞争、银行和保险公司的地理和种族歧视、中心城市学校质量的下降、排他性的郊区分区制(Zoning)、联邦积极推行的大住房购买信贷政策、汽油的低价、联邦公共资助等。Dutton(2000)总结新城市主义蔓延理论指出,缺少区域规划、缺少邻里设计、分区制和政府政策、城市开发的专门化和标准化以及小汽车和高速公路的开发是导致城市蔓延的五大原因。吉勒姆(2002)认为城市蔓延(郊区化)主要有四个基本要素:土地所有制和使用;交通模式;通信技术;法规与标准。

3.1.2 城市蔓延机理的计量分析

除了经验分析之外,一些西方学者也通过构建计量模型,对历史数据进行分析,寻找城市蔓延的主导因素。

Zhang(2001)运用计量模型方法,以芝加哥大都市区为案例,分析其城市蔓延的动力机制。他指出,地方因素(地方的社会经济状况、交通可达性、住房和土地利用规划)和区域因素(市镇的区位)都会对城市蔓延产生影响。为了剔除区域影响的因素,他选择距离芝加哥CBD较近的24个市镇为样本,然后使用共17个地方市镇的交通相关、人口和经济相关以及财产相关等三组因子作为解释变量,将其与1970—1979年以及1980—1990年间新增住房量进行回归分析,最后得出结论:市镇社区的社会经济因素及其与住房相关的土地利用规制因素是导致城市蔓延的主要原因。Carruthers & Ulfarsson(2002)以美国亚利桑那、加利福尼亚、科罗拉多、佛罗里达等14个州1982年、1987年和1992年的数据为样本,通过计量分析,认为地方政府碎化与较低的人口密度、较高的财产价值正相关,但与地方的公共服务支出没有直接的关系,从而说明地方政府的碎化是造成城市蔓延的一个重要原因。

3.1.3 城市蔓延机理的分类

虽然学术界对城市蔓延机理问题进行了广泛的研究,但是已有的研究成果更多的是对城市空间增长的剖析,而并没有对城市蔓延的关键——过度的城市空间增长进行阐释。

如前所述,城市蔓延与城市空间增长是不同的。城市空间增长自身是中性的,其推动力主要来自人口增长、收入增长和通勤成本的下降等;城市蔓延是过度的城市空间增长,带有贬义的色彩。Brueckner(2000)认为三个市场失灵导致了城市的过度空间增长。第一个市场失灵来自土地转变为城市用途的时候没有考虑开敞空间的社会价值;第二个市场失灵来自部分通勤者没有认识到由于他们使用道路网络造成的拥挤的社会成本,这导致了过度的通勤和过大的城市;第三个市场失灵来自房地产开发商没有全部考虑由于他们的工程造成的公共基础设施成本,这导致从开发商的角度来看,土地开发变得更为便宜,从而鼓励了过度的城市空间增长。实际上,以上三个因素都可以归结为土地利用的外部性。通常在城市的发展过程中,通过对市内土地的开发,不同性质的建筑、设施以及场所等城市功能体陆续出现,它们会对城市环境、居民带来不同程度的外部性,各城市功能体之间也会形成外部性作用。道路的修筑或者绿地的开辟是城市中最普遍的外部性为正的例子,因为道路的修筑或绿地的开辟会提高周围商店、住宅的价值,使并未投资修筑道路或者开辟绿地的居民和厂商获益,但投资者很难从中获得额外补偿。另一方面,城市中工厂的建设则是负外部性的典型,因为工厂造成的污染损失是由这个社会所有成员共同承担的,即整体社会成员要承担由工厂行为所造成的外部成本。正是因为外部性所导致的社会成本与个人成本不一致,才导致了过度的城市空间增长,即城市蔓延。

除了基于土地利用外部性的微观动力,一些学者认为制度变迁以及公共政策也是推动城市蔓延的重要因素(Carruthers,2001;Carruthers & Ulfarsson,2002)。作为城市社会经济活动的空间投影,制度变迁及其相应的复杂影响必然在城市空间结构上有着明显的表征,并强烈影响着城市空间增长的进程。由此可见,制度变迁所引发的城市增长动力机制的变化是造成城市空间过度增长的宏观动力。特别是在当前中国体制转型的背景下,经济、社会、政治体制等诸多方面的制度均在不断发展与完善之中,制度变迁极为频繁、剧烈,从而对城市空间重构的影响更加强烈,成为推动城市空间增长特别是城市蔓延的一股不可忽视的力量。

总而言之,我们可以将导致城市空间过度增长的动力分为微观和宏观两个层面:微观机理主要包括城市土地开发行为导致的城市空间过度增长;宏观动力主要包括制度层面的因素导致城市空间过度增长。而在社会制度不断改革完善的过程中,宏观制度层面的因素可能对城市蔓延的作用更加强大。

3.2 城市蔓延的微观动力分析

我们以 Brueckner(2001)的单中心城市空间增长模型为基础,来分析开敞空间价值、通勤行为以及基础设施建设对城市蔓延的作用机理。

3.2.1 开敞空间价值与城市蔓延

为了简化分析,假设城市居民的效用函数为 $v(c,q,s)$,其中 s 指代开敞空间面积为 $s = B - \pi \overline{x}^2$,式中,$B$ 表示城市所在区域的土地面积,$\pi \overline{x}^2$ 表示城市自身的土地面积。这样一来,城市周边闲置土地的社会价值不仅包括其获得的农业租金,还包括其产生的开敞空间收益。在这一情况下,它可以说明决定土地转变为城市用途的最佳社会配置的条件,即:

$$r(\overline{x}) = r_a + \int_0^{\overline{x}} \frac{2\pi}{q} \frac{v_s}{v_c} \mathrm{d}x \equiv r_a + \varphi \qquad (3-1)$$

式中 φ 表示每英亩开敞空间的社会价值,并且这一社会价值等于 s 和 c 之间的边际替代率。这样就以基准商品的形式给人均开敞空间计价,其大小用城市中距离 $x(2\pi x/q)$ 的人口和城市中所有 x 值的和来衡量。因此式(3-1)要求城市边缘地区的城市土地租金等于闲置土地的社会价值,也就是等于农业租金加上开敞空间价值 φ。

在存在开敞空间收益的情况下,城市的均衡空间规模发生了变化。如图 3-1 所示,$\overline{x}_0$ 表示新的城市边界点,与不存在开敞空间收益时的城

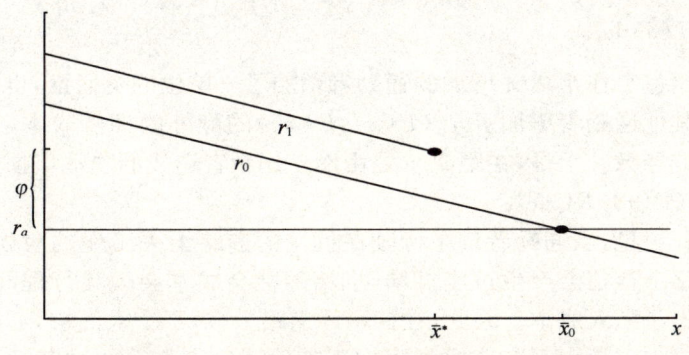

图 3-1 存在开敞空间情况下的城市边界

市边界相比,该边界显然要大得多。之所以如此,是因为当该地块为农业用途的时候,无形的开敞空间收益并没有构成土地所获得的收益的一部分,且当土地转变为城市用途的时候,这一收益的消失并没有产生相应的损失,因此无形之手忽视了开敞空间收益,造成过多的土地被转变为城市用途,从而导致城市空间的过度增长,即城市蔓延。

3.2.2 通勤行为与城市蔓延

第二个可能影响城市空间规模的市场失灵来自通勤行为。为了理解这一市场失灵,我们首先注意由城市居民产生的通勤成本包括驾驶汽车的现金成本和通勤的"时间成本",其中后者的成本以通勤者在通行过程中消耗的时间成本的金钱价值来衡量。总之,这些现金和时间成本代表了通勤的"私人成本",也就是由通勤者自己承担的成本。

为了更好地理解这一问题,我们以 $T(x)$ 指代与 CBD 距离 x 的每英里的通勤成本,在没有拥挤的情况下,$T(x)$ 简单地等于外生常数 t。但是在存在拥堵的情况下,$T(x)$ 被定义为:

$$T(x) = t + f(P(x), R(x)) \qquad (3-2)$$

其中 f 是表示拥挤成本的函数。$R(x)$ 表示距离 x 道路占据的土地面积。由于更大的道路容量能降低拥挤,所以 f 是 R 的减函数。$P(x)$ 代表距离 x 的交通流。因为模型中的城市是单中心的,$P(x)$ 等于居住在距离 x 之外的居民数量,这可以写作 $\int_x^{\bar{x}} (2\pi z/q) \mathrm{d}z$(这些人必须穿过位于 x 的圆环才能到达 CBD)。随着交通量超过固定的承载力,拥堵情况恶化,因此 f 是 P 的增函数。值得注意的是,不存在拥堵的时候,一个居住在距离 x 处的居民的总通勤成本为 tx,这一成本等于存在拥堵时的 $\int_0^x T(u) \mathrm{d}u$。

由于每个在距离 x 增加的通勤者增加了一单位的交通量,也就是对每一个其他通勤者增加了 $f_p(P(x), R(x))$ 的额外的拥挤成本,其中下标表示偏导数。于是,在距离 x 处由额外通勤者造成的总拥堵损失等于 $P(x) f_p(P(x), R(x))$。

由此可见,当通勤者驾车行驶在拥堵的道路上去工作的时候,通勤者在道路上存在会产生过度拥堵,拥堵的社会成本会因其行程而产生,并且超出了私人成本。因此,在拥堵的道路上,对于个人而言,通勤的真实社会成本包括由于其造成的强加于其他通勤者身上的过度拥堵的成本。值得注意的是,这一过度的拥堵是轻微的,但其影响是显著的,因为许多其他通勤者都会受到影响。由于这种拥堵成本由其他人承担,通勤者自身并没有激励将其考虑进去。这一缺失的激励构成了一个市场失灵,并且这意味着在拥挤的道路上通勤对于个人通勤者而言似乎更加便宜。结果从社会的观点来看,拥堵的道路被过度使用了。由于忽视通勤的社会成本造成平均的通勤距离过长,从社会的视角来看,意味着城市过于分散,导致人们通勤更远,因此与高速公路拥堵有关的市场失灵会间接导致城市蔓延。

3.2.3 基础设施与城市蔓延

影响城市增长的第三个市场失灵来自新开发造成的基础设施成本。当开发商开发一个新的住宅项目时,需要同时具备相应配套的基础设施和公共服务,如道路、下水道、学校等,通常这些设施和服务是由地方政府提供的,也就是由全体纳税人公共承担。之所以产生市场失灵是因为,按照当前的税收安排,新业主所承担的与基础设施和公共服务有关的税负通常比提供这些基础设施和公共服务的成本要低,结果城市开发似乎更为廉价,从而造成过多的城市土地开发。

Brueckner(1997)提供了一个较为完整的分析模型。该模型明确是动态的,增长的城市投资于可持续的基础设施以为其居民提供固定水平的公共服务。随着人口增长,基础设施储备必须扩大以维持目标的服务水平。用 $n(T)$ 代表城市在时间 T 的人口水平,需要的基础设施储备的成本是 $C(n(T))$。

当一个额外的居民加入城市时,需要转变一个单位的土地,基础设施储备也相应地扩大,并且该成本为导数 $C_n(n(T))>0$。由于基础设施具有永续性,因此容纳新人口的成本是一次性支出。然而,人口的持续增长必然产生一系列的一次性成本,在时间 T 发生的新基础设施年度成本是 $iC_n(n(T))$,其中 i 是利息率。

从社会的角度来看,当来自土地的城市用途收益超过农业租金 r_a 的时候,土地最佳转化为城市用途。这一净收益等于城市土地租金减去必要的容纳额外人口的基础设施扩张的年度成本。因此,土地最佳的转化条件如下所示:

$$r(T,\overline{x}(T))-iC_n=r_a \qquad (3-3)$$

在这个动态模型中,时间 T 被看做是土地租金函数,以外生的方式随着时间递增。此外,$\bar{x}(T)$给定了在时间T时城市边缘的距离。

为了简化分析,Brueckner(1997)设定了几个简化假设。如前所述,每户家庭的土地消费固定为1单位;城市是线性的而不是圆形的,并且宽度也是统一的。这样一来,城市人口$n(T)$和边界距离$\bar{x}(T)$是一样的。那么,代入式(3-3)并整理,该式变为:

$$r(T,n(T))=r_a+iC_n(n(T)) \quad (3-4)$$

其中C_n外生的。

式(3-4)决定了在时间T时的社会最佳城市人口,该路径如图3-2所示。首先注意到基础设施成本函数$C(T)$假设为产生U型平均和边际成本曲线,反映了基础设施供给规模收益递增和递减的范围。那么,式(3-4)的解$n(T)$存在于r_a+iC_n曲线(边际成本曲线的转化)与土地租金曲线相交处。后者即城市边缘的租金,是人口的函数,租金随着距离递减,曲线向下倾斜。图3-2显示两条与不同时间($T_1>T_0$)对应的租金曲线以及相应的最佳人口规模。

为了简化分析,Brueckner(1997)假设存在一个分散的系统,其中城市中的每一个土地所有者平等支付现有的基础设施成本。由于基础设施是由长久期限债券支持,在时间T要求的总支付可以表示为$iC(n(T))$。假设这一成本平摊到城市中已开发的土地之中,每一英尺土地在时间T产生的成本为$iC(n(T))/n(T)$(假设在该时段城市中已开发土地为$n(T)$英尺)。注意到这一平等支付假设并不是模拟一个财产税体制,其中靠近CBD的价格更高的土地产生更高的税基。不过,通过平等支付假设可以得到一个便利的近似值。

土地的税收负担等于平均成本的表达式$iC(n(T)/n(T)$,管制土地分散化转变为城市用途的条件为:

$$r(T,n(T))=r_a+iC(n(T)/n(T)) \quad (3-5)$$

注意到在式(3-5)中平均成本表达式已经取代了式(3-4)中的边际成本一词。这一区别说明城市在T时间的人口与社会最优人口不同,即此时均衡人口存在于土地租金曲线和相应的r_a+iC/n的交点,这是平均成本函数而不是边际成本函数的平移。

假设城市已经增长的足够大并已经进入基础设施供给收益递减的范围,这里"平均"曲线r_a+iC/n向上倾斜。那么,如图3-2所示,在时间T_0均衡的人口超过了当时社会最佳人口n_0^*,且这一关系由于土地租金曲线随时间向上倾斜,进一步扩大了城市人口。然而超过这一范围,增加的基础设施的社会成本(假设为iC_n),超过了平均成本表达式iC/n,这就是土地所有者在平等支付条件下所面临的问题。由于平等支付体制没有体现基础设施的真实成本,开发被人为地便宜,并且这样的情况经常发生,因此,忽视新开发的基础设施的成本也造成了过度的城市空间增长,即城市蔓延。

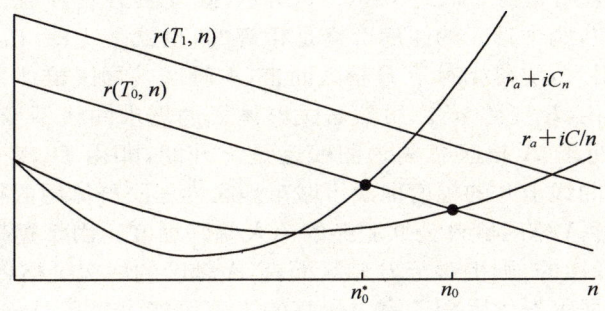

图 3-2　基础设施建设影响下的城市边界

3.3　城市蔓延的宏观动力分析

除了土地利用外部性之外,不少学者认为,政府行为特别是公共政策是造成城市蔓延的制度性因素,成为推动城市蔓延的宏观动力。

3.3.1　地方政府竞争与城市蔓延

居民对公共产品的需求偏好情况是不一样的,而众多地方政府的存在为满足这些分化的需求偏好提供了便利条件。居民根据自己的偏好,在不同地方政府提供的公共产品组合之间进行选择,进行"用脚投票(Voting by Feed)",这就是"蒂伯特模型(Tiebout Model)"中的"蒂伯特分类(Tiebout Sorting)"(洪世键,2009)。

为了分析的便利,假设一个大都市区由A(郊区)和B(城市)两个辖区组成;除了一种公共服务之外(如大尺度的开敞空间只在A辖区提供),其他所有的公共服务的可接近性和邻里质量特征都是相同的;排除A辖区内额外公共服务的影响,位于城市两侧的住房价格是相同的。如果这是普遍需求的公共服务,也就是说,额外公共服务所产生的压力使得A辖区内住房需求曲线相对移动到B住房需求曲线的上方,并且A

辖区的住房价格提高。A 辖区内更高的住房价格意味着在总体上城市地区的居民发现额外的公共服务是需要的(Oates,1969)。

虽然这一额外公共服务的压力导致 A 辖区的总体需求曲线上移,但是不同的家庭对这一公共服务的需求是不同的。例如,如果居民群体甲(如高收入群体)对额外的公共服务有需求偏好,而居民群体乙(中低收入群体)没有偏好,那么如图 3-3 所示,假设在引入 A 辖区额外的公共服务之前,两个辖区的住房价格是相等的,也就是 $P_A=P_B$,则额外公共服务的引入,使得相对于 B 辖区而言,A 辖区内居民群体甲的需求曲线上升,即由 d_1 变为 d_1'。虽然居民群体乙的需求曲线不变,但是相对于 B 辖区而言,A 辖区总需求曲线还是上升的,即由 D_A 变为 D_A'。当然,总需求曲线上升的幅度取决于城市地区内居民群体甲的相对规模以及该群体对 A 辖区额外公共服务的个人偏好程度。由于短期内住房供给是缺乏弹性的,则相对于 B 辖区而言,A 辖区的住房价格将会上升。

但是,居民群体甲和乙需求偏好的不同可能导致另外一个结果,那就是城市居民的迁移,也就是,B 辖区内偏好额外公共服务的居民迁入 A 辖区,而 A 辖区内不偏好额外公共服务的居民迁入 B 辖区,这就是所谓的"用脚投票"。在不存在迁移成本的条件下,居民群体甲会使 A 辖区住房需求量上升($H_1'-H_1$)。相应地,居民群体乙会使 A 辖区住房需求量下降(H_2-H_2')。这一变化也映射出 B 辖区住房需求的变化。值得注意的是,价格的作用会刺激居民对居住地的再选择,($P_A'-P_B'$)这一市场的价格差必须由获得 A 辖区额外公共服务的新成员来支付。

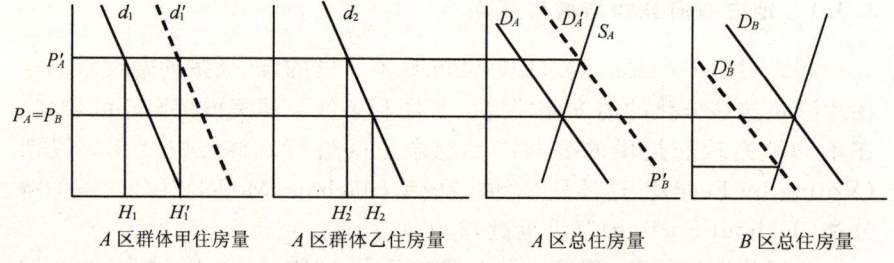

图 3-3 A 区不同群体住房需求以及两区总住房需求比较

显然,住房价格特征只是公共服务区位效应的一部分。虽然住房价格反映了总体需求的变化,但是它们并不能测量偏好区别的效用。这样的区别正是蒂伯特地方政府模型的核心,并且意味着存在具有相似偏好的居民空间群体。也就是说,地方政府为了吸引居民通过提供额外的公共服务(如大尺度的开敞空间)进行相互竞争,而居民"用脚投票"来选择提供最能满足他们偏好公共服务的地方政府,而居民选择的结果就是在特定地域形成了具有相似偏好居民群体的聚集,也就是高收入群体在郊区聚集,而中低收入群体在城市聚集。

以上的分析我们可以认为是郊区的吸引性特征将城市中的高收入群体拉向郊区,实际上,除了郊区的拉力之外,还存在城市的推力,也就是城市的排斥性特征(如城市的污染和治安问题)也会将城市中的高收入群体推向郊区,这样就更加形成了"富人郊区"和"穷人城市"的空间分类和隔离。由于地方政府在财政力量上的差异性,郊区政府由于富人的聚集而具备更加充足的地方财政收入,从而更有实力通过提供特定的公共设施和服务,如更低密度的居住空间、大尺度的开敞空间、更便捷的交通设施、更高质量的学校等等,来吸引城市中的高收入群体的进一步聚集。而相对于城市而言,高收入群体聚集的郊区在城市土地利用强度上显然要小得多,就容纳同等数量的人口而言,郊区要比城市消耗更多的土地,从而产生过度的城市空间增长,也就是城市蔓延。

3.3.2 城市土地开发与城市蔓延

我们以城市开发强度控制政策为例,来分析政府城市土地利用政策对城市空间增长乃至城市蔓延的影响(丁成日,2005)。

按照单中心城市模型,在城市居民的效用水平空间不变的条件下,随着与城市中心的距离不断增大,城市土地租金(价格)逐渐减少,以补偿逐渐增加的交通成本。这样一来,城市居民要么选择居住在交通成本低而土地(房屋)价格高的城市中心,要么选择居住在交通成本高而土地(房屋)价格低的城市郊区。假设住房建筑生产函数的产出是以建筑面积来度量的。住房建筑生产函数有两个投入要素,一个是土地的投入,另一个是资本的投入,并且二者可以相互替代。正是要素之间的可替代性保证了房地产商能够通过要素的相对价格来决定要素的投入。假设其他条件不变,地价上升使得资本变得相对便宜,开发商为了获取最大利润就会增加资本使用而减少土地使用,这样一来就提高了建筑密度和资本密度,即以建筑密度和建筑高度为标志的城市土地开发强度更高。反之,当地价相对便宜时,开发商就会增加土地的使用而减少资本的使用,这样就降低了建筑密度和资本密度,土地开发强度也随之降低。总而言之,在单一中心城市模型下,城市住房价格、资本密度、土地租金和开发强度都随距城市中心的距离增加而下降(如图3-4所示)。

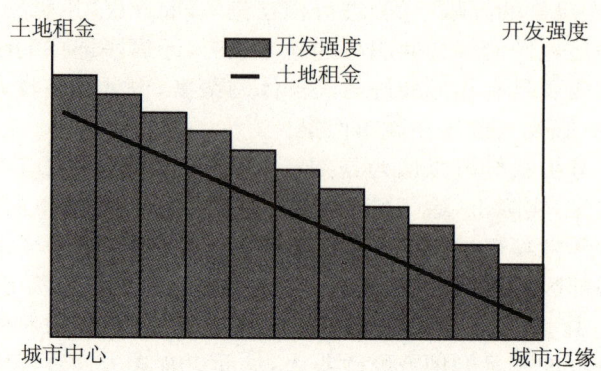

图 3-4　城市建筑密度、土地租金分布图

以上是基于静态模型对城市土地价格和建筑密度的分析。如果从动态模型的角度，也就是考虑城市空间分阶段的增长情况，那么城市土地价格和建筑密度也会发生相应的变化。

按照城市经济学理论，特定区位农业用地是否开发成城市土地，取决于土地开发后的土地收益是否不小于开发前的土地收益加上土地开发成本，也就是说，当土地开发后的土地收益大于或等于开发前的土地收益加上土地开发成本，那么该地块就将被开发。同样，对于城市内部已经开发的土地而言，当土地再开发后的土地收益大于或等于再开发前的土地收益加上土地再开发成本（包括拆迁安置等），土地将被再开发。即土地开发和再开发的强度都取决于该区位的土地价格。我们假设城市是分阶段发展的，每一个阶段土地是同时开发的，开发强度取决于区位的土地价格。如图 3-5 所示，随着城市化进程的推进和经济社会的发展，城市土地地租曲线将向右移动，第二阶段城市持续地在第一阶段已发展的城区之外进行发展，并且越靠近第一阶段城市边缘，城市土地开发强度越大；由于拆迁重建的成本很高，在第二阶段，已经城市化的地区没有进行再开发。到了第三阶段，城市边缘依旧向外扩张，同时城市中心部分区位再开发时机成熟，于是城市中心的开发强度也随之增加。

如果引入对建筑密度（如限制容积率）和建筑高度进行限制的土地开发强度限制条件，那么城市空间增长的过程将会发生显著的变化。如图 3-6 所示，图中的红线表示对城市土地开发有强度限制。在第一阶段，开发强度限制对城市空间增长没有影响，这是因为土地价格所要求的土地开发强度远小于开发强度限制；在第二阶段，一方面由于受到开发强度的限制，靠近城市中心区位的土地不能充分得到发展，另一方面，

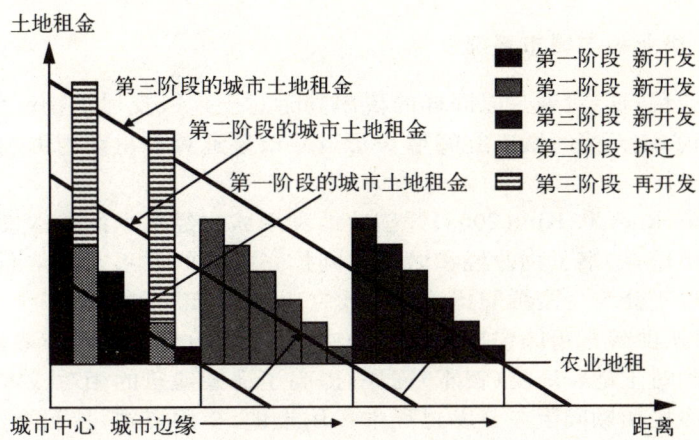

图 3-5 无高度限制条件下的城市空间增长

由于城市土地未能按照市场需求充分开发,部分城市土地开发需求得不到满足,城市必然外延式地扩张发展到本应在第三阶段发展的城市边缘地带,从而推动城市空间的额外增长;在第三阶段,同样由于受到开发强度的限制,一方面,城市中心区的再开发强度大打折扣,另一方面,降低了建筑面积的供给,迫使城市边界向外扩展至原来的农业用地范围之内,从而同样造成了城市空间的过度增长。由此可见,城市土地开发强度限制如果低于市场合理的需求水平,那么将会降低城市土地的开发强度,同时增加城市土地面积的消耗,造成城市空间的过度增长,也就是城市蔓延。

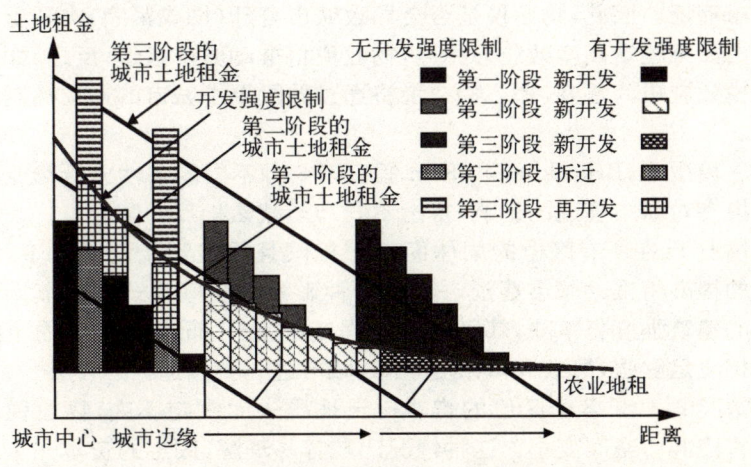

图 3-6 有开发强度限制条件下的城市空间增长

3 城市蔓延的机理分析

3.3.3 物业税与城市蔓延

物业税可以看做是以同样的税率同时对土地以及建筑物所包含的资本征税,这无疑对城市空间增长乃至城市蔓延具有重大的影响(谷一桢,2008)。

Brueckner 和 Kim(2003)开创性地利用城市经济学的基本模型,结合土地市场,考察了物业税和城市空间扩张之间的联系。通常而言,对土地征税不会产生资源配置的扭曲效应,而对建筑征税则会产生扭曲效应,这种扭曲效应可能包括过度的城市空间增长,也就是城市蔓延。物业税同时对土地和房屋(资本)征税,提高了房屋建筑的相对成本,居民为了减少税负倾向于在开发过程中多用土地,少用资本,从而降低房屋建筑量的均衡水平,导致土地开发强度、居住密度下降。如果城市必须容纳固定人口,降低密度意味着它必须占据更多的空间。因此,物业税似乎鼓励城市扩张即城市蔓延。

尽管物业税与城市蔓延之间存在上述的逻辑关系,但是 Brueckner 和 Kim 在论文中也指出,物业税对空间效应也就是对城市空间增长的净效应较为模糊。他们认为物业税存在两种空间效应:建筑高度效应和居住面积效应。建筑高度效应即前面提到的物业税导致房屋建筑量下降进而推动城市蔓延;居住面积效应是指物业税会部分转嫁给消费者,引起房屋价格上涨,消费者购买的房屋居住面积缩小。较小的居住面积意味着人口密度上升,从而抵消了建筑高度效应引起的密度下降,抑制了城市蔓延。因此,物业税是否会导致城市蔓延(抑或紧缩)实际上并不明确。如果建筑高度效应为主导,物业税将推动城市蔓延;反之,如果居住规模效应更为重要,那么物业税将通过鼓励更小城市的方式抑制城市蔓延。

在模型中,Brueckner 和 Kim 假设了3种不同的条件分析物业税税率的提高对城市蔓延的影响,得出不同乃至截然相反的结论。

情况1:在所有区位的居住面积都相同且固定不变的情况下,物业税率的提高将推动城市蔓延。不过这种影响的空间模式比较复杂。中心城的建筑强度将下降,郊区的建筑强度则上升,而且中心城的下降与郊区相比足够强,导致人口密度下降,城市进一步蔓延。

情况2:如果各个区位的资本—土地投入比固定不变,物业税率的提高将使城市空间变小。这种情况比较容易理解,固定的资本—土地投入比意味着建筑高度效应不存在,只有居住面积效应在发挥作用,这样一来，更高的建筑密度意味着更大的居住密度，也就是更加紧缩的城市。

情况3：假设居民的偏好为CES(Constant Elasticity of Substitution,不变替代弹性)，并认为房屋和非房屋商品间替代弹性为零。情况3也比较容易解释。由于住房价格固定，随着物业税率的提高，无差异曲线将下移，导致住宅面积下降。但是税率提高将导致所有区位的价格上升，这样就产生了替代效应，使得消费组合沿着更低的无差异曲线向更小的住宅面积移动。这些效应叠加在一起就造成了住宅面积下降，提高了人口密度，从而使城市收缩。但是，如果替代弹性很强且居住面积效应很强，那么联合效应也将最大，这样一来，均衡的城市边界向下的压力很可能被占据主导地位的更低建筑资本投入的向上压力所取代。

当然，也有一些学者认为物业税并不会推动城市蔓延，甚至认为起到相反的作用。Song & Zenou 进一步发展了 Brueckenr & Kim 的理论模型，放松了"土地拥有者不存在或居住在城市外"的假设条件，认为土地拥有者也是城市居民，这样就产生了新的收入效应。他们的结论是：物业税将抑制城市蔓延，降低城市居民的效用水平。此外，他们还分析了物业税的交叉作用——通勤成本越高或者城市人口越少，物业税对城市蔓延的抑制效应越大(Song,2006)。总而言之，从现有的文献来看，学术界对于物业税是否会导致城市蔓延并没有达成一致的意见。

4 治理城市蔓延：城市增长管理

作为一种低效的土地利用与城市扩张方式，城市蔓延存在诸多的负面影响。正因为如此，我们需要对城市蔓延进行治理，实现城市空间的良性增长，进而推动城市增长管理的理论研究和实践运用的发展。

4.1 城市蔓延的负面影响

4.1.1 城市蔓延负面影响的争议

从20世纪后期开始，城市蔓延已经成为西方城市规划领域的流行词汇，但是关于城市蔓延及其后果在西方学术界存在广泛的争论，至今为止，还没有形成一个关于蔓延的唯一的、清晰的和充分的定义，甚至对其性质也没有统一的认识（吉勒姆，2007）。

主流的观点认为城市蔓延具有一系列的负面影响，如缺少规模经济，降低了郊区的公共服务水平，弱化了中心城的经济基础，通过鼓励使用私家车增加了能源消费，进而导致了交通拥堵和空气污染等，因此主张限制城市蔓延；但也有些学者则将其看做是不可避免的，无害的，乃至积极的。反对和支持蔓延的团队引发了关于城市蔓延旷日持久的争论（表4-1），时至今日这一争论仍然没有形成共识。

表4-1 反对与支持蔓延团队各自的主要论点

问题	反对蔓延：管理发展	支持蔓延：市场决定
土地和开放空间	蔓延消耗了有价值和有限的土地资源，包括农田	存在足够的土地和农田用于开发
受到生存威胁的动植物	蔓延分割了动植物的生活环境，威胁了濒危物种的生存	在郊区，野生动物数量增加而不是减少

续表 4-1

问题	反对蔓延:管理发展	支持蔓延:市场决定
交通拥堵	汽车导向的蔓延引起了交通拥堵	交通拥堵是一个城市问题而不是郊区问题
能源消费	汽车导向的蔓延消耗了在数量上不能承受的能源	汽车技术正在变化,石油储备仍然正常
空气污染	由蔓延所引起的日益增加的车辆导致了全球气候变暖和空气污染	全球变暖至今并没有得到证实,空气污染是城市问题,而不是郊区问题
水污染	蔓延摧毁了湿地,增加了雨水流失并导致水污染	环境限制了增加住宅的费用,同时对土地拥有者也是不公平的
公众健康	除了空气和水污染,蔓延还应对肥胖和焦虑的产生负有责任	对公众健康的影响并没有得到证实
社区	郊区开发正在摧毁社区生活和社区特征	郊区有很多公众参与社会事务的机会
美学享受	蔓延正在破坏珍贵的景观	更多的人希望住在郊区而不是城市
经济	蔓延比紧凑开发费用高	城市的开发和管理费用比郊区更高
社会分化	蔓延在地理上把种族和社会阶层分化开来	郊区正在变得多样性,机会是平等的
城市	郊区正在从城市榨取资源,而把问题留给城市	城市应当对自己的问题负责

城市蔓延论战的背后实际上隐含了不同团队立场和目标(表 4-2)。例如,环境保护团体出于保护环境和自然资源的目标,反对城市蔓延;相反,一些工商业团体,特别是与房地产有关的团体,出于自身经济利益的考虑,支持城市蔓延。

表 4-2 美国不同社会团体对城市蔓延的态度

态度	团体	典型代表	目标
反对	环境保护团体	山脉俱乐部	保护环境和自然资源
	内城复苏推动者	中心城的市长和商界人士	推动城市中心区再开发和经济增长
	历史保护团体	国家历史保护信用社	保护历史建筑、街区、景观和农田

续表 4-2

态度	团体	典型代表	目标
反对	土地政策研究所	林肯土地政策研究所	科学使用土地和城市资源，推进协调发展
	自由的政策研究机构	布鲁金斯研究所	推动减少社会和经济不平等政策的制定，重建城市和大都市区
	州政府	俄勒冈州	推动经济发展，减少基础设施费用
	公共交通倡导者	美国公共交通协会	促进公共交通的使用
支持	工商业团体	国家房地产代理商协会	为房地产业和建筑业营造一个好的商业经营环境
	保守的政策研究机构	合理公共政策研究所	减少政府控制，承认房地产所有者的权利，推进自由市场政策
中立	城市规划师	美国规划师协会	更好地规划和设计城市

4.1.2 城市蔓延的代价

如前所述，关于城市蔓延存在较大的争议，不同的学者和团体对城市蔓延有着不同乃至相反的认识。关于城市蔓延的影响，有两部综合性研究著作概况较为全面，一是 1974 年的《蔓延的代价》，二是 1998 年的《蔓延的代价——再认识》及其后续《蔓延的代价——2000》。

《蔓延的代价》一书由美国环境质量委员会、美国住房和城市发展部以及美国环保局所共同资助，房地产研究公司（The Real Estate Research Corporation，RERC）负责执行。1974 年，房地产研究公司出版了三卷版的名为《蔓延成本》的研究报告。该书出版至今，被社会科学团体看做是最著名的蔓延批评著作之一以及至今为止最有影响力的研究之一（Burchell，1998）：该书被无数的环境和规划报告以及杂志引用，也被超过 1000 本的期刊评论，包括肯定和否定的意见；它也被作为城市增长影响的原创研究被推荐给众多的国会议员和团体。该研究首先对 1000 个包括 6 种不同密度的住宅单元的开发类型进行比较，并将所有的开发类型归为"低密度开发"、"混合式开发"、"高密度开发"3 种情景（Scenario），分析了蔓延对基础设施、住宅、交通、能源、环境和生活质量的影响。该研究认为高密度社区采用紧凑模式开发,将比独立家庭等低密度开发的成本更低。高密度社区的某些社会成本,如犯罪和心理问题等也许会有所增加,但是总体上,传统的低密度郊区的形成和维持都代价高昂。

虽然《蔓延成本》很有影响力,但也存在缺陷。Altshuler(1977)认为该研究实际上只是在尝试度量不同的居住形式对环境和心理等方面的影响,而不能说明蔓延的影响。由于这些方面是无法量化的,因而研究结论存在很大的不合理性。此外,Altshuler 还认为 RERC 低估了维护高密度开发的成本。Burchell(1998)认为,该研究的社区类型分析允许单元规模和居住者数量不同,而不同社区类型带来的储蓄实际上是不同单元规模(和类型)及其居民数量的函数。产生储蓄的原因并不是没有蔓延,而是更小的单元和更少的服务人口。不过,尽管存在以上的缺陷,但是在 25 年后该研究还是被看做抵制蔓延开发模式的最有说服力的论据。

1998 年,在联邦运输管理局(the Federal Transit Administration)和联邦运输开发公司(the Transit Development Corporation)的共同资助下,罗格斯大学的城市政策研究中心联合布鲁金斯学会(the Brookings Institution)等科研机构联合撰写了针对城市蔓延的第二部综合性的研究著作《蔓延的代价——再认识》。该书被认为是希望了解蔓延现象及其对个人和社会的影响的人士的"必读书目"(Soule,2006)。

在文献研究基础上,该研究从公私资本和运作成本、运输和出行成本、土地/自然栖息地保护、生活质量和社会事务 5 个方面总结了城市蔓延的 27 项负面影响和 14 项正面影响等(Burchell,1998)(表 4-3)。

表 4-3 蔓延所谓的负面和正面影响

关注领域	所谓的负面影响	所谓的正面影响
公私资本和运作成本	更高的基础设施成本 更高的公共运作成本 更昂贵的私人居住和非居住开发成本 更不利的公共财政影响 更高的总和土地成本	更低的公共运作成本 更廉价的私人居住和非居住开发成本 造成"蛙跳"地区有效率的开发
运输和出行成本	更多的机动车出行里程数(VMT) 更长的出行时间 更多的汽车旅行 更高的家庭交通运输支出 更低的成本效率和有效运输 更高的出行社会成本	更短的通行时间 更少的拥堵 政府更低的交通运输成本 机动车交通运输最有效率的模式

续表 4-3

关注领域	所谓的负面影响	所谓的正面影响
土地/自然栖息地保护	农业用地流失 农田生产率降低 农田生存能力降低(水污染) 脆弱环境性土地流失 区域开敞空间减少	强化个人和公共开敞空间
生活质量	美学上的令人不愉快 弱化社区的认同感 更大的压力 更多的能源消费 更多的空气污染 更少的历史遗产保护	更低密度生活的偏好 更低的犯罪率 增加公私产品的价值或降低成本 产生更大的经济福利
社会事务	造成郊区排他性 造成空间错位 造成居住区隔离 加剧城市财政压力 加剧内城的衰退	形成地方化的土地利用决策 强化市政当局的差异和选择

  时隔不久,该研究团队又发布了一个基于 1998 年研究框架和方法的对蔓延成本及其可选择开发模式的新的分析,对全国 3100 个县的城市蔓延状况和未来 25 年的发展趋势进行预测(Burchell,2002)。

  总而言之,尽管对城市蔓延的优劣存在争议,但是大多数学者都认同城市蔓延的贬义色彩,也就是城市蔓延具有诸多负面的影响。Mills(2003)认为,"城市蔓延已经成为紧凑城市和精明增长的对立物,是一个含轻蔑之意的术语,它指呈现低密度、机动化依赖、非城市邻近的城市和大都市增长格局"。Harvey & Clark(1971)认为,蔓延式发展造成了人均基础设施建设成本提高,农用地流失,从中心区到郊区之间的闲置土地及城市边缘区域土地价值的下降。城市蔓延的后果通常包括:缺少规模经济,这降低了郊区的公共服务水平,弱化了中心城的经济基础;通过鼓励使用私家车增加了能源消费,进而导致了交通拥堵和空气污染;在开敞土地上进行的分散而破碎的城市开发不可逆转地破坏了生态系统(Frenkel,2008)。

4.2 城市增长管理理念演进

城市增长管理的主要目标是控制城市蔓延、促进城市与区域协调发展,其基本理念经历了从区域主义(Regionalism)、新城市主义(New Urbanism)到精明增长(Smart Growth)的发展演进过程。

4.2.1 区域主义

抵制城市蔓延的区域主义理念可追溯到格迪斯与其追随者芒福德的区域规划思想——城市的形成有赖于整个区域(雒占福,2009)。格迪斯在其著作《演变中的城市》(Cities in Evolution)中提出了城市区域观,认为"城市的形成有赖于整个区域"。格迪斯的追随者芒福德(Lewis Mumford)于20世纪20年代在美国建立了区域规划协会(The Regional Planning Association),但是其在20世纪30年代晚期被解散。

在经历二战后郊区建设高潮之后,蔓延问题逐步被提上议程。到了20世纪60—70年代,区域主义开始重新复苏。当一些都市区在利用吞并(Annexation)和合并(Consolidation)其他自治市的方法来获取都市发展空间已经不可能时,便开始尝试建立强有力的都市区政府(Metropolitan Governments),设立新的区域服务区(Regional Services Districts)、专门的区域税收区等方式来解决城市空间发展的矛盾与冲突,并试图解决城市的无序蔓延问题。区域成长控制(Regional Growth Control)、区域交通和土地利用规划协调、区域税收资源共享等成为区域主义学者解决城市蔓延问题时比较常用的政策工具。

4.2.2 新城市主义

第二次世界大战后,美国出现了以低密度住区和小汽车交通为主体的城市郊区扩展模式,引发了城市交通拥塞、空气污染、土地资源浪费和内城衰退等一系列的社会问题。在20世纪80年代后,美国的规划师和建筑师们开始倡导用紧凑的发展(Compact Developments)模式来取代传统的蔓延式发展模式,并逐步形成了新城市主义的社区规划设计思潮。

新城市主义又称新传统主义,其核心思想是把二战前美国城市设计的理念与现代环保、节能的设计原理结合起来,克服现代主义的城市规划方法对城市居住社区空间的有机结构和环境氛围的破坏,建造具有人文关怀、用地集约、适合步行的居住环境。安德雷斯·杜安伊(Andres Duany)和彼得·卡尔索尔普(Peter Calthorpe)是新城市主义的主要代表,前者与伊丽莎白·普拉特·兹伊贝克(Elizabeth Plater Zyberk)提出用传统邻里开发(Traditional Neighbourhood Development,TND)取代蔓延式开发模式;后者倡导用公共交通导向的邻里开发(Transit-Oriented Development,TOD)替代蔓延式发展模式。除此之外,紧凑的发展和土地的混合利用(Mix-Use)也是新城市主义者解决城市蔓延的主要思想,其规划设计思想主要强调打破传统的纯化的功能分区,进行土地综合利用,同时追求步行和公共交通友好的社区建设模式。

新城市主义的思想理念集中体现在1996年第四届新城市主义大会上形成的《新城市主义宪章》中。宪章中的新城市主义核心思想分三个层次:第一为区域层次,包括大都市、城市和城镇。主张区域中的各个组成部分(如城市和村庄)在设计中要明确地划出边界,城市最好在这些边界以内填充式开发;区域规划要给居民提供多种可选择的交通方式、价格能够承受的住房;区域内的各个城镇间要合理分配资源和收入,建立协调的关系,避免破坏性的竞争。第二为城市邻里、地区和联络通道层次。主张邻里紧凑发展;居民的各种活动组织的位置要限定在五分钟的步行距离之内,公交站点的位置也应在步行距离之内;邻里住房要能容纳各种收入阶层、年龄、种族的居民;邻里的活动设施和公园等要穿插于邻里内部而不应隔离设置;联系通道的组织要增强邻里结构。第三为街区、街道和建筑层次,要求设计师将单体建筑与环境(包括历史、气候、地形等)紧密联系;建筑、街道和广场的设计要增强安全性、舒适性和吸引力,并能够增进邻里交往(李东,2003)。

4.2.3 精明增长

精明增长是一种有管理的增长,它尽可能满足社会发展的需要(经济和人口),同时尽可能限制开发所产生的负面影响。从一定意义上看,增长管理可以与精明增长替换使用,因为精明增长就像一把大伞,将最近几十年里形成的城市增长管理技术吸收为基本工具(吉勒姆,2007)。

环境学者和城市规划师首先提出"精明增长"的概念(王丹,2007)。1996年,美国环保署(USEPA)组织多个机构成立了一个旨在促进城市精明增长的组织网络。1990年代中期,美国规划协会(American Planning Association,APA)设立了一项精明增长项目,并在1997年发布了《精明增长立法指南》。同年,美国自然资源保护委员会与地面交通策略研究项目发表了《精明增长方法》，旨在促进城市集约增长、土地混合利用及以大容量公交系统为导向的城市开发模式。同样在1997年，马里兰州通过《精明增长与邻里保护法案》，鼓励再开发工业弃置地，州政府凭借为改造区内的基础设施提供资金、减税等方法鼓励在工作地附近建房。1999年，美国城市规划协会在政府资助下，花了8年时间，完成了长达2000页的《精明增长的城市规划立法纲要》。1990年代，美国前副总统戈尔计划动用联邦的支出启动"精明增长"计划。在戈尔的推动下，"'精明增长'针对郊区的无序蔓延扩展和城市中心区的衰退"成为统一行动的口号，就像一张大伞把美国关注、寻求解决城市蔓延问题方案的各个研究团体和政府机构统一起来。2000年，美国规划协会联合60家公共团体组成了"美国精明增长联盟"(Smart Growth America)，主要倡导地方、联邦和国家各层次更优的增长政策和实践，并已推动农田和开放空间保护、邻里复兴、经济住房和适居社区的建设等。

目前，美国城市"精明增长"的组织网络越来越庞大，接受精明增长的人群也越来越宽泛，包括政府、规划师、设计师、开发商等。同时不断明确了"精明增长"的核心内容：用足城市存量空间，减少盲目扩张；加强对现有社区的重建，重新开发废弃、污染工业用地，以节约基础设施和公共服务成本；城市建设相对集中、密集组团，生活和就业单元尽量拉近距离，减少基础设施、房屋建设和使用成本，并相应形成了一套完整的基本策略体系（表4-4）。

表4-4 精明增长的基本策略体系

措　施	技术手段
保护开敞空间	规制控制（环境限制、分区控制、开发权转移等）、土地和建筑物限制、税收优惠、购买土地
增长边界	地方城市增长边界、区域城市增长边界
紧凑型开发	传统街区式开发、公交导向式开发、公共交通村式开发
更新建成区	市中心和商业街再开发、棕地再开发、灰地再开发、
公共交通	地方公共交通项目、区域公共交通项目
区域规划协调	区域政府、区域管理机构、区域基础设施服务区、州的规划目标
资源分享和费用分担	分享区域的财政收入、区域的经济住宅项目

4.3 城市增长管理的政策工具

Bengston(2004)认为,根据政策实施的层级和政策工具的类型,可以将城市增长管理的政策工具分为三种类型,即土地公共征收(Public Acquisition)、规制方法(Regulatory Approaches)和激励政策(Incentive Policies)(表4-5)。不过,这一表格并不全面,由于公共政策工具的工具包十分广泛并且还在发展扩大,管理城市增长的创新性政策工具也在不断出现,因此该表也需要定期更新,特别是在地方层次。

表4-5 美国城市增长管理政策分类

分类	政策内容	政府实施层面
土地公共征收	建立公共性公园、休闲区域、森林、野生动物保护区、荒野、生态敏感区、绿廊等	地方政府、区域、州政府、联邦政府
规制方法	开发延期补偿、间歇性开发规制	地方政府
	增长控制比例、增长阶段规制	地方政府
	充足公共设施条例	地方政府、州政府
	提升用途分区、小地块分区、最低密度分区	地方政府
	绿带	地方政府、区域
	城市增长边界	地方政府、区域、州政府
	城市服务边界	地方政府、区域
	规划指令	区域、州政府
激励政策	开发影响费	地方政府
	开发影响税、房地产转让税	地方政府
	填充与再开发奖励	地方政府、州政府
	分级物业税	地方政府
	棕地再开发	地方政府、州政府、联邦政府
	区位效益贷款	地方政府
	历史复兴税收信托	地方政府、联邦政府

土地公共征收最常见于保护开敞空间的目标，指的是各级政府从私人土地所有者手中征收土地，用以建立公共性公园、野生动物保护区等特殊的区域。但是，在城市地区内和附近，土地征收几乎总是服务于多重目标，并且在塑造大都市形态和管理城市增长中扮演重要但通常是被忽略的角色。土地公共征收有助于为城市增长提供一个框架，能够规定哪里不能增长。

规制方法主要用于地方政府层次，具体内容包括开发延期补偿（Development Moratoria）、间歇性开发规制（Interim Development Regulations）、增长控制比例（Rate of Growth Controls）、增长阶段规制（Growth-Phasing Regulations）、充足公共设施条例（Adequate Public Facility Ordinances，APFO）、提升用途分区（Upzoning）或小地块分区（Small-lot Zoning）、最低密度分区（Minimum Density Zoning）、城市绿带（Greenbelt）、城市增长边界（Urban Growth Boundaries）、城市服务边界（Urban Service Boundaries）以及规划指令（Planning Mandates）等。

激励政策是指对特定的土地开发行为提供激励或解除约束，主要是各种税收和奖励政策。这类政策也主要应用于地方政府，通常包括开发影响费（Development Impact Fees）、开发影响税（Development Impact Taxes）、房地产转让税（Real Estate Transfer Taxes）、填充与再开发奖励（Infill and Redevelopment Incentives）、棕地再开发（Brownfields Redevelopment）、分级物业税（Split-Rate Property Taxes）等。

蒋芳（2007）将城市增长管理的政策工具分为四种类型：（1）政府刚性控制政策：指那些对开发的界限、总量或时间做出刚性规定的政策工具，包括绿带、城市增长边界、公共土地征用、暂停开发、建筑许可等；（2）基础设施引导政策：要求城市土地的利用开发与基础设施或公共设施等的建设保持同步进行，如足量公共设施要求、TOD开发等；（3）区域差异调节政策：是通过对不同的区域设置灵活的差异性政策，从而实现对土地开发行为的合理疏导，如开发权专业或购买、分区等；（4）经济手段诱导政策：主要指利用税收杠杆实现对土地开发行为的激励或限制，如开发影响费、保护减税、双轨税率等。

我们认为，根据城市增长管理的政策工具的作用方式，可以将其分为三大类，即城市容纳政策、开发控制政策和经济诱导政策。城市容纳政策（Urban Containment Policy）主要是指设置各种城市增长的边界，主要包括城市增长边界（Urban Growth Boundary，UGB）、城市服务边界（Urban Service Boundary，USB）和绿带（Greenbelt）。开发控制政策是政府通过行政力量来强制性控制城市土地开发行为,从而规范城市空间增长,主要包括土地开发许可与准入、公交导向型开发等。经济诱导政策是以市场资源配置为基础,通过经济手段来弹性引导城市土地开发行为,从而规范城市空间增长,主要包括开发影响费(税)、税收调整等。

4.3.1 城市容纳政策

Urban Containment 一词最早由 Peter Hall 等(1973)提出,主要是指对于城市发展的地理上的限制。城市容纳政策以控制城市蔓延、保护开放空间和塑造城市空间增长形态为目标,是最为常见的城市增长管理政策工具类型。其中,边界设定是城市空间增长管理的基本工具(吴次芳,2009),主要包括城市增长边界、城市服务边界和绿带三种(Pendall,2002),三者的控制手段和对城市空间增长的限制性强度方面存在一定的差别(表4-6)。其中,绿带和城市增长边界主要通过"推力"将城市增长限制在开放空间、重要农业用地以及生态敏感用地之外;而城市服务边界则通过基础设施建设,采用"拉力"将城市增长"吸引"到边界之内,并避免使其出现在没有基础设施投入的地区。绿带、城市增长边界和城市服务边界对于城市发展限制的严格程度是逐次递减的。

表4-6 城市容纳政策工具

政策名称	典型案例	控制手段	限制性强度
绿带	伦敦、首尔、博尔德	推力(限制)	最强
城市增长边界	波特兰、塞勒姆	推力(限制)	一般
城市服务边界	Ramapo、明尼阿波利斯、圣保罗	拉力(诱导)	最弱

1) 绿带

城市绿带指的是由农田或其他绿色空间构成的环绕在城市或大都市区周围的开敞空间的物质地区,例如农田、森林或其他绿色空间,其目的是永久抑制城市扩张,通常由公共部门或非营利组织通过获取开敞空间或土地发展权的方式获得。限制城市蔓延的绿带模式主要应用于欧洲,许多欧洲的大城市都设有绿带,例如柏林、巴黎、伦敦、维也纳、巴塞罗那和布达佩斯,亚洲采用绿带的大城市包括东京、首尔和曼谷,我国的广州、北京、上海、南京等城市也都已建设或正在城市郊区建设风景林带,形成城市的生态保护圈(朱春阳,2009)。我国早在20世纪50年代,一些城市就提出了通过建设环城绿带来控制城市无序扩展的理念(潘鑫,2008)。如 1958 年的北京城市规划,就提出在市"中心大团"和边缘集团之间以及各边缘集团之间设置农田和绿地隔离带,形成市区"分散集团式"、地区"子母城"的空间布局模式。不过在后来的城市建设中,由于忽视绿化控制带的建设,导致了城市空间扩展的失控。

但也有不少学者对绿带政策提出了质疑(Scargill,1994)。绿带保护了中产阶级的房产价值,而把工薪阶层限制在中心城市,从而造成了社会不公平;绿带限制了可开发土地的数量,造成了对空地的压力,导致中心城市的高密度和填充式开发;绿带限制了农村低价房屋的供给;绿带增加了居民通勤的旅程;鼓励城市超越绿带的蛙跳式发展;绿带限制了需要发展地区的经济发展;作为控制城市扩张工具的绿带并没有改进城市边界遭侵吞后的城市形态,反而增加了农村多于土地转变为非农用地的可能性(宋彦,2005)。

2) 城市增长边界

城市增长边界(UGB)的概念最早出现于美国的塞勒姆市(林肯土地政策研究所,2003),初衷是解决该市与 Marion 和 Polk 两县因发展而出现的管理冲突,其做法是在大都市区范围内划定一条界线,也就是城市增长边界,边界以内的土地可以开发为城市用地,边界以外的土地则不能开发为城市用地(Nelson,2002)。城市增长界线范围内应包含现已建设土地、闲置土地及足以容纳 20 年规划期限内城市增长需求的未开发土地,地方政府必须对土地供应情况进行监督,并定期考察有无必要对现有增长界线进行调整。

具体地说,UGB 是基于以下因素建立的(林肯土地政策研究所,2003):① 城市人口增长的需要;② 满足住房、就业机会和生活质量的需要;③ 通过经济手段提供公共设施和服务;④ 最高效地利用现有城区以内和边缘地区的土地;⑤ 关注开发活动对环境、能源、经济和社会的影响;⑥ 根据土地分类标准保留农业用地;⑦ 使城市对土地的使用与附近的农业活动和谐一致。因此,其目标可以概括为:保护基本农田;提供充足的公共设施;减少对空气、水和土地的污染;圈定明确的城区边界。UGB 一旦确定后,地方政府就必须尽最大努力,满足 20 年规划期内的住房、工业、商业、娱乐、开放场地及其他所有城市用地的需求。

然而 UGB 在实施过程中存在很大的困难,主要原因是难以确定城市发展速度以及城市土地供应量。此外,地方政府往往希望将辖区内尽可能多的区域划入 UGB 范围之内,因而导致在 UGB 的划定上争执不下。

与城市绿带不同,城市增长边界并不是一个实体空间,而只是观念中在城市地区划出一条界线将城市地区与周围的农业地区隔离开来,增长边界之内的区域被区划法界定为都市区,反之则被界定为农业区。在城市增长边界工具箱中,分区和其他规制工具被广泛使用。另一个与城市绿带的显著不同之处在于,城市增长边界是为了在一定的年限内容纳既定的开发量,故此会不时地进行重新评估并根据需要加以拓展,而城市绿带一旦确定就难以改变。俄勒冈州是执行城市增长边界的典型案例,其于1973年通过土地保护和开发法,要求全州所有城市和波特兰都市区周边均须划定出城市增长边界(Pendall,2002)。

3) 城市服务边界

和城市增长边界一样,城市服务边界也是在城市或大都市区周边划出一条界线,界线之外将不再提供诸如下水道和供水等特定的城市公共服务。与城市增长边界相比,城市服务边界更富弹性。

图4-1显示了存在城市服务边界条件下的单中心城市土地利用模式。居民的竞租曲线与农业土地租金函数相交于点 d_3,也就是说,此时城市的半径是 d_3。模型中隐含的假设是城市政府为与城市中心距离在 d_3 之内的地域提供城市服务。商业竞租曲线与居民竞租曲线相交于点 d_1,如此一来,均衡的 CBD 半径为 d_1。

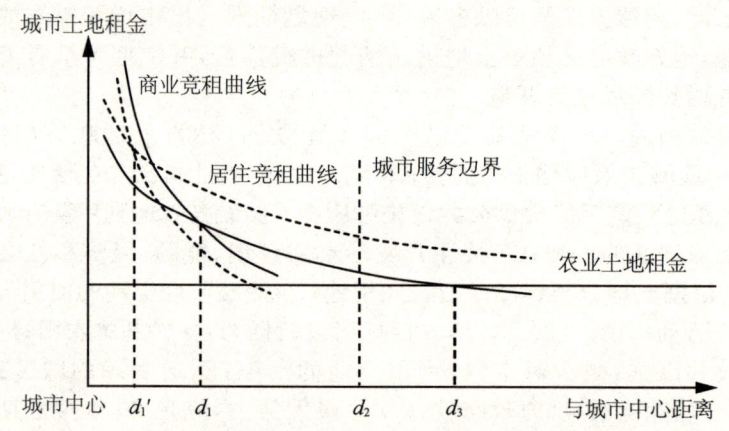

图4-1 存在城市服务边界条件下的单中心城市土地利用模式

假设城市政府仅为半径为 d_2 之内的地域范围提供城市公共服务,那么,居民的竞租曲线将在 d_2 处降为零。这样一来,城市服务边界对城市土地市场局部均衡产生了影响:d_2 之外的土地没有转变城市城市建设用地,并且土地市场租金成为农业土地租金。

从整体来看,服务边界降低了居住区的规模,减少了城市总劳动力供给并提高了城市工资水平。而工资水平的提高相应地提高了城市的吸引力,导致更多的移民迁入城市,从而抬高了房价和地价。由于以下两个因素导致劳动力数量的增加:其一,人口密度增加。住宅和土地价格的上涨减小了地块规模,家庭的居住面积更小,从而每户住宅消耗的土地也相应地减少,使单位面积的人口(以及工人)相应增加;其二,居住地域增加。居住竞租曲线上移使得居住在CBD附近对商业的竞价能力上升,从而,使居住区朝着城市中心向内扩张。

工资的增长也对商业土地市场产生影响。生产成本增加,降低了城市作为生产地的相对吸引力,对CBD土地的需求降低,导致商业竞租曲线下移。由于以下两个因素导致劳动力需求减少:其一,就业密度下降。劳动力相对价格的增加降低了城市的就业密度(单位面积的劳动者数量);其二,商业地域减少。随着部分土地转变为居住用地,CBD面积随之缩减。

城市工资水平将持续上升直到实现一般均衡(劳动力供给等于劳动力需求)。在新的土地配置均衡中,城市半径固定在d_2,CBD面积减少。城市服务边界对城市的居住和商业市场具有不同的影响:在居住区,服务边界提高了住宅和土地的价格,进而提高了人口密度;相反,服务边界降低了CBD内的土地租金和就业密度。

那么,什么人将从城市服务边界中受益,什么人将受损呢?拥有城市边界之外土地的人从中受损。对于$[d_2, d_3]$范围内的土地而言,市场租金成为农业土地租金,从而减少了土地的市场价值。相反,拥有城市边界之内的土地的人将从中受益。工资水平上升导致居住用地需求的上升,提高了边界之内的土地价格。另外,拥有CBD之内的土地的人同样也遭受损失:工资水平提高造成对CBD土地需求的减少,导致商业土地价格的降低。

在实践中,城市服务边界往往与充足公共设施条例等其他政策工具配套使用,通过停止提供特定的公共配套服务来禁止城市的无序开发。美国的一些大都市区正运用该政策进行梯度开发,引导公共基础设施按照特定的次序向新区逐步推进。例如,在1997年,马里兰州颁布了"边界保护和精明增长计划"。根据该计划,该州将为在指定的增长区以及现有市区和工业区内的开发项目优先提供资金帮助。而这些优先地区在土地的预期用途、最低密度限制和供排水配套方面必须满足州制定的标准。从1998年10月1日起,马里兰州就不再向非优先地区的"增长相关型"项目提供资金,对乡村和无排污系统社区内的项目的资助也受到限制。人们可以在这些区域建房,但政府不准备在这些区域建下水道和学校,从而以这种方式来限制乡村地区的发展,进而将开发引入适于增长的地区。

4.3.2 开发控制政策

1) 公共土地征收与开发权购买

虽然土地公共征收政策最常见的目标是保护开敞空间,但是它在塑造大城市形态和管理城市增长方面也发挥着重要但又常被忽略的作用(Fulton,2001)。为了限制城市空间增长,土地公共征收政策被广泛用于在城市内部和周边建设区域城市公园、公园道路和自然保护区系统等方面,它为城市空间增长提供了一个框架,规定哪些区域不能进行开发。在美国城市土地和城市规划师看来,对于限制城市空间增长,这类"绿色基础设施"毫不逊色于诸如道路、下水道和供水管网等"灰色基础设施"(Benedict,2002)。目前,美国最大的50个大都市区中的30个以及数百个小型社区已经出台或正在编制绿色空间规划(McMahon,1999)。

对于土地价值较高、开发压力较大的地区来说,公共土地征收政策的成本相对较高,于是政府不得不采取多种手段筹集征购土地的资金,如发放长期债券、福利抽奖等等,这样的措施往往需要政府部门与非营利性组织进行合作。例如在马里兰州实行的土地保护合约计划中,土地所有者通过与具有半官方色彩的信托基金签订合约,对土地的开发权进行一定限制。签订了合约的土地,所有权名义上仍属于原来的土地所有者,但已成为公共物品,土地所有者可以根据该土地的用途适当使用,但不能进行开发建设。土地保护合约是一个多赢的契约,对土地所有者来说,既可排除对土地的不当开发,又可依法把土地合约作为扣减税负的凭证;对政府和其他公众来说,则增加了公共物品,保护了文化古迹和生态环境(翁羽,2007)。

2) 足量公共设施要求

充足公共设施条例(APFO)要求开发新项目时必须拥有开发所需要的各种城市服务和基础设施,但不是通过设置开发额度的方式,而是要求每个开发项目都必须通过个案评估,证明在其开发过程中必需的公共服务设施会得到充分的配给(Weitz,1999)。如果不能证明当从事某项开发时,已经拥有或将要拥有足够的基础设施,则该项开发不能获得批准。也就是说,这是一种同步配套要求,新项目开发时必须确保足够容量的道路、给水、排水和学校等设施到位;如社区无力建设这些设施,可要求开发商提供,作为取得开发许可证的条件。APFO产生于美国,主要由地方政府贯彻实施,并被部分城市纳入增长管理计划当中。该条例可以相对降低城市未开发地区的项目建设热情,达到抑制城市过度增长的目的。佛罗里达是首个要求所有的地方政府实行充足公共设施条例以提供特定地方服务和公共设施的州。在佛罗里达,该政策被认为是"同步"的,因为按照规定,公共设施和开发影响要同时具备。华盛顿州要求地方政府在进行开发前,不论是政府还是开发单位,都必须先行建设或在开发期间配套建设足够的公共配套设施,即只有公共设施满足了该地区发展的需求,政府才能审批开发许可证。

分区也是城市增长管理的核心技术,通过分区,城市土地可以划出禁止进行更密度开发的区域。提升用途分区和小地块分区等弥补了以往区划抑制高强度开发的不足,其允许在较小的地块当中进行较高强度的开发(Nelson,1995)。

3)公交导向型开发

公交导向型开发强调整合公共交通与土地使用的关系。一方面,它对城市交通提出相应要求,主张在社区内提供良好的步行系统,使各种公共活动空间、公共设施及住宅区中心点能够保持在公交站点的步行距离之内,并应修建舒适、安全的人行道,以增加步行、自行车和公交等各种出行方式的选择机会,减少对小汽车的依赖。另一方面,主张集约化、高效率的土地利用模式,以形成更为紧凑的区域空间形态。比如,对土地采用混合利用的方式,将工作、娱乐、休憩、商务和居住生活结合在一起,打造服务丰富的多功能区域;在城市建筑设计上加大建筑的容积率与紧凑度,提倡向纵向空间而非水平方向的扩展,从而节约土地,减少对绿地的占用,降低公共设施成本(翁羽,2007)。

4)其他开发控制政策

间歇性开发规制虽然允许部分开发项目继续进行,但会暂缓当下正在触发环境、经济等新矛盾的开发活动,直到地方政府制定出相应的对策或更具长远效力的法规为止(Zovanyi,1998)。

增长控制比例对每年度地方政府发放的建筑许可提出了上限。增长阶段规制对开发活动进行限制,将开发活动的进程与公共设施开发(下水道、主干道、公园和消防等)的预定进程进行绑定,要求两者能够同步协调;本质上,增长阶段规制是一种灵活的控制思路,将给定年份中公共设施的配套供给能力转变为建筑许可的最高发放数量。

提升用途分区主要应用于地方层面,但是也适用于州层面,例如在1970年代和1980年代,提升用途分区作为全州增长管理计划中的重要组成部分在整个俄勒冈的城市地区广泛推行(Knaap,1992)。

规划指令是美国城市增长管理政策工具的一项创新(郭湘闽,2009),它主要应用于区域和州层面,要求地方政府制定和采用综合规划以指导土地利用决策。在美国,夏威夷是最早开展规划指令的州,1961年,即要求地方政府开展土地利用规划。如今,在美国近半数的州都要求地方政府开展土地利用规划,不过州政府在其中所扮演的角色差别很大。某些州政府在地方规划中的权威很大,要求地方性的规划与州土地利用规划和目标一致。有些州政府的权威很弱,对地方综合规划没有强制力。在不少地区也开展大都市或区域层面的规划指令。例如,明尼阿波利斯—圣保罗大都市区要求所有的地方政府制定在高速公路、下水道、交通运输、机场和区域公园等方面与双子城大都市议会一致的综合性规划(Johnson,1998)。

开发延期补偿被称为"一种激进的增长管理政策"(Owens,1990),因为在城市快速扩张时期,它通常以停止发放建筑许可证(Building Permit)的形式出现,目的是赢得更多的时间去制定长远的策略,以应对当时城市蔓延所引发的问题。建筑物许可证分配给那些促进城市发展的开发项目,同时通过限定数量来控制开发项目的增加(翁羽,2007)。

4.3.3 经济诱导政策

经济诱导政策是利用税收杠杆实现对土地开发行为的激励或限制。如前所述,Brueckner认为开敞空间的社会价值、高速公路拥挤的社会成本以及新开发公共基础设施的成本等三个市场失灵导致了城市的过度空间增长,即城市蔓延,为了纠正这些问题,他开出了三个药方,即征收开发税(Development Tax)、拥挤税(Congest Tax)和影响税(Impact Fee)。实际上,Brueckner开出的解决方案就是通过经济诱导政策来纠正城市土地利用的外部性,从而达到抑制城市蔓延的目的。概况而言,实践中的经济诱导政策可以归为两大类,即开发影响费(Development Impact Fee)和税收调节,其中税收调整包括差异定价、开发税、拥挤税等一系列政策工具。

1)开发影响费

开发影响费是政府对新开发项目征收的一次性费用,开发商和购买新房者必须为他们对该地区的影响而负担更多的基础设施开支(蒋芳,2007)。开发影响费的类型包括政府对街道、公园、给水、排水、固体废物处理、修建学校等方面的支出。征收开发影响费通常需要经过以下4个步骤(尹奇,2005):对新开发项目与所需基础设施之间的关系进行研究;制定设施改进计划;对标准和程序建立条例和规则;对收取的影响费要成立专门的基金进行管理。开发影响费在项目开发时征收,征收后进入专门账户,用以支付政府在该新开发项目的配套基础设施方面的支出(如在新建的购物中心周围加宽马路和设置交通灯),以避免出现新开发区域基础设施水平低下、不配套等问题。通过收取开发影响费可以鼓励更有效的开发模式,比如通过降低影响费引导开发商在已经存在公共设施的地区开发,或者依靠提高影响费的数额对暂无基础设施地区的开发活动进行抑制(翁羽,2007)。

开发影响费将新开发基础设施的经济成本转移给开发商,通常被认为是管理城市增长的有效工具。但实际上,在一个竞争性的市场中,开发影响费的负担最终会落到消费者和土地所有者身上,将中低收入家庭驱逐出辖区,从而产生排他后果。开发影响费还有一定的调节区域开发强度的功能,例如通过减少经济萧条地区的影响费,可以刺激这些地区的城市土地开发行为。因此,利用影响费补贴基础设施的做法,可能受到正在经历经济困难的地方政府的欢迎。此外,开发影响费关注现有居民的利益,要求新居民为公共设施和基础设施的开发建设买单,有助于维持社区较高的生活质量,从而受到当地居民以及地方官员的欢迎(Feiock,2008)。

征收开发影响费,必须深入研究新的开发项目和其所需基础设施的成本之间的关系,根据资本投资运作计划,结合法律规定的必要设施标准来确定影响费的收费标准。因此,不同地区征收的开发影响费可能存在不同,甚至同一地区的不同区位也存在显著的差别。如2005年马里兰州对新建独户房屋收取的开发影响费,Anne Arundel县的标准为4394美元;Frederick县为10016美元;而Montgomery县根据区位不同而不同,最高收取17500美元(Cohen,2002)。

2) 税收调节

税收调节是与边界设定配套实施的城市空间增长管理手段之一(吴次芳,2009)。土地税收有利于内部化城市土地利用的外部性,从而实现土地的集约利用。当在土地利用中存在外部成本时,土地可能会被过度利用或不恰当利用,而这也是产生城市蔓延的重要因素。从理论上看,解决土地利用外部性问题有两种方法,即实行土地用途管制和征收土地税收。相对而言,经济学家更加青睐后者。当某一土地利用存在外部成本时,通过对其征 t 单位的税收,可以使得供给发生改变(供给曲线从 S 移动到 S'),使得土地利用的私人成本与社会成本一致,从而在土地利用上达到社会最优水平(图4-2)。由此可见,利用土地税收杠杆,通过对边界内外不同用途的房地产开发和保有税率的设定,可以保障城市空间增长管理中空间控制目标的实现。对于绿带、城市增长边界、城市服务边界等不同的边界类型,可以尝试通过边界内外税收种类、方式和税率的不同来将城市扩展引导至边界内区域,并减少和控制边界外开发行为。

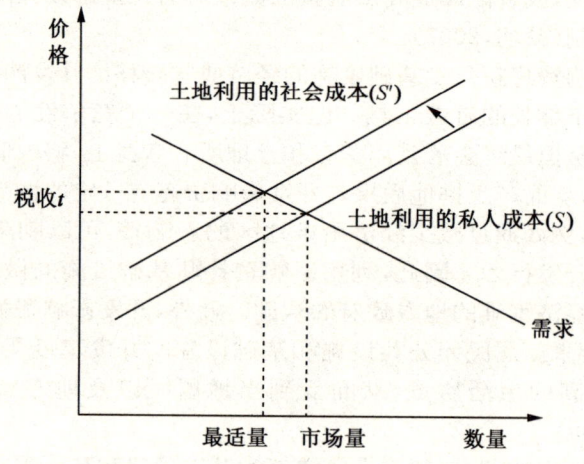

图4-2 税收对土地利用外部性的矫正

体现税收调节重要作用的一个典型实例就是日本实施的都市计划区内外农地的差别税率政策。根据日本1968年颁布的城市规划法,城市规划区域内应划分出市街化区域和市街化调整区域。现有的城市建成区以及未来10年内优先计划发展的区域应被指定为市街化区域,而限制城市发展的地区应当被指定为市街化调整区域。对市街化区域内的所有用地,包括农地以土地市场价格征收高土地税;而对市街化调整区域内的土地,主要是农地,则维持低税率。但是,实际上,土地税率直到1992年才按照1968年的原则进行调整。在此之前,市街化区域内的所有农地继续保有低税率,约为邻近地区居住用地土地税率的1%~2%。当市街化区域内的农地税率与区域外的农地税率没有差别或差别很小时，所有的农民都希望将自己的土地划分在市街化区域内，导致划定为市街化区域的范围远远超过实际的需要。同时，市街化区域内对农地征收的较低的税率使农地成为避税的安全场所，这导致市街化区域内农地的大量存在，并刺激了城市地价的上涨。由此可见，税收调节对于实施边界设定后的城市空间增长管理具有举足轻重的作用。税率设置的不合理或时间延迟，会直接导致城市空间的无序增长和蔓延。

Brueckner 所说的开发税（Development Tax）也是税收调节的一种形式。开发税是在现有收费的基础上，对以农业用途转变为城市用途的土地征税，税额的数量等同于开敞空间收益的价值，这也是土地被转用时的损失。开发税增加了农用地转为城市建设用地的成本，从而减缓了开发过程和城市扩展的速度。不过，将开发税付诸实践存在诸多困难，其中之一就是很难评估开敞空间所带来的收益，并且开敞空间对居民带来的舒适性因人而异，从而也就很难客观地确定适宜的开发税税率（Brueckner，2000）。

此外，税收调节还包括保护减税、双轨税率和拥挤税等其他方式。保护减税是指为了鼓励保护开敞空间而对于自愿将土地开发权转移给非营利性组织的土地所有者给予一定的税赋减免。双轨税率是对土地价值以较高的税率征税，而对建筑物的改良价值以较低的税率征税，从而达到鼓励集约利用土地的目的（蒋芳，2007）。拥挤税是对通勤者强加给其他人的拥堵破坏征收的费用，在存在拥挤税的情况下，高峰期通勤的交通费成本增加，人们具有缩短其通勤距离的激励，这意味着居住在更靠近工作地点的区位，最终的影响是城市空间的收缩。虽然拥挤税不像开发税那样难以确定适宜的税率，但是由于居民担心增加税负而反对，因而真正将其付诸实践的城市还很少。新加坡是第一个通过收费控制交通流量的国家。从 1975 年开始，新加坡实施地区通行制度（the Area Licensing System，ALS），在市中心收费区行驶的汽车，每天要支付 2 美元。该制度实施后，交通流降低了 44%，出行速度明显提高（奥沙利文，2007）。

3）开发影响费与税收政策对城市土地开发的影响

虽然土地税和开发影响费是管理城市空间增长的两种重要的经济诱导工具，但是，二者对城市土地开发行为的影响是不同，进而对管理城市空间增长的效果也有所区别。

McFarlane（1999）利用 Capozza-Helsley 的城市增长模型探讨及分析了不同税赋政策下的住宅投资效果，认为城市地租所得税、农地地租所得税、单一租金税、都市土地不动产税、农业土地不动产税、单一不动产税、基于住宅的开发费、基于资本的开发费、基于土地的开发费、基于土地价值的开发费等均对住宅开发时间与密度具有一定影响,税费课征将延迟开发的时间,对于密度的影响则由于课征税费的基准不同而有所差异。

胡学彦、何东波(2000)将 Alonso(1964)的城市土地使用模型为基础加以改造,考察城市政府采取完全不课征税费、对居民课征不动产税以及对土地开发商课征开发影响费等三种策略对封闭型城市和开放型城市土地开发和房地产价格的影响,认为就短期效果而言,课征开发影响费对地主或土地开发商是有利的,对居民是倾向于不利的;就长期的效果而言,课征开发影响费会造成地价下跌,课征不动产税会造成房价下跌,而不论何种收费策略,长期均不影响居民住宅消费量。

5 美国城市蔓延及其治理实践

第二次世界大战之后,随着郊区化的加速进行,美国兴起郊区土地开发建设热潮,造成城市无限制的低密度蔓延,并产生一系列问题,致使人们开始质疑、检讨、反思此种以土地、环境为代价的增长模式。同时,在城市间激烈竞争的背景下,如何协调经济发展和生活环境、自然环境保护之间的平衡,如何采取一致的方针引导城市进入良性循环、持续健康的增长期成为最大的课题。在这样的背景下,"增长管理"作为一种新的尝试性管理模式被提出,并运用于美国许多城市的建设发展管理中(刘宏燕,2007)。

5.1 美国城市增长管理的缘起与演变

美国城市"增长管理(Growth Management)"的出现与郊区化发展密切相关。随着人口、产业等社会经济活动大量向郊区转移,美国出现了快速的郊区化浪潮。郊区的快速扩张也推动了城市空间的迅速增长,引发了日益严重的城市蔓延问题。为了抑制城市蔓延,美国不少州出台了相关的城市增长管理的法规和政策工具,并在实践上取得了较为显著的效果。

5.1.1 战后美国郊区化浪潮

郊区化主要表现为人口、产业和经济发展格局的新一轮空间重组。在郊区化的进程中,首先是人口的外迁,其次是工业、零售业和办公服务业的依次跟进。其中,人口郊区化发挥着根本性的作用。

虽然美国郊区化过程由来已久,但是在二战后,郊区化的趋势明显加速。1920年之前,虽然美国近代郊区也在加速发展,但由于中心城市还处于强势地位,牢牢控制着区域经济的发展,因此中心城市通过对郊区的不断兼并和合并,将郊区人口不断转变为中心城市人口,从而使郊区化速度呈现出稳定缓慢的特定。而 1920 年之后,特别是第二次世界大战之后,由于小汽车的广泛应用、高速公路网的形成、经济结构向后工业经济的转变、联邦及地方政府的政策引导以及郊区对中心城市兼并的抵制等因素,美国郊区化的进程大大提速(孙群郎,2005)。

从人口增长率来看,如图 5-1 所示,在 1900 和 1910 年代,美国大都市区的中心城市的人口增长率要高于郊区人口增长率。1920 年代是一个转折点,从这之后的半个多世纪中,美国大都市区的郊区人口增长率始终超过中心城市人口增长率。这一趋势同样可以从美国大都市区新增人口的分布中得到验证。从图 5-2 中不难看出,在 1900—1960 年代间,美国大都市区新增人口中,中心城市所占的比重一直在下降,并且从 1930 年代开始,郊区的比重超过中心城市的比重,占到大都市区新增

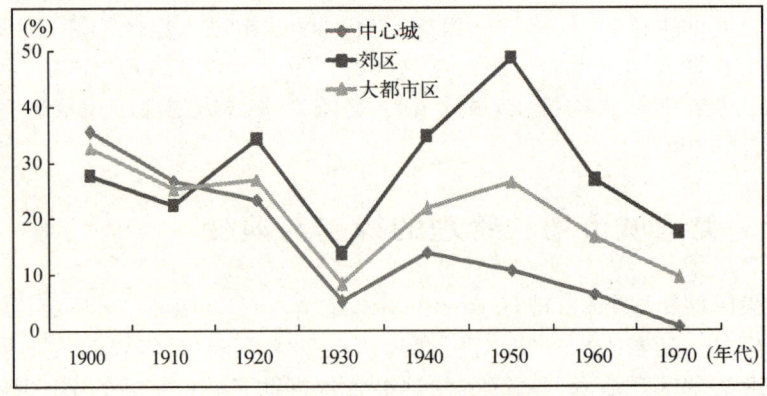

图 5-1　1900—1970 年代美国大都市区、中心城市和郊区人口增长率

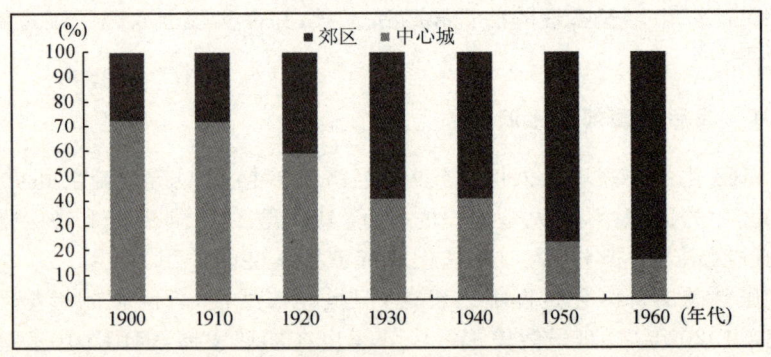

图 5-2　1900—1960 年代美国大都市区新增人口分布情况

人口比重的一半以上。到了1960年代,郊区所占的比重提高到84%,也就是说,大都市区每增加100人,郊区就占84人,而中心城市仅为14人。此外,在郊区增加的人口中,很大一部分是从中心城市迁移出来的。据统计,1950年至1960年间,美国郊区人口大约增加了1700万,其中1200万是从中心城市迁入城市郊区的。从郊区人口占美国全国总人口的比重来看,1920年,美国郊区人口占17%,1930年占19%,1940年占20%(Palen,1981),郊区化进程已经开始提速。20世纪60至70年代,郊区发展更为迅速,1960年,大都市区中心城市人口占全国总数的33.4%,郊区占33.3%,二者几乎相等;1970年,中心城市人口占全国总人口的31.4%,约为6400万,郊区所占人口比例增加到37.2%,共7600万,郊区人口第一次超过了市区人口,人口重心迁移到郊区(Levy,1985)。1977年,中心城市人口比例下降到28.5%,郊区上升到39.2%,郊区化格局更加明显(Palen,1981)。

由此可见,1920和1930年代是美国郊区化发展的转折时期。直到1970年代,无论从人口增长率和增长额,还是从占全国人口的比重来看,美国郊区的发展速度都超过了中心城市,郊区在大都市区中逐渐占据主导地位,美国逐步发展成为一个郊区化的国家(孙群郎,2005)。

5.1.2 郊区化推动下的城市蔓延

Duany(2008)认为,城市有两种不同的增长方式:一种是传统的邻里社区式,另一种是郊区蔓延式,二者在形态、功能和特征等方面都呈现出两极化:传统邻里社区无论人口多少,都具有混合用途、对行人关怀等特点,它们或是独立成村,或是组合成镇、市,并且是一种可持续的城市增长模式,不会使政府破产,也不会毁坏田野乡村。郊区蔓延式是由建筑师、工程师和规划师凭空构想出来,并由房地产开发商大肆推广的一种理想化的人工系统,虽然它理性、稳定且综合,其实现形式具有很大的可预见性,但是这种方式是不可持续的。蔓延式不同于传统的邻里社区式,它是不健康的、甚至是自我毁灭的增长方式,即使在人口密度相对较低的地区,蔓延也使财政部门收支情况入不敷出,同时大量的土地以惊人的速度被消耗,交通拥堵问题层出不穷。

实际上Duany等人所说的两种城市增长方式与我们之前分析的城市化蔓延和郊区化蔓延是相对应的,换句话说,美国的城市空间增长主要是郊区化推动下的蔓延式增长。在美国城市地区人口超过100万的城市中,从1950年代开始,中心城市的人口基本保持稳定,甚至在个别年份还略有下降,而郊区的人口持续上升;伴随着郊区人口的不断增加,郊区也成为城市空间增长的主体。与此同时,虽然中心城市的土地面积也在缓慢增长,但是郊区土地面积的增长速度显然要比中心城市快很多,并且成为城市空间增长的主要载体(Nechyba,2004)。

由于郊区的土地利用强度要显著低于城市,因此郊区化推动下的城市空间增长基本上就是城市蔓延,这也是郊区土地利用方式,特别是居住模式所决定的。蔓延主要是由住宅建设造成的,在蔓延构成的广袤"宇宙"中,独立住宅是最基本的构成微粒(Duany,2008)。时至今日,在自己的土地上建设自己的房子仍然是大多数人的美国梦,如今超过66%的美国人拥有属于自己的住宅,许多人把一生的积蓄都投入到那份供自己使用的房地产上(吉勒姆,2007)。这种美国梦的现行模式就是麦式豪宅(McMansion),基于麦式豪宅的土地利用模式已经成为美国郊区居住模式的主流(图5-3)。这种住宅建造在小块用地的中央,造型风格独特,周围环绕着同样的住宅,就像麦当劳快餐店一样。麦式豪宅绝对物超所值,特别是在住宅内部空间方面,对于业主而言性价比很高。但是,这种独立式住宅也产生了难以避免的负面影响,例如土地大量的消耗、土地利用的细碎化和对小汽车的高度依赖。

图5-3 基于麦式豪宅的美国郊区

城市蔓延的一个重要特征就是低密度,而低密度居住区的开发正是美国郊区化蔓延的主要形式。如表 5-1,从 2000 年美国人口数量前 10 位的城市及其所在的大都市区的相对人口密度来看,大都市区的人口密度要大大低于城市人口密度,甚至纽约、洛杉矶、菲尼克斯等大都市区人口密度还不到城市的 1/10。此外,从容积率的角度看,郊区的容积率也明显低于城市地区。如表 5-2,在波士顿区域,以独户式住宅为主的郊区的容积率要大大低于以多层公寓为主的城市地区和高密度城区。

表 5-1 2000 年美国人口最多的前 10 名城市及其所在大都市区的相对人口密度

	城市		大都市区	
	人口	人口/平方英里	人口	人口/平方英里
纽约	8008278	25925	21199865	2085
洛杉矶	3694820	7873	16373645	482
芝加哥	2896016	12747	9157540	1321
休斯敦	1953631	3619	4669571	606
费城	1517550	11233	6188463	1043
菲尼克斯	1321045	3146	3251876	223
圣地亚哥	1223400	3776	2813833	669
达拉斯	1188580	3471	5221801	574
圣安东尼奥	1144646	3437	1592383	479
底特律	951270	6858	5456428	831

注:表中 1 平方英里 $=2.6\times10^6$ m^2,1 英亩 $=4.05\times10^3$ m^2

表 5-2 波士顿区域不同地区的居住密度

	建筑类型	住宅(单元/英亩)	容积率
乡村	独户,100 英亩	0.01	0.0005
	独户,25 英亩	0.04	0.0018
郊区	独户,1 英亩	1	0.05
	独户,0.5 英亩	2	0.09
	独户,0.25 英亩	4	0.18

续表 5-2

	建筑类型	住宅（单元/英亩）	容积率
城市地区	别墅式楼房	24	0.88
	3层的公寓	50	1.38
	6层的公寓	75	1.72
	12层的公寓	125	2.87
高密度城区	别墅式楼房	36	1.16
	3层的公寓	75	2.07
	6层的公寓	110	2.53
	12层的公寓	220	5.05

这种以低密度为特征的郊区式蔓延必然伴随着超过人口增长速度的土地消耗速度，这也是城市蔓延的显著特征。例如，从1970—1990年，大纽约地区人口仅增加了5%，但新消费的土地却增加了61%；大芝加哥地区人口仅增长了4%，但土地消费增加了46%；大克里夫兰地区的人口减少了11%，但土地消费却增加了33%；预计马里兰州今后25年消费的土地将相当于前300年的总量(Rothblatt,1994)。

5.1.3 美国城市增长管理实践的演变

快速的郊区化以及城市蔓延给美国社会带来许多问题(Nelson,2002)：旨在缓解拥堵的道路造成了更大的拥堵；饼干式详细分区破坏了风景优美的土地景观；曾经充满生机的市中心的商店随着顾客转而投入便利的郊区购物中心而日渐萧条；低密度居住开发的四面开花使得公共交通系统变得不切实际，而小汽车成为实际上唯一的运输工具选择。1990年代之后，美国学者和政府广泛检讨了美国式城市化(郊区化)导致的城市空间蔓延及其带来的生态、社会方面的负效应，提出了要通过精明增长(Smart Growth)的方式对土地开发活动进行管制，以提高城市空间增长的综合效益，即城市增长管理的思想。城市空间增长管理首先于美国纽约、加利福尼亚等的一些小镇中实践，然后在越来越多的城市得到采纳和运用，甚至后来被戈尔作为总统竞选纲领的重要内容。目前美国已经有近30个州建立了增长管理计划或"增长管理法(Growth Management Act)"，对控制城市蔓延，提高空间增长效益发挥了显著的作用。

从纵向来看,自 1961 年夏威夷州最早采用增长管理政策以来,增长管理在美国的发展先后经历了两个主要阶段(Nelson,1999)。

第一阶段大致为 1960—1970 年代,增长管理主要在州的层面上展开,包括夏威夷(1961)、佛蒙特(1970)、佛罗里达(1972)、俄勒冈(1973)以及科罗拉多(1974)的全州性增长管理,这些州当时面临的是城市快速发展以及自然环境体系的高度压力,为控制城市蔓延因而相继采取了增长管理政策。

第二阶段大致为 1980 年代至今,此阶段增长管理在两个层面同时展开:一个层面是发生在佛罗里达(1984—1986)、新泽西(1986)、佛蒙特(1988)、缅因(1988)、罗得岛(1988)、佐治亚(1989)、华盛顿(1990—1991)和马里兰(1992)的全州性增长管理以及其他许多州对特定发展地区采用的特定增长控制政策,如海岸控制(24 个州)、重要的自然区域发展。这一层面的增长管理主要是为了合理利用区域公共设施及经济发展资源,促进区域协调发展和资源的平衡利用。另一层面是发生在美国各大城市,如纽约、费城、芝加哥等的城市空间增长管理。这一层面的增长管理主要是在控制城市蔓延的同时,优化城市空间结构与布局,促进城市开发与基础设施建设同步,引导城市更紧凑、更高效、更精明地增长(陈锦富,2009)。

从横向来看,美国增长管理制度存在显著的区域差异。通过对 1994 年美国 25 个最大的大都市区的地方土地利用控制的调查结果进行分析,美国城市增长管理存在三种广泛的制度类型:

(1) 东北和中西部以碎化的大都市区为特征,在这些大都市区中,自治市倾向于使用大地块分区来控制增长。这些自治市很少采用低收入住宅计划来缓和土地利用规制的价格效应。在大部分东北和中西部的州,开发审批过程在不同的自治市以及不同时段通常都是个性化和难以预知的。在确保区域住宅市场满足长期的经济要求和全部人口的需求方面很少或几乎没有协调职能。

(2) 南部(除了加利福尼亚)和大平原区域通常采用更加自由放任的政策。它们很少采用任何类型的增长管理类型,也不采用低收入住房计划。县政府很重要,特别是在南部,但是它们的规制职能一般很弱,并且通常是促进而不是控制开发(Lowry,1992)。

(3) 西部以及佛罗里达、马里兰均以更强大的增长管理计划为特征。它们通常在县一级进行协调,综合采用城市增长边界(UGBs)、建筑许可证限制和充足公共基础设施条例等技术手段。在郊区和新开发的区域很少采用排他性分区;自治市特别是县通常主要使用大地块分区来保护资源土地和开敞空间,而不是建立低密度的社区。在许多地方,环境性规制也很严格,并且在很多情况下必须进行工程后果和规划层次影响的评价,对于复杂工程而言,开发审批过程可能很长。对于常规的详细分区,乃至是相当大的分区,许多州的法律规定通常比东北部的州更为规范。西部的许多自治市采用大量的创造性的低收入住宅计划。

根据作用对象空间尺度不同,美国增长管理实践可以分为三个层次:地方、区域和州。在这三个层次中,空间尺度较小的地方层面最容易明显地观察到城市蔓延的不良后果,也更为支持出台相应的政策措施来减少这些后果,因而应用增长管理措施相对容易。因此,从 1960 年代早期开始,许多城市和县采用了增长管理的法规。其中,最为著名的可能要数纽约的 Ramapo 镇。但是 Ramapo 镇的实践也引起广泛的争议,支持与反对者都有,增长管理的倡导者对其评价很高,将其看做是城市增长管理的典范;而反对者认为其存在排外效应,也就是将低收入家庭排除在 Ramapo 镇之外,并且偏向于让其在区域内其他城市地区进行开发,由此引发了一场关于 Ramapo 法令的广泛公开而又极端化的辩论。辩论凸显了地方层面增长管理内在缺陷,也就是容易忽略区域的需求,也可能存在排外效应以及可能加剧区域增长失衡。因此,相对而言,区域和州范围的增长管理实践更受欢迎,因为它们能够一定程度上解决上述问题,提供平衡地方需求与区域或州需求的机制(Anthony,2004)。

美国区域层面的城市增长管理计划主要分为两类:一类是以大都市区为基础的增长管理计划,另一类是特殊区域的增长管理计划,其中以大都市区城市增长管理计划为主。所谓大都市区是一个由大的城市人口核心以及与其有着密切社会经济联系及一体化倾向的邻接地域组合而成的功能区域,通常,它不是一个行政单元,而是城市功能上的一个统计单元(洪世键,2009)。大都市区的增长管理计划就以大都市区为作用对象,除了解决城市蔓延问题之外,更加注重中心与外围,即中心城市与郊区的协调发展问题。基于区域的增长管理计划的关键是确定区域的边界,也就是明确哪里将进行开发,而哪里将不能进行开发。在决定适当边界的过程中,必须协调三个因素:动植物和农田保护、区域发展的需求以及新增基础设施和服务的投资。由此,产生了三种基本的边界:"绿线",即通常所说的"绿带的边界",以加州的圣何塞的"绿线"为代表;"城市增长边界",是基于土地承受力设立的一个开发的限度,以波特兰为代表;"城市服务边界",即基础设施扩建的理论边界,以萨克拉门托为代表(卡尔索普,2007)。

美国州层面的城市增长管理计划相对较为广泛。1961年,夏威夷通过了全州范围的土地利用法案,宣布成立一个州立土地利用委员会来决定全州新开发土地的区位、利用和时机。虽然该法案通过的日期大大早于周边州关于增长管理的辩论,但是由于其一些目标,例如保护生态敏感地区和防止有害的开发等,与其后的增长管理法规相类似,因此,夏威夷的土地利用法被看做是第一部州范围的增长管理法规(Kelly,1993)。

继夏威夷之后,又有不少州加入到了增长管理立法的行列中,包括佛蒙特(1970)、俄勒冈(1973)、佛罗里达(1985)、新泽西(1987)、罗得岛(1988)、佐治亚(1989)、华盛顿(1990)、马里兰(1992)、亚利桑那和田纳西(1998)等。截至2001年,至少11个州已经通过了综合的州范围的增长管理立法,另外还有一些州通过了更为狭义的只覆盖州以下部分地区的立法(Carruthers,2002)。

总体而言,在美国由州发起的地方和区域规划可以划分为若干不同的形式,这就引发了如何界定州增长管理计划组成部分的学术辩论。在界定实行州增长管理的标准上,学者存在较大的争议,进而对哪些州实行了增长管理计划也存在很大的争议(表5-3)。

表5-3 不同学者对实行增长管理计划的州的标准和数量的界定

学者(年份)	标　准	数量(州)
Rubino and Wagner (1972)	主要的州土地利用管理形式	10个(夏威夷、科罗拉多、特拉华、缅因、马萨诸塞、密歇根、纽约、俄勒冈、佛蒙特和威斯康星)
Patton(1975)	土地利用规划	22个
Mann and Miles (1979)	土地资源有效利用	18个
McDowell(1986)	全州范围的土地利用控制计划	8个
Popper(1988)	州土地利用法令	至少20个
Meeks(1990)	采取增长管理的行动	9个(佛罗里达、佐治亚、夏威夷、缅因、新泽西、罗得岛、俄勒冈、佛蒙特和威斯康星)

续表 5-3

学者（年份）	标　准	数量（州）
Lewis（1992）	州范围的增长管理法	10个（佛罗里达、佐治亚、夏威夷、缅因、马里兰、新泽西、俄勒冈、佛蒙特、华盛顿和罗得岛）
Burby andColleagues（1993）	州范围的综合增长管理计划	10个（佛罗里达、佐治亚、夏威夷、缅因、马里兰、新泽西、俄勒冈、罗得岛、佛蒙特和华盛顿）
Salkin（1993）	全州范围的综合规划或增长管理规划	11个（特拉华、佛罗里达、佐治亚、夏威夷、缅因、马里兰、新泽西、俄勒冈、罗得岛、佛蒙特和华盛顿）
Bollens（1993）	适用于所有地方或特定次地区的综合（多功能）规划立法	13个（加利福尼亚、佛罗里达、佐治亚、夏威夷、缅因、马里兰、马萨诸塞、新泽西、纽约、俄勒冈、罗得岛、佛蒙特和华盛顿）
Weatherby and Witt（1994）	综合性的全州范围的增长管理法	9个（佛罗里达、佐治亚、夏威夷、缅因、新泽西、俄勒冈、罗得岛、佛蒙特和华盛顿）
Nelson（1995）	实行增长管理计划	10个（加利福尼亚、佛罗里达、夏威夷、缅因、马里兰、新泽西、俄勒冈、罗得岛、佛蒙特和华盛顿）
Wickersham（1996）	通过州或区域层次土地利用重要规制、权限、法令	8个（加利福尼亚、佛罗里达、缅因、马萨诸塞、内华达、纽约、俄勒冈和佛蒙特）
Porter（1996）	综合的全州范围的增长管理计划	9个（佛罗里达、佐治亚、缅因、马里兰、新泽西、俄勒冈、罗得岛、佛蒙特和华盛顿）

在综合已有研究成果的基础上，Weitz（1999）提出将州关注的关键地区、具有区域影响的开发、地方综合规划指令、州土地规划机构、州土地开发规划和特别区域途径6个方面作为判定州是否实行增长管理计划的指标，并且认为佛罗里达、佐治亚、夏威夷、缅因、马里兰、新泽西、俄勒冈、罗得岛、佛蒙特和华盛顿这10个州存在州增长管理计划。此外，他还提出，应该把加利福尼亚也加入名单之中，因为虽然该州没有类似于其他州的州范围的计划，但是该州具有众多的区域和地方的土地利用

法规。不过,虽然上述州均采取了一定程度的增长管理计划,但是彼此之间在建立方式、相关权限等方面还是存在较大的差别(表 5-4)。

表 5-4 不同增长管理计划的比较

州	建立时间	建立方式	主要的规划监督权	初始规划的修订	修订的批准
夏威夷	1961	州制定	州	必要时修订	州修订
加利福尼亚	1965	强制	地方政府	地方机构修订	与州无关,特定区域职能
佛蒙特	1970	资源	区域组织	必要时修订	与州无关,需区域公决
俄勒冈	1973	强制	州	地方机构提出修订	州有权挑战修正案
佛罗里达	1985	强制	州	每年两次主要修订	需要州批准
新泽西	1986	强制	区域组织	地方机构提出修订	有限州参与,需区域公决
迈阿密	1988	强制	州	地方机构提出修订	州监督和建议
罗得岛	1988	强制	州	每年四次主要修订	需要州的批准
佐治亚	1989	自愿	区域组织	每 5 年建议一次主要修订	有限州参与,需区域公决
华盛顿	1990	快速增长区强制	地方政府	每 5 年建议一次主要修订	与州无关
马里兰	1992	强制	州	限制	需要州的批准

在采用增长管理计划的各州中,地方政府既没有强制也没有鼓励执行规划。在一些情况下,地方规划过程和规划本身需要服从于州的区域性评估。这些规划通常需要满足以下要求:(1)涵盖规划所必需的特定的要件,例如基础设施、环境保护和经济发展;(2)确保能够获得服务于新开发土地的充足的基础设施;(3)与州和区域的规划保持一致;(4)具有保护自然和农业资源的措施(Nelson,1995)。也就是说,增长管理规划通常是综合的、一致的和保护导向的。显然,这样的规划与规制蔓延、

保护环境敏感地区和耕地以及复兴现有的城市等目标是一致的。不过，各个计划之间也存在差别。

相对于地方而言，州实行增长管理计划具有独特的优势。州可以要求一个州范围内的所有社区均采取增长管理的实践，因而能够保证全州的各个社区均能够获得增长管理的收益。州具有对地方增长管理政策进行评估的权利。州立法有助于降低负效应从实行增长管理的城市外溢到那些未实行增长管理的城市的可能性。州可以提供经济和行政支持以确保这些法令法规能够实行：由于地方政府每年要从州政府获得40%~45%的财政预算，因此，州政府的法规能够得到大多数地方政府的重视（Carruthers，2002）。

值得注意的是，美国的联邦、州和地方政府出台了不少规制城市土地开发的法律和条例，然由于美国特殊的法律制度背景，这些法律和条例还需要经受法律诉讼的考验。20世纪以来，美国各级法院发生了许多与城市土地开发管制有关的诉讼（表5-5），其中，在大部分的诉讼中，代表管制的一方即各级政府大多获得了胜诉，由此推动了美国城市土地开发和增长管理实践的不断向前发展。

表5-5 美国历史上关于城市土地开发管制的重要判例

年份	案件	结果
1909	Welch v. Swasey	美国最高法院支持波士顿对辖区内的高度限制
1915	Hadacheck v. Sebastian	美国最高法院支持将禁止指定地区内制砖业持续工作而惊扰附近居民的城市条例作为一项有效的治安权规制的形式
1926	Village of Euclid, Ohio v. Ambler Realty Co	这是美国最高法院首个支持将分区作为一种有效的治安权形式的案例
1972	Golden v. Planning Board of Town of Ramapo	这是最早和最为重要的支持开发时机、阶段和配额规制的案件之一；在Ramapo，法院批准视充足公共设施的可用性而发放开发许可证
1975	Southern Burlington County NAACP v. Mt. Laurel Township	州法院裁定Mt. Laurel Township和其他新泽西市政当局必须提供合理份额的低收入住房并要求法院进行监督
1976	Avco Community Builders, Inc. v. South Coastal Regional Commission	尽管AVCO获得地方政府批准，并且已经投入超过200万美元，但加利福尼亚最高法院仍裁定其土地开发行为不受法律保护。该裁决直接导致了《州开发合同法案》的诞生

续表 5-5

年份	案件	结果
1978	Penn Central Transportation Co. v. New York City	为了防止修建的办公楼超过车站，美国最高法院支持纽约市从不提供补偿的方式对中央车站地标建筑征税
1979	Kaiser Aetna v. United States	美国最高法院裁决，当私人泻湖的所有者被迫允许公众使用泻湖的时候，实际上已经产生了财产剥夺
1980	Agins v. City of Tiburon	这是一系列案件中的一件，在该系列中美国最高法院裁定这些案件的决策并不"成熟"，意味着原告在走上法庭之前并没有用尽解决他们的抱怨的行政程序
1987	Nollan v. California Coastal Commission	美国最高法院裁定加利福尼亚海岸委员会没有建立一个强制征收的要求和强制征收的所引用的公共目标之间的适宜的联系
1987	First English Evangelical Lutheran Church of Glendale v. the County of Los Angeles	美国最高法院最初裁定，如果影响只是暂时的，那么业主在被剥夺财产权的同时可以要求补偿
1992	Lucas v. South Carolina Coastal Council	美国最高法院规定，如果政府单位剥夺土地所有者对土地"所有经济利益的使用"，那么就要给予其损害赔偿
1994	Dolan v. City of Tigard	美国最高法院裁定政府有义务证明要求贡献财产而不补偿所有者的规定是合法的
2002	Tahoe-Sierra Preservation Council, Inc. et al. v. Tahoe Regional Planning Agency et al.	美国最高法院裁定（禁止或相对减少特定时期开发许可配额）延期开发是一项得到确认的规划工具，该工具并不自动造成可以要求补偿的财产征收
2005	Kelo v. City of New London	美国最高法院裁定，康涅狄格州新伦敦市使用征用权征收私人财产来推动开发满足《美国宪法修正案》第五条的允许出于公共目的的征收的要求

5.2 美国城市增长管理的典型案例

如前所述,根据空间尺度不同,美国增长管理实践可以分为三个层次:地方、区域和州。下面我们分别以 Ramapo 镇、波特兰大都市区和马里兰州作为三个空间尺度的案例,来说明美国城市增长管理的典型特征。

5.2.1 地方尺度:以 Ramapo 镇为例

纽约州的 Ramapo 镇是美国最早试行开发管制新模式的社区之一,被称作增长管理运动的开拓者(张进,2002)。Ramapo 镇隶属于纽约州的洛克兰县(Rockland County),是位于纽约市通勤距离内的一个半乡村型的社区(图 5-4)。

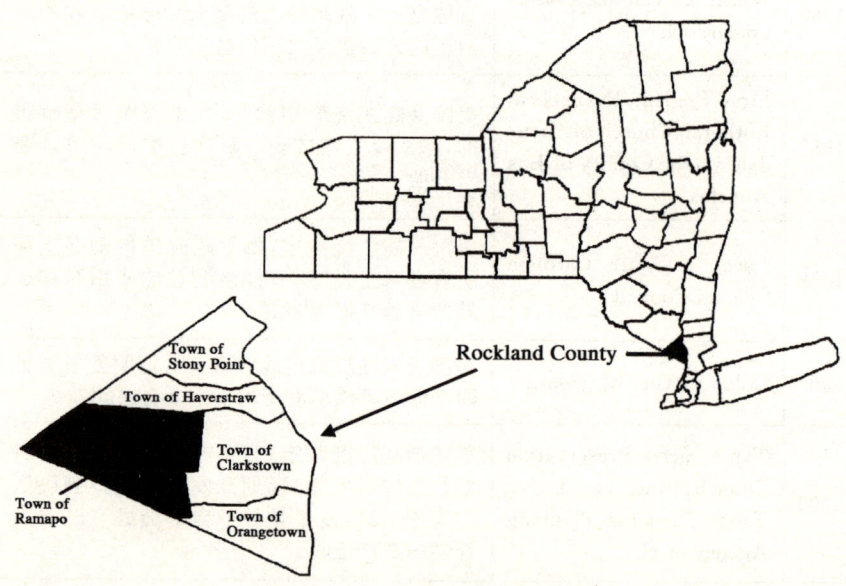

图 5-4 Ramapo 镇的区位图

Ramapo 增长管理系统背后的推动力是若干因素共同作用的结果(Meck,2008)。第一个因素来自区域交通条件的改善,这大大提高了 Ramapo 镇的交通可达性;第二个因素来自于交通条件改善所带来的人口和住宅建设的爆发式增长;第三个因素来自政治领导权和选民构成的变化,也就是由共和党掌权变为民主党掌权,1965 年就任的民主党镇长 John McAlevey 是 Ramapo 镇增长管理实践的重要倡导者;最后一个因素来自缺少支持新居住区开发的公共设施。1969 年,在各方面因素的共同作用下,Ramapo 镇开始了增长管理系统的改革。Ramapo 镇的改革并不是一步到位的,而是经历了一个逐步发展完善的过程(表 5-6)。

表 5-6 Ramapo 镇增长管理系统的构成要素

通过时间	法规(措施)内容
1966 年 2 月	修改居住分区条例
1966 年 5 月	建立优先横向下水道区
1966 年 5 月	建立 Ramapo 污水处理委员会
1966 年 6 月	通过过度开发条例
1966 年 7 月	制定 Ramapo 镇总体规划
1967 年 8 月	制定强制性平均密度条例
1967 年 8 月	禁止新村庄的合并
1967 年 8 月	颁发官方地图
1968 年 2 月	制定住宅法案
1968 年 4 月	制定土壤和挖掘法
1968 年 7 月	制定细分规划条例
1968 年 11 月	通过基本建设预算和基本建设规划
1969 年 10 月	制定开发时机条例

具体而言,Ramapo 镇增长管理系统的改革主要包括:通过了一项中低密度开发的综合规划,并随后修改了区划条例,要求只有在完成基础设施配套之后才能进行居住区的开发建设。在作出这一修改的同时,还批准了一项为期 18 年的基础设施建设预算,并为此设立了一个评分制度,每个开发项目都要根据上下水、公园、娱乐设施、主干道路及消防站等的配套完善程度来打分,凡不满 15 分的项目一律往后延期,直到配套完成,或者由开发商来建造(Porter,1997)。

增长管理系统改革付诸实施之后,Ramapo 镇的住宅建设量下降了 2/3,但开发管制制度也引起了开发商的不满。1972 年,建筑承包商曾上诉法院,这就是美国增长管理法律诉讼中著名的 Golden v. Planning

Board of Town of Ramapo 一案(表 5-5)。最终,纽约州最高法院支持 Ramapo 镇的增长管理制度,批准视充足公共设施的可用性而发放开发许可证。这也是美国最早和最为重要的支持开发时机、阶段和配额规制的案件之一,对于推动美国城市增长管理实践具有里程碑式的意义。

尽管美国学者对于 Ramapo 增长管制模式存在较大的争议,但其创新的规定、积极的司法支持和广泛的宣传,仍使其在美国增长管理的实践中具有不可替代的地位。它复兴和阐明了地方综合规划作为土地利用规制的支持要素的角色,不仅将总体规划、分区和细分规制、基本建设规划和基本建设预算以及特殊许可等传统的规划工具应用到增长管理系统之中,而且率先使用了诸如开发权购买、降低不动产税等新的政策工具,并将充足公共设施要求的概念引入了美国增长管理的法律和实践之中,极大推动了美国增长管理实践的完善与发展(Meck,2008)。

5.2.2 区域尺度:以波特兰大都市区为例

波特兰大都市区是城市增长管理的典范(雒占福,2009)。波特兰大都市区不仅采用了城市增长边界来控制城市增长,并且还把公共交通作为主要交通工具,选择合理的土地利用模式引导城市增长,这突出反映在《土地利用、交通、空气质量的联系》(LUTRAQ)和波特兰增长概念规划(Portland Growth Concept—2040)上。

1) 波特兰的城市增长边界(Urban Growth Boundary,UGB)

1973 年,俄勒冈州通过了《波特兰城市扩展边界》,从而开启了波特兰大都市区以城市增长边界管理城市空间增长的实践。由于"城市增长边界"(城市与乡村的分界线)常是一个环绕城市的增长地区,该地区内的土地并非全在该市自有边界之内,而有可能属于与该城相邻的城镇管辖范围。为此,1978 年由居民投票批准成立了 Metro,一个专门制定与管理"城市增长边界"的区域性协调机构——地区政府和大都市规划组织,从而使得 Metro 具有区域司法管辖权,可以制定涉及土地利用、交通和住宅问题的各项政策,并具有征税权等权力。

波特兰设立 UGB 的初衷是避免投机开发和保护农田,但并没有从根本上改变郊区发展的蔓延性质(卡尔索普,2007)。由于 UGB 所设置的边界是弹性的,必须定期调整以适应未来 20 年土地增长的需求,却没有规定密度和增长速度。换句话说,如果波特兰大都市区采取低密度和高增长率的方式发展,那么其增长边界将很大,UGB 也就是失去了限制城市蔓延的意义。从实际情况来看,波特兰 1976 年设置的边界很宽松,在 1980 年代美国经济萧条的背景下,就算 20 年城市也不一定能增长至该边界。

此外,虽然有了《波特兰城市扩展边界》,但是该区域内的土地利用和交通基础设施投资的混乱状况并未得以改变。于是,不少有识之士意识到,单纯依赖 UGB 无法实现保护开敞空间和农田以及限制城市蔓延的目标。从 1990 年代初开始,人们提出调整政策的若干设想,其中的典型代表就是《土地利用、交通、空气质量的联系》(LUTRAQ)。

2)《土地利用、交通、空气质量的联系》(LUTRAQ)

"LUTRAQ"是俄勒冈州"千友会"历时 7 年(1991—1997)的研究成果,其初衷为了反对通过新建高速公路方式来解决交通拥堵问题。

随着 20 世纪 80 年代初期美国经济大萧条的结束,处于波特兰大都市区西部的华盛顿县迅速恢复和发展,预计到 2010 年前后,华盛顿县 100 平方英里的市区内将新增 15 万居民和 10 万个工作岗位。由于公共交通工具使用率很低,那里必然面临严重的交通堵塞问题。因此,俄勒冈州的区域管理机构认为,需要修建一条新的高速公路来缓解交通拥堵问题,并且也将这条高速公路纳入到《区域交通规划规则》之中。但是,计划修建的西部外线高速公路(Western Bypass Corridor)超出了城市扩展边界(即与 1973 年州通过的《波特兰城市扩展边界》相冲突),必然会威胁到那些被保留的土地。为了避免对保留土地的威胁,并彻底解决新建交通引发的再次拥挤,俄勒冈"千友会"提出了一个替代方案。他们选择用一条新的轻轨系统(Light Rail Transit, LRT)替代西部外线高速公路,同时采用了以开发公交为导向(TOD)的新发展模式。这一以建立"土地利用、交通、空气质量之间联系"(LUTRAQ)的方案在美国城市规划史上是具有里程碑意义的事件。

"LUTRAQ"方案的核心与以"开发公交为导向(TOD)"的新发展模式相一致:延长轻轨线路,在轻轨线车站周边增加公共汽车,同时改善地方道路交通干线;并将开发公交为导向(TOD)的思想(将工作、服务和住宅集中到由公共交通提供服务的地方,以便给人们提供私家车之外的出行方式——步行、汽车、面包车、公共汽车以及轻轨)发展成为一个可供选择的土地利用模式,即通过土地利用、交通、空气质量的联系,重新安排家庭和就业岗位的分布。对预测的 65% 的新增家庭和 78% 的新增就业按照 3 类 TOD 模式布置——大型的混合型 TOD、城市型 TOD、社区型 TOD。混合型 TOD 位于现有的城镇中心,由轻轨提供交通服务,混合使用中心是所在次区域的主要商业中心,密度最大,每英亩20~50个居住单位,承载的工作岗位最大,集中了45%的新增工作岗位;城市型TOD通常直接与市中心边缘的公交站毗邻,工作地点与住宅结合,居住密度大约是每英亩15个居住单位;街区型TOD一般距离轻轨车站2英里半径之内,土地和空间利用混合,人们可以方便地乘公交汽车、轻轨或是步行回家,居住密度大约是每英亩8个居住单元,提供零售和市政服务。不同的公共交通系统服务于不同的TOD:两条规划轻轨和原有的一条轻轨线路服务于主要的TOD,快速公共汽车主要服务于边缘的TOD,地方公共汽车支线主要服务于远离轻轨线路和快速公交的地区(须与主要公共交通干线保持良好的连接),另有预定式公共交通服务。

TOD的远景目标是创造相互连接的街区和集工作、服务和住宅区为一体的地区,使其既适合步行,也适合私家车出行。

"LUTRAQ"方案为影响大都市地区发展的3大关键要素(土地使用政策、交通投资和市场支持策略)的整合提供了新思路,提出了区域精明增长框架(雒占福,2009):(1)将人口和就业岗位的增长集中在规划的公共交通走廊附近,在现有城市增长边界内容纳全部增长。(2)采取TOD模式,进行以公交站点为中心的组团式土地开发,增加开发密度,采用功能混合的土地开发方式;鼓励在各个TOD组团内部实现居住人口和就业岗位的平衡;利用合理的土地利用方式缩短出行距离,从而鼓励步行或自行车出行。(3)增加交通方式的选择,加强轻轨、常规公共交通网络的规划建设,使人们能够选择最合适的出行方式。(4)良好的城市设计。街道和建筑的设计要面向行人的需求,而不是小汽车;创造高质量的公共活动空间以鼓励人们尽可能步行和使用公共交通。(5)通过交通需求管理技术,例如停车场收费、补贴公共交通和拥挤收费等手段最大化的提高现有公路系统的使用效率。

通过对比研究,"LUTRAQ"方案带来了十分明显的效果:独自驾车的工作出行降低了22.5%,而公共交通、步行、自行车出行的比例上升了27%,在30分钟以内到达工作地点的出行量增加了21%,空气污染减少了6%~8.7%,温室气体排放减少了7.9%,能源消耗减少了7.9%,家庭公交出行的平均数量从使用高速公路方案的8.8%增加到28.8%,而单人驾车的工作出行比例下降到50%以下。与"外线高速公路"方案相比,"LVTRAQ"非但不用建设任何高速公路,甚至还将高速公路拥挤总量减少了18%。

3) 波特兰增长概念规划(Portland Growth Concept 2040)

根据"LUTRAQ"的研究成果,俄勒冈州的区域管理机构在波特兰正在进行一项大胆的"试验":编制波特兰都市区长远交通和土地利用规划"Region 2040",并在此基础上引导城市增长,减少人均汽车出行英里数(Vehicle Miles Traveled,VMT),改变美国传统的城市和住区发展模式。但波特兰仍面临城市增长的严峻挑战:到2015年,整个波特兰都市区将新增50%的机动车出行量;未来20年城市区域将新增64.5万人,如果没有有效的新的增长模式,必然会又被小汽车所统治。基于此,俄勒冈州的区域管理机构制定和分析了一个最低未来方案和三种选择。最低未来方案是简单地围绕当前的分区规划再扩展城市边界约10万英亩,三种选择都寻求实现州和区域有关土地保护和减少交通事故的目标(表5-7):A方案:稳步扩展分界;B方案:保持分界线不变;C方案:用"卫星城"来吸收部分增长。与最低未来方案相比,A方案需要4.2万英亩土地,C方案因为使用其他城镇的土地,仅需要1.7万英亩,而B方案不需要增加城市用地。

表5-7　波特兰精明增长方案比较

方案	边界特点	方案特点
A方案	稳步扩展边界	城市将突破增长边界的限制继续向四周蔓延;需要42000英亩土地;新开发有24%的面积建设适宜步行的环境,接近公交站点
B方案	保持边界不动	将城市新的增长引向边界内部公交站点周边;不增加城市用地;新开发有30%的面积建设适宜步行的环境,接近公交站点;再开发率为18%;与基本方案相比,人均驱车出行里程减少20%,公交、步行增加50%
C方案	增长引向卫星城	使用其他城镇的土地,仅需17000英亩;新开发有27%的面积建设适宜步行的环境,接近公交站点
基本方案	最低未来方案	简单围绕当前分区规划再扩展城市边界约10万英亩;再开发为零

在对比以上几个方案的基础上,俄勒冈州的区域管理机构制定了一个可以操作的纲领规划(图5-5)。该规划在某种意义上类似于方案B,即把发展集中在城市边界内,使用城市中心和公交方式实现所需要的开发密度和道路网络。但是,与B方案不同的是,规划增加了重要的开放

空间因素。在那些敏感的开放空间保留了乡村用地和绿带,且绿带设置在城市增长边界内现有的城镇之间和城市增长边界之外。其中,在城市增长边界内,保留了大约3.5万英亩的绿带、河流和开放空间。从该纲领规划中不难看出,强化城市增长边界对城市蔓延的控制作用是其一个核心思想,为此必须加强公共交通的发展,将轻轨站点作为地区发展的"磁石"。

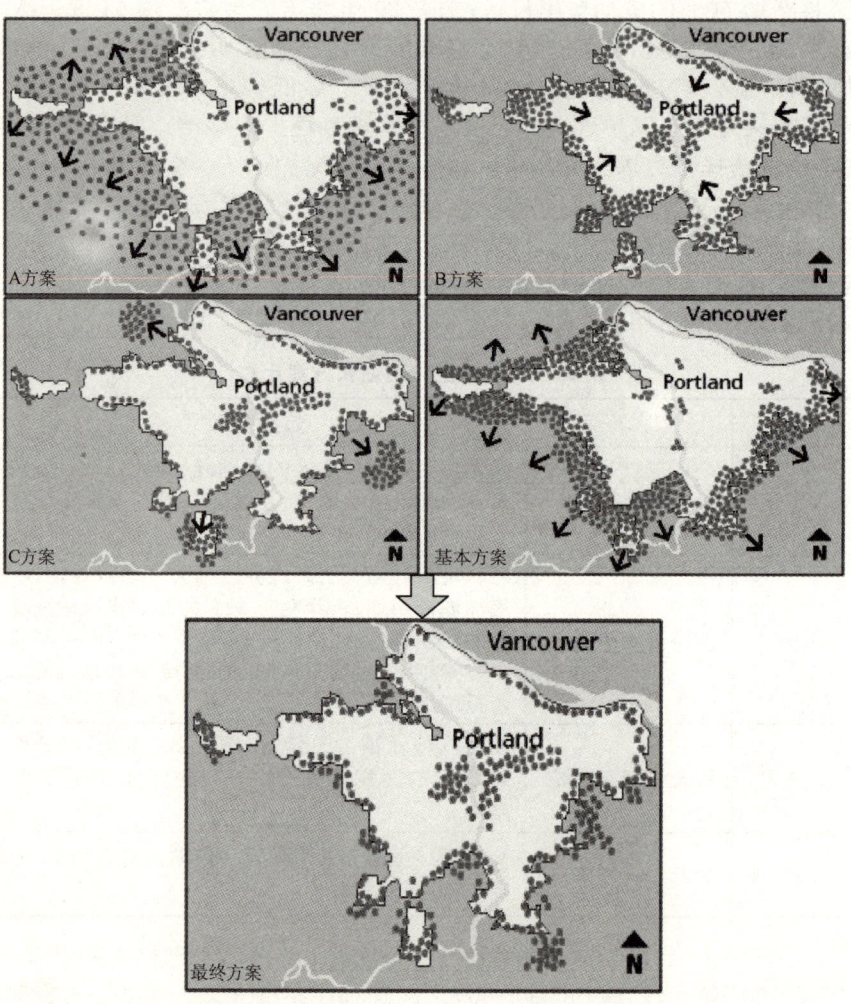

图 5-5 波特兰城市增长不同方案比较

概括而言,波特兰 2040 纲领规划中主要提出了以下控制城市蔓延的策略(马强,2004):(1)严格控制城市的扩散,强化增长管理措施,特别是严格控制增长边界。规划预测到 2017 年将会新增人口 40%,但是控制的城市范围不能超出 2%。(2)城市用地需求集中在现有中心(商业中心和轨道交通中转集中处)和公交线路周围,2/3 的工作岗位和 40%的居住人口被安排在各个中心和常规公交线路、轨道交通周围。(3)增加现有中心的居住密度,减少每户住宅的占地面积,平均住宅占地面积已经从 20 世纪 80 年代的 13800 平方英尺(约 1242 m^2)下降到 1997 年的 6200 平方英尺(约 558 平方米),且这一数值必须继续降低。(4)必须将对绿色空间的保护从理论变为现实,将投入 1.35 亿美元用于保护 34000 英亩(约 137.6 km^2)的绿色空间,占到增长边界范围内土地的 14%。(5)提高轨道交通系统和常规公交系统的服务水平和能力。规划提出其服务能力要扩大 3 倍,因为根据预测 20 年内的机动车交通量可能增加 50%,而波特兰市政府希望其中的 21%由道路交通承担,其余出行需求由公共交通系统承担。因此,各个都市区次中心城市公共交通的需求将会增加 300%。

俄勒冈州区域管理机构的"纲领规划"为波特兰大都市空间增长指明了一个新的方向,一个围绕中心和公交线路"增长但不向外扩张"的远景。为了使"Region 2040"得以贯彻执行,俄勒冈州区域管理机构还制定了相应的"实施规划"。"实施规划"由 11 个部分组成,每个部分都有两个实施选项:其一是强制性的标准选项,其二是地方选项,允许地方行政当局选择认为最合适的方式来实现预定的目标。

1996 年,"实施规划"得以通过实施,波特兰正式走上了一条"增长而不向外扩张"的道路(图 5-6~图 5-8),也正因为如此,波特兰成为以控制城市蔓延的典范。

5.2.3 州尺度:以马里兰州为例

马里兰拥有的美好自然景观、良好的农业生产,但同时也面临美国最成功的大都市区(巴尔的摩和华盛顿)的蔓延侵袭,且都市中心又是极端贫困的非洲美国人的住区。1994 年就任的新州长格兰邓宁提出了"精明增长"的概念,试图通过一系列政策改变城市空间增长方式,特别是避免对农业土地的开发,把开发转向那些需要投资的城市街区(雒占福,2009)。

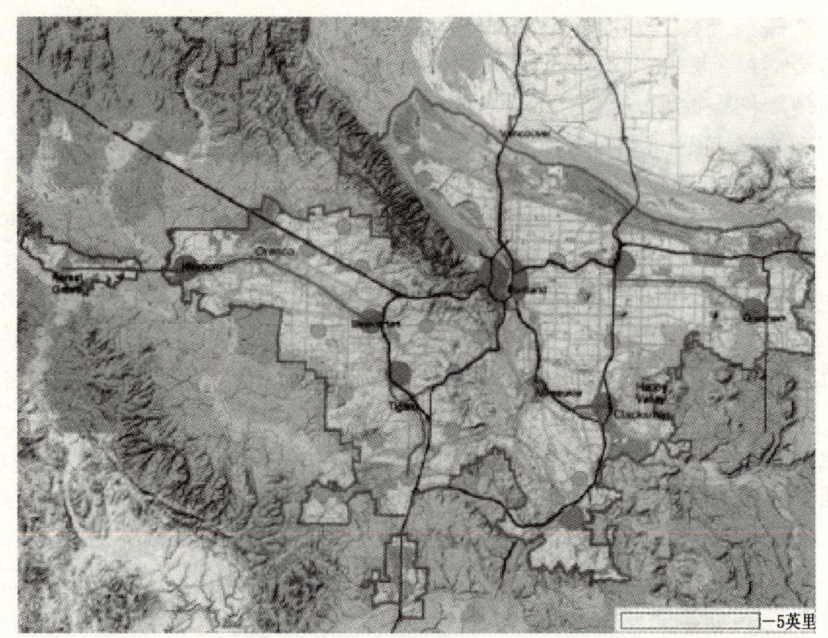

图 5-6　波特兰大都市区总体规划图

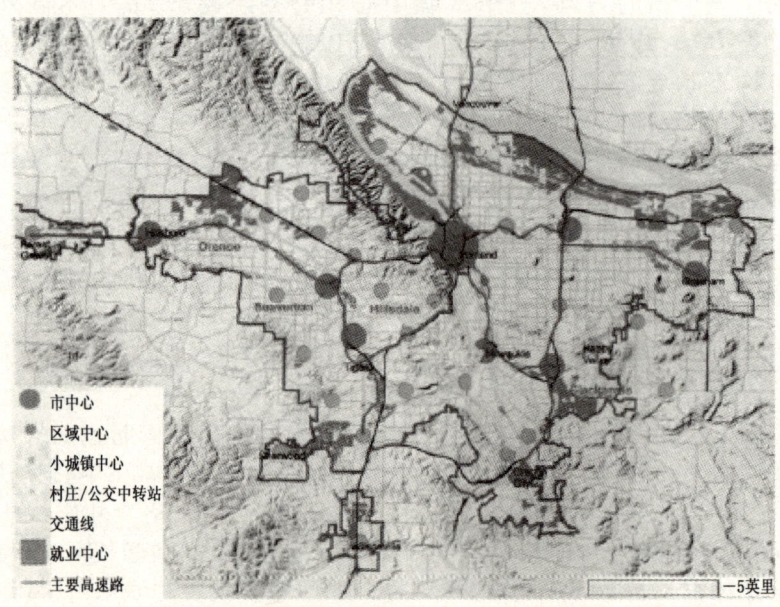

图 5-7　波特兰大都市区中心、地区和走廊

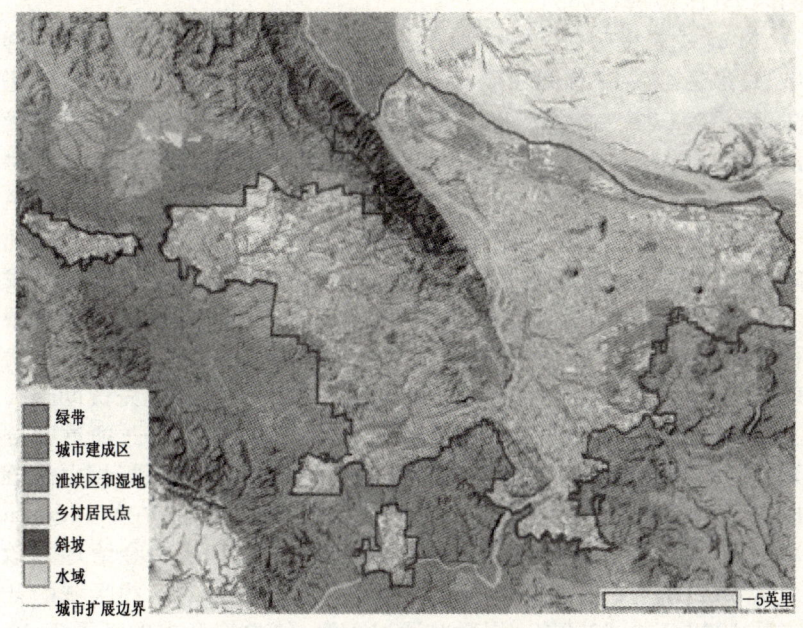

图 5-8　波特兰大都市区的开敞空间

1997年，马里兰通过了5项立法提案，即《精明增长地区法》、《农村遗产法》、《棕地复兴计划》、《创造就业机会税收鼓励计划》与《就近工作居住计划》，这些法令成为促进马里兰州精明增长的核心动力，其思想是建立一种使州政府能指导城市发展的"目的力量"手段，并使州政府财政支出（在何处及怎么做）产生正面的变化，即重新分配州现存基金来处理蔓延和不平等问题。当时，马里兰已经有了美国时间最长和最富裕的土地保护计划。该法案从战略上保证了可以保护一些关键农田，阻止城市蔓延，将发展引入建成区。如该州80%的学校建设费用投入到建成区的学校，比以前提高了38%。在1999年的州政府报告里，历史上第一次实现了保护的土地多于消费的土地。从此，精明增长项目得到大规模推广，也使得处理巴尔的摩和华盛顿特区在马里兰郊区蔓延产生了全新的效果，城市精明增长的组织网络越来越庞大，接受精明增长的人群也越来越宽泛。马里兰州大学于2000年成立了精明增长研究和教育国家中心，加强解决土地发展、资源保护和城市空间成长等问题。

马里兰州的以精明增长机制为核心的城市增长管理主要包括5方

面的内容(庄悦群,2005):

(1) 优先资助区(PFA)。"优先资助区"是指面向未来的重点增长区域,是最适合经济增长以及具备最小蔓延影响的区域。根据精明增长立法,州将为在指定的增长区以及现有市区和工业区内的开发项目优先提供资金帮助。这些优先地区在土地的预期用途、最低密度限制和供排水配套方面必须满足州制定的标准。从1998年10月1日起,马里兰州就不再向非优先地区的"增长相关型"项目提供资金,对乡村和无排污系统的社区内的项目的资助也受到限制,通过州政府资金的导向将开发引入适于增长的地区,以不延伸排污系统或不改善交通条件的方式来限制乡村地区的发展。州的每个部门都必须认真检讨其支出是否用于"优先资助区",必须运用他们的资源作为激励以将增长导入"优先资助区"。

(2) 农村遗产。农村遗产是与优先资助区相配套的一项重要立法规划,两者共同推动区域经济健康发展。农村遗产规划是指州立法规划保护农田和其他自然资源免受城市发展的影响。州政府在Montgomery和Calvert两个县的类似规划取得经验的基础上,提供资金给地方政府用于购买绵延广阔的农业森林区域和承受发展压力的自然区域的开发权。从1998年至2002年,州政府通过预算、债券等形式提供了7130万美元的资金支持。这个计划的目标是至2011年保护240000英亩自然土地。

(3) 棕地再开发。棕地可以说是美国工业留给城市的"遗产"。20世纪后半叶,美国经济发生了深刻的变革,经济重心和工作机会经历了由城市到郊区、由北向南、由东到西的转移。许多工厂在搬迁后留下了大量遗址,这些遗址在不同程度上被工业的废弃物所污染,成为在环境上受到损害的地块。马里兰的棕地在联邦政府国家优先列表上有21个地方,在州的Superfund名单上有400个地方。马里兰的棕地再开发计划被用来帮助清理这些地方,以促进污染地区的治理和这些地方的工商业发展。州政府发起志愿清洁计划,制定了清洁的标准,以对整个棕色地块的清洁起监督作用。清洁计划以特定的政策鼓励私人自愿同意参与棕色地块的清洁行动。对已经由私人清洁的地块,由州政府颁发证明已完成清洁的证书。通过启动棕地焕发活力鼓励项目,增强这些地方的基础设施建设,吸引私人投资,创造商业机会,促进社区的复兴和区域经济发展。

(4) 创造就业机会的赋税减免(JCTC)。JCTC规划提供所得税贷款给那些在PFA创造至少25份工作机会或在PFA之外创造至少60

个工作机会的企业主,鼓励小企业投资 PFA,增加就业岗位,更有效地利用现有基础设施。规划限定的产业为经济基础产业和高科技产业、符合条件的产业包括生物工程、计算机编程、数据处理、交通和通信等。

(5) 在办公地附近居住。州、雇用者和地方政府一起筹集一定数额的现金赠给在工作地点附近购买住房的雇员,凡符合要求的居民可获得总共 3000 美元的补助。这个计划鼓励居民住在州内的特定社区。州政府允许地方政府定义"就近工作",立法仅仅要求住宅的地点与雇主所在地有"合理的关系"。这个人性化的计划是在研究房产权与邻里关系之间的必然关系基础上提出的,认为房产权导致居民对家庭和邻里有更大的满足感,促使人们更多地自愿参与社区活动,降低迁移倾向,减少社会对抗行为,有良好的溢出效应。

但在马里兰州实施了精明增长措施之后,许多学者通过对其效果的研究,也提出了质疑:第一,优先资助区资助不足。根据马里兰州 1997 年通过的精明增长法令,州政府对污水设施的投资仅限定在"优先资助区"范围内。但 Sohn & Knaap(2005)两位学者的研究表明,自 1997—2002 年,县政府对污水设施的投资中只有 25% 位于"优先资助区",州政府对污水设施的投资只有 29% 位于"资金优先供给区",这表明即使是州政府也很难完全遵守精明增长法令。第二,优先资助区减税待遇面窄。马里兰州 1997 年的精明增长法令规定在"优先资助区"内创造就业将享受减税的待遇。结果研究表明,优先资助区内的就业增长确实比区外高,但就业增长仅局限于服务业,其他行业未出现就业增长。第三,乡村遗产项目落实力度不够。目前为止还没有证据表明州政府推行的措施能够阻止或者扭转传统的土地开发方式。马里兰州政府曾大量投资在优先资助区外购买空地、保护农用地,但事实表明,优先资助区外的城市增长抑制不彻底。

5.3 美国城市增长管理的效果和启示

5.3.1 市场调控与政府调控相结合[①]

市场与强制调控相结合的完全竞争的市场是一种理论上假设的理

---

① 吴冬青,冯长春,党宁.美国城市增长管理的方法与启示[J].城市问题,2007(5):86-91.

想状态,现实情况是不完全竞争的市场,甚至是垄断竞争的市场。此外,在完全竞争市场的条件下,也存在市场失灵的状况。这就需要政府进行宏观调控:一方面使得现实的市场条件尽可能地接近完全竞争市场的条件,抑制垄断竞争的出现,促进市场这只"无形的手"的自行调控作用;另一方面,在市场失灵、无法自行调控的情况下,通过政府干预进行调节,使市场恢复有序状态。

比如保护重要生态地块,美国地方政府通过奖励容积率等措施,鼓励土地所有者转移和出售开发权,从而保护其手中重要的生态地块;并采取了开发权购买、转让的方法,使土地所有者的损失降到了最低。这遵循了市场中行为主体追求个人利润最大化的原则,比完全的强制性要求容易实施。

这些做法给中国的启示是:在市场经济条件下,政府的主要职责就是通过依法行政,促进市场的健康发育,解决市场失灵所产生的问题,使市场更有效地运行。这需要一方面建立符合市场规律的法律体系,促进市场有效运行;另一方面,通过强制宏观调控弥补市场不足。通过市场与强制调控相结合的手段促进土地资源合理有效的利用。

在调控手段的运用上,市场能够解决的,通过市场解决;社会中介组织或行业自律能够解决的,通过社会中介组织或行业自律解决。即使是市场机制、中介组织、行业自律解决不了,需要政府加以干预和管理的,也要考虑通过除审批之外的其他监督措施来解决,比如成本收益的方法、市场激励的方法等。只有这些手段都解决不了时,才考虑通过强制的行政审批去解决。

5.3.2 加强纵向与横向协调

在城市区域领域,城市增长管理政策的影响范围很广,其不仅影响到直接作用的对象,也会对其他社区、区域、州或全国产生外溢影响。因此,成功的增长管理政策必须考虑与其他政策的协调。

增长管理的核心环节就是协调各级政府、代理机构和非政府组织之间的关系(Innes,1993)。因此,要使增长管理的政策措施收到预期的效果,就必须加强纵向与横向协调:纵向协调即这些政策在各级政府之间的协调;横向协调即社区、区域或州内部在政策执行方面的协调。Nelson & Duncan(1995)指出,在全州范围内实施的增长管理政策最有效率,因为同级政府之间可以实现有效的合作,进而可以避免一个辖区内的政策对其他区内的政策产生阻碍作用。

然而在增长管理的实践中,纵向和横向的协调通常是不够的,有时候甚至是一片空白。如前所述,根据各州对增长管理的定义,只有少数州开展了此项计划;而在已开展该计划的州中,有些并没有建立有效的协调机制(Weitz,1999)。在一些州,包括俄勒冈和佛罗里达,州政府的土地开发规划和地方规划之间需要保持一致性。在其他州,州政府在地方总体规划中所起的作用甚微,甚至根本不起作用。可见,州和地方规划之间缺乏衔接。

为此,不少学者建议通过引入区域性团体实现增长管理政策在各级政府间的纵向协调。从美国的实践来看,这些区域性的团体已经发挥较大的作用,一些不同形式的区域性组织已经积极参与了增长管理过程,如区域性规划委员会、大都市区交通规划委员会、区域性公共服务局、县域规划委员会等;而在一些州,区域性的管理机构和协调组织很好地扮演了州政府和地方政府之间的媒介角色(Bengston,2004)。

5.3.3　鼓励公众广泛参与

增长管理政策措施的出台和实施,需要政府的积极引导以及公众的广泛参与。以马里兰州为例,在实施增长管理的过程中,马里兰州注重通过政府的引导,唤醒公众参与城市规划和管理,充分发挥民间力量在增长管理实践过程中的作用。为防止某些具有保护价值的土地资源(农田、森林、历史文物等)遭到不适当开发而对本地区的环境产生危害,政府积极引导公众参与土地保护合约计划(Conservation Easement Program)。土地所有者为使自己拥有的具有保存价值的土地不受不当开发的危害,通过与具有半官方色彩的信托基金签订合约,对土地的开发权进行一定限制。被签订合约的土地,所有权名义上仍属于原来的土地所有者,但已成为公共物品,土地所有者可以根据该土地的规定用途适当使用,不过不能进行开发建设。土地保护合约是一个公益性的契约,它的精华思想和作用是全面唤醒公众的环保意识,引导公众广泛参与增长管理实践。

除此之外,马里兰州还推行了完全由民间力量推动的保护性区划政策。保护性区划是马里兰州一种新型的增长管理工具,是开发商和民权组织为保持或提高被开发土地价值而达成的一个开发方案。对于某片土地的开发,按照传统的规划方法,各小块土地的所有者将按各自的想法进行建设,这必然造成分散开发,降低开发区域的品位和特色。一些民权组织(如物主委员会)为了解决这个问题,协调土地所有者,对开发商提出保护性区划方案,将拟开发范围内的各种自然资源进行整合,把建筑物聚簇化,留出足够的空旷地,保持开发区域的生态风格,增加资产的市值。通过保护性区划,市民更加有效地参与到马里兰州的城市增长管理实践中(庄悦群,2005)。

6 转型期中国制度变迁及其空间效应

改革开放之后,随着经济体制改革和对外开放的不断深化,中国社会经济发生了巨大的变化,特别以分权制为特征的行政体制改革和土地使用制度改革,使得地方政府成为城市土地开发的重要力量,这对中国的城市土地开发乃至城市空间增长产生了深远的影响。

6.1 渐进式改革道路下的中国制度变迁

6.1.1 改革开放以来中国的体制转型

改革开放之后,中国的经济体制和运行机制都发生重大变革,市场机制逐步取代计划成为调节资源配置的主要方式。宏观管理体制的重大变革,对城市空间增长的制度环境产生重大影响。

1990年代以来,伴随着冷战体系的解体和经济全球化程度的加深,发达国家与发展中国家都经历着巨大的经济、社会体制转型。对于发达国家而言,转型主要体现在3个方面(马润潮,2007):(1)经济组织方式的全球化;(2)生产方式由福特主义转向后福特主义;(3)管治方式的变化——公民社会的强化。西方城市也正在经历从福特主义向后福特主义,从现代主义向后现代主义的转变。这样的变化在西方城市建成环境中留下了深刻的印记,其中一个就是朝向多中心巨型城市区域(Polycentric Mega-City Region)演进(Hall & Pain,2006),这是规模生产和规模消费时代终结、全球化劳动分工出现的反映(Knox,1991)。Scott(1988)将空间重构界定为在大都市边缘地区城市工业综合体的增长。这样的空间结构导致出现"边缘城市",这显著区别于传统的郊区中心(Wu,1997)。近年来,在经历了金融风暴的洗礼之后,以美国为代表的西方发达国家面临着更加严峻的经济、社会、环境及政治转型的挑战,进入一个全新的时代——后新自由主义时代。

中国的政治、经济、社会改革被认为是实用主义(Pragmatism)和渐进主义(Gradualism)的,正因为如此,中国的转型模式引起了很多政治家、学者们的关注,并认为可能是一种非常典型和理想的"体制转型范式"(Cook,2001)。对于中国而言,转型多重而复杂,涵盖政治体制、经济结构、社会生活的各个方面:(1) 在体制方面,以分权化为特征的行政、财税和土地管理制度改革,使得地方政府成为"准市场主体",企业化的管治倾向愈趋明显,城市政府在地方经济事务中的决策空间得到极大拓展(Wu,2003);(2) 在经济领域,市场取代计划成为配置资源的主要方式,传统的高能源消耗、高碳排放、高原材料投入、高劳动力密集、高环境污染的粗放型经济增长难以为继,现代化进程不可避免地承受传统产业结构升级和经济全球化与新经济的双重压力(张庭伟,2009);(3) 在社会生活方面,体制和经济领域的转型以及国家放松对社会资源控制程度的一个最严重后果是引起了社会阶层的分化和社会不平等的加剧(Zhu,1999;Zhang,2002)。

体制转型背景下,制度变迁所引发的城市增长动力机制的变化是造成城市空间过度增长即城市蔓延的宏观动力。改革开放30余年来,中国在政治、经济和社会等方面的剧烈多重体制转型,从根本上改变了城市空间增长的动力基础(Lin,2002;Ma,2001;Wu,2002),这主要体现在城市空间经济属性的凸现和地方政府职能与角色的变化上:一方面,制度变迁,特别是城市土地有偿使用制度的实行,使得土地的交换价值得以凸显,成为市场经济条件下城市政府可资经营的、最大活化的国有资产,成为获取城市建设资金回报的重要渠道(陈虎,2002);另一方面,以分权化(Decentralization)、市场化(Marketization)为主要特征的体制转型,已经使得中国的城市政府成为高度趋利的"企业型政府(Entrepreneurial Government)",地方政府和经济精英为了实现各自的政治、经济利益,组成了正式和非正式的合作关系(张京祥,2008)。

6.1.2 分权化的经济体制改革

改革开放之后、中国的经济体制改革主要是围绕分权改革这一主线来进行,这大大激发了地方政府发展经济的积极性。

在财政体制上,由原来的"一灶吃饭"(即"统收统支")到"分灶吃饭",实行地方财政包干体制,扩大地方的财政自主权限;1994年开始实行分税制,将税种划分为中央税、地方税和中央地方共享税,分别设立中央和地方两套税务机构来进行征管。在投资领域,1979年开始实行基建投资由财政拨款改为银行贷款方式的改革试点,拉开投资体制改革的序幕,在而后的30多年时间里,经过一系列改革,形成了投资主体多元化、投资来源多渠道化、投资方式多样化、投资调控直接与间接相结合的新的投资体制格局。在政企关系上,通过利润分成、利改税和利润承包等"减税让利"措施,刺激企业的经营动力;通过承包经营责任制、租赁制和股份制等多种经营方式,进一步扩大企业自主权;实行政企分开,企业真正成为自主经营、自负盈亏的市场活动主体。

通过一系列的分权体制改革,地方政府作为区域经济发展主体的地位和职能逐步得到确认与强化,企业的独立化进程也得到长足发展,投资主体由过去的单一的中央政府转变为中央政府、地方政府和企业并存的多元化格局,这在国家预算内外投资比重的变化上得到了体现。据统计,2002年与1981年相比,全社会固定资产投资中,国家预算内投资所占比重由28.1%减少到7.0%,而预算外投资比重由71.9%上升到93.0%,特别是在1997年,预算外投资竟然占到了总投资的97.2%。经济改革弱化了1978年之前的国家配置资源的机制,该机制对于塑造政府所希望的城市开发形式具有影响力。自由市场的可获得性和国家系统之外的私营企业的激增迅速侵蚀了国家提供就业和服务的影响力,结果,国家不再能有效地控制城市开发。

6.1.3 市场化的土地制度改革

中国土地使用制度改革发端于20世纪80年代后期,基本理论框架可以归纳为(艾建国,2000):首先,必须坚持城市土地国家所有制,实行国有土地所有权与使用权的两权分离,国有土地使用权可以依法进入市场流通;其次,国家在征用农村集体所有土地以及国有土地使用权的初次分配中处于垄断地位;第三,国家实行国有土地有偿使用制度。在此基础上,进一步构建了中国城市土地市场三级模式:国家垄断的土地使用权出让一级市场;房地产开发公司或土地开发公司等土地使用者在一级市场中获得土地使用权后,经过房地产投资开发,可以依法在二级市场上进行转让、抵押、出租等交易活动;其他土地使用者在二级市场通过转让方式获得的房屋产权和土地使用权,则可依法在三级市场上再进行转让、抵押,出租等。

从改革重点来看,中国土地使用制度改革过程可以大致分为两个阶段(图6-1)(雷爱先,2005):1987—1997年为第一阶段,即土地有偿使用改革阶段,土地使用制度改革主要是变无偿、无限期、无流动的使用制度为有偿、有限期、有流动的使用制度;1998年至今为第二阶段,即土地市场化改革阶段,土地使用制度改革进入了以市场形成土地使用权价格为核心的全面建设土地市场阶段。在二十余年的时间里,中国土地使用制度经历了从划拨使用到有偿使用再到市场配置的渐进式纵深推进的历程。不过,需要注意的是,中国土地使用制度改革并没有废止行政划拨这一土地使用制度,直到目前为止,仍然有大量非建设用地土地通过这一方式转为建设用地。

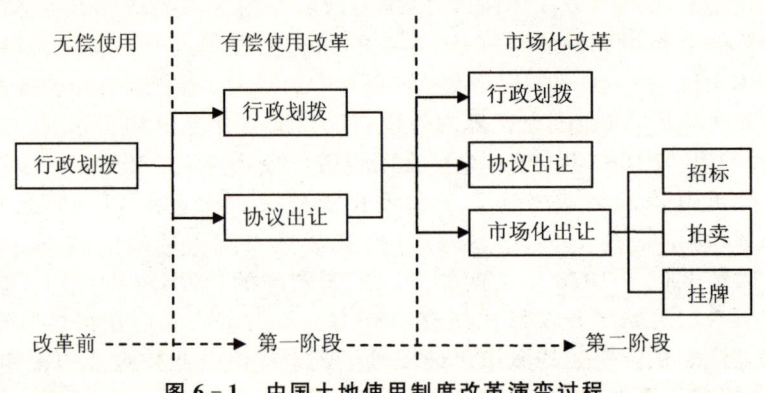

图6-1 中国土地使用制度改革演变过程

如图6-2所示,在1993—2006年间,中国有偿和市场化的土地使用权改革逐步深入进行。1993—1996年间,以划拨方式供应的建设用地数量要明显多于以出让方式供应的建设用地数量,但是二者之间的差

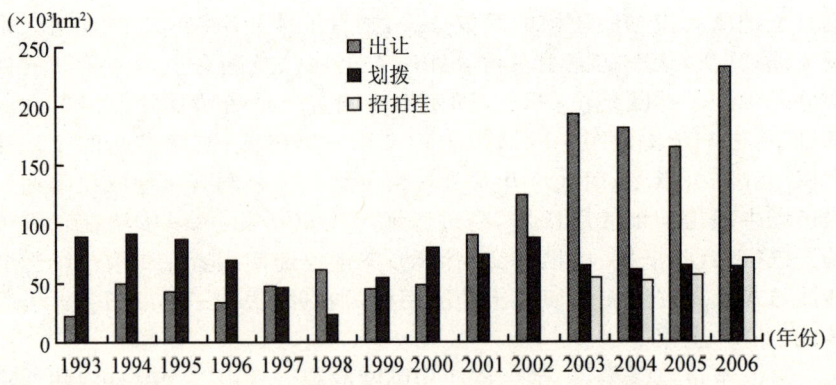

图6-2 1993—2006年土地使用权供应情况

距在逐渐缩小；自 1997 年之后，除了个别年份之外，出让方式供地的数量均超过划拨供地，并且日益成为建设用地供应的主要方式。

2003 年之前，尽管各地开展了国有土地使用权招标、拍卖、挂牌活动，但并没有进行详细的统计。据初步统计，1999—2003 年这几年间，土地使用权招标、拍卖、挂牌出让面积分别为 1082 hm²、2078 hm²、6609 hm²、18100 hm² 和 54100 hm²，占全部出让土地的比例分别为 2.38%、5.71%、7.27%、27.94%，呈逐年快速增长态势（雷爱先，2005）。2003 年之后，随着土地市场化改革进程深入进行，招拍挂面积和比重基本上逐年增加（图 6-3）。根据 2008 年国土资源公报，2008 年，在全国出让土地面积同比减少 30.6% 的背景下，招拍挂出让面积大幅增长，全国招拍挂出让土地 13.36 万 hm²，占出让总面积的 81.9%，比上年提高 32%；与此同时，招拍挂价款占土地出让价款的比重也逐渐增加，这也说明土地使用权市场化配置日益加强。

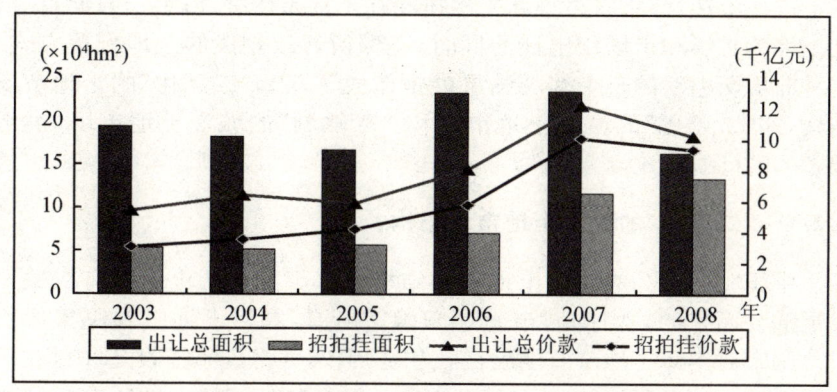

图 6-3 2003—2008 年土地出让与招拍挂情况

除了土地使用制度改革之外，1990 年代之后的中国住房制度也开始了市场化的改革道路。

1998 年 7 月，国务院颁布了《关于进一步深化城镇住房制度改革，加快住房建设的通知》，要求在 1998 年下半年停止住房的实物福利分配，逐步实现住房分配货币化，同时建立和完善以经济适用房为主的多层次城市住房供应体系，发展住房金融，培育和规范住房交易市场。这标志着中国城市住房制度改革的重点由住房供给转到了住房分配领域，由此，中国的城市住房改革进入了住房分配货币化阶段。这一改革措施在中国城市住房制度改革历程中具有里程碑式的重要意义，这意味着建国以来一直实行的福利性实物住房分配制度完全退出历史舞台,取而代之的是以给职工发放住房补贴为主的工资性住房分配制度。在这一阶段中,中国住房制度改革按照既定目标——住房商品化、市场化全面推进,向纵深发展。也正是在这一阶段,包括以经济适用房为代表的公共住房政策、住房公积金政策以及住房金融政策等在内的住房政策在中国得到迅速普及和推行,从而建立起了相对完善的市场化的住房政策体系。

6.2 体制转型背景下的城市空间增长动力机制变化

如前所述,中国土地使用制度改革取得了明显的成效,但是,中国土地使用制度改革走的是一条非均衡的渐进式改革道路。这种不均衡表现在两个方面:一方面,允许符合条件的城市国有土地在土地使用权市场上进行流转,而将农村集体土地排除在土地市场之外;另一方面,在推进土地的有偿和市场化出让的同时,还保留行政划拨的土地配置方式。这种非均衡道路的一个客观结果就是造成了双重"二元化"的土地市场结构,即"二元化"的城乡土地市场和"双轨制"的城市土地市场(洪世键,2009)(图6-4)。

6.2.1 "二元化"的城乡土地市场结构

中国"二元化"的城乡土地市场结构是基于独特的土地所有权关系发展演变而来的。中国城市土地归国家所有,农村土地归农民集体所有。国家对集体土地享有随时征收和征用权,并且国家征收是农村农用地转为城市建设用地的唯一合法途径。城乡"二元"的土地所有权结构造成了典型的"二元化"的城乡土地市场结构。

改革开放之后的中国土地使用制度改革是从农村开始的。20世纪80年代初,伴随着家庭联产承包责任制的广泛推行,中国农村出现了一个面向农村承包土地的农村土地市场。为了提高农业生产效率,农村家庭开始互换承包地,并且离开农村进城务工时,一些人把他们的土地转租给村里的其他人耕种。当时的国家政策只是默许这种承包地在集体内部的交换和转移,直到1986年,在修订的《土地管理法》中,这种行为的法律地位才明确下来,也就是国家承认了农村承包地土地市场的存在。但是,随着进城务工农民的持续增加,农村承包地市场的主体逐渐超越了集体内部成员,农民集体组织(主要是村委会)开始通过签订承包

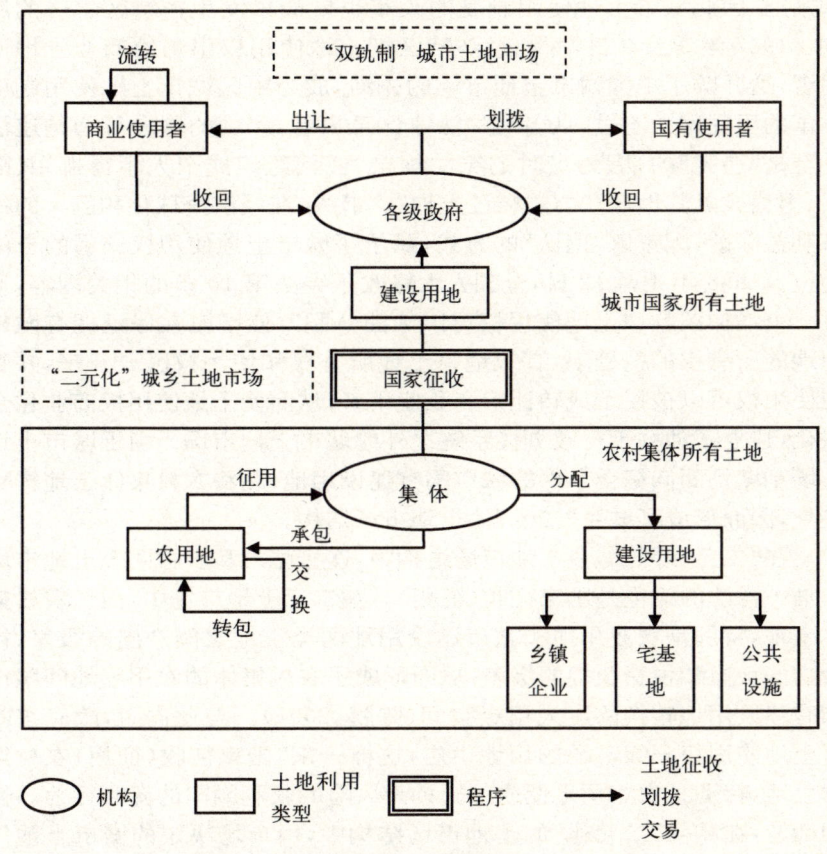

图6-4 中国土地市场的双重"二元化"结构

合同,将农用地直接转包给农民集体之外的个人或组织。这种"灰色"的转包行为直到1998年才得以合法化。当年修订的《土地管理法》明确规定,如果三分之二以上的集体成员同意,那么农民集体可以把农用地承包给非集体成员或是另一个集体组织。这样一来,一个面向农村承包土地的农村土地市场日益活跃和发展。

与由农村草根阶层发起并推动的农村土地市场的形成与发展不同,中国的城市土地使用制度改革是自上而下的,并且是在政府的推动下逐步向前发展的。在经济全球化的影响下,改革开放之后,境外投资者对中国投资的需求不断升温。但是,境外资本进入中国面临一个棘手的问题,那就是它们被排除在中国中央集权的土地系统之外,无法获得作为生产要素之一的土地。这一问题在当时刚刚设立的经济特区尤其尖锐

6 转型期中国制度变迁及其空间效应

和紧迫,因此城市土地使用制度的改革也就最早发生在特区之一的深圳。1987年9月9日,深圳经济特区把土地使用权出售给商业土地使用者,这开辟了中国城市土地市场的先河,成为中国城市土地使用制度改革的里程碑。不过,从当时的法律体系来看,深圳的这一行为是违法甚至是"违宪"的,因为当时的宪法规定"任何组织或个人不得挪用、购买、出售或以其他非法方式转让土地"。最终,在经济全球化和巨大的经济利益面前,国家以"追认"的方式,赋予了城市土地使用权交易的合法地位。1988年4月12日,全国人大修改了宪法第10条的相关内容,通过一个增加条款:"土地使用权可以依法分配",使国家在保证拥有城市土地的所有权的基础上,有效地将土地所有权和使用权区分开来,并且使使用权可以被授予或转让给商业使用者,从而使土地使用权商业化合法化,建立了独立于行政划拨系统之外的城市土地市场。由于城市土地市场制度是面向符合条件的城市国有建设用地,而将农村集体土地排除在外,因而形成了城乡"二元"的土地市场结构。

在"二元化"的城乡土地市场结构中,连接城市和农村两个土地市场的唯一合法的途径是国家征收(征用)。在二元土地市场中,由于农村集体土地,特别是农业用地和城市建设用地两类土地之间产出的级差、社会功能负担和税费负担的级差,从而形成了农村集体的农用土地向城市国有建设用地转换的巨大租金空间(陈鹏,2007)。与此同时,政府垄断了土地使用权一级市场的用地供应,这样一来,国家征收(征用)农村集体土地,特别是农业用地便成为一种无风险的获利颇丰的套利行为。换句话说,在城乡"二元化"的土地市场结构中,由市场决定的城市土地价格和人为压低的农村土地补偿之间的巨大鸿沟造成了地方政府强烈的开发城市土地的动机(Deng,2004)。

6.2.2 "双轨制"的城市土地市场

中国城市土地市场的显著特征就是"双轨制"。在城市土地市场中,存在着两种土地配置方式:划拨和出让。划拨用于将土地使用权分配给国有或非营利使用者,并且没有时间限制;出让用于将土地使用权转让给商业使用者,存在一个固定的期限(商业用地40年,居住用地70年)。划拨和出让共同构成了城市土地使用权的一级市场。除了土地使用期限的区别之外,这两种土地配置方式在交易价格上的差别更加显著(图6-5)。划拨以"划拨价格"交易,包括三个部分:征地费、土地规费和划拨费;出让以"出让价格"交易,也包括三个主要的部分:征地费、土地规费和出让金。划拨费用于补偿行政成本,由行政决定;而出让金由市场决定,因此划拨费大大低于出让金,二者的差额也是"划拨价格"和"出让价格"之间的差价。

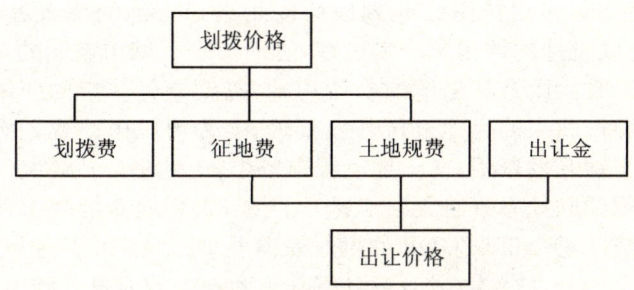

图6-5 两种土地配置方式的价格构成

在城市土地市场中,除了土地使用权交易的一级市场之外,还存在一个二级市场。商业土地使用者可以在二级市场进一步流通土地使用权,获取更高的收益。城市土地使用权二级市场上的交易行为统称为"流转",主要包括三种形式:转让、出租和抵押。只有以出让的方式获得的土地才能在二级市场上流转,也就是以划拨方式获得的土地使用权被排除在二级市场之外。虽然国家不允许以划拨方式获得的土地使用权在二级市场上公开流转,但是在进行登记并且缴纳了保证金和相关费税之后,国家允许国有单位之间进行土地置换。不过更多的情况是,城市政府作为国家的代表,在支付了一笔补偿金(包括违约金)之后,将划拨用地的使用权收回,然后以更高的出让价格在一级市场中出售给商业使用者,获取"划拨价格"和"出让价格"之间巨额的差价。这样一来,"双轨制"的城市土地市场结构同样也为相关的利益主体,特别是以划拨方式获取土地使用权的单位创造了另一个套利的空间。

总而言之,通过土地使用制度改革,造就了中国"二元化"的城乡土地市场和"双轨制"的城市土地市场这一双重"二元化"结构,而正是这一独特的土地市场结构为相关的利益主体提供了巨大的套利空间,这一方面激起了各级地方政府无限的征收农用地的"欲望",另一方面也大大刺激了"黑市"上的土地交易,成为中国城市扩展失控的重要原因。

6.2.3 企业化的城市政府与城市土地开发

如图6-6所示,在当前中国城乡"二元化"的土地市场结构中,国家征收是连接城市和农村两个土地市场的唯一合法的途径①。国家征收带来土地性质的两个改变,即由集体土地转变为国有土地,由农业用地转变为建设用地,国家完成征收程序后,经过土地整理,将生地变为熟地,而后把土地使用权出让或划拨给使用者。土地使用者进行开发建设,最终完成土地的转用和开发过程,进而实现了城市空间的对外扩展。地方政府征收农民及其集体的农业用地,需要支付一定的征地补偿金;地方政府将征收来的生地进行开发整理,变为可以出让或划拨的熟地,需要支出土地开发费用;在土地一级市场中,土地出让行为发生之后,土地使用者需要向地方政府支付土地出让金;农用地变为城市用地之后,相应的经济活动会带来 GDP 的增长及其税收收入,由于这一资金流外生于城市土地开发行为之外,可以将其称为地方政府进行城市土地开发的外部性收益。

由此可见,在中国农用地转用以及城市土地开发过程中,地方政府扮演了一个核心的媒介作用。未开发土地(农业用地)的拥有者,也就是农民及其所在集体并没有土地开发权,该权力实际上掌握在作为国家代表的地方政府手中。

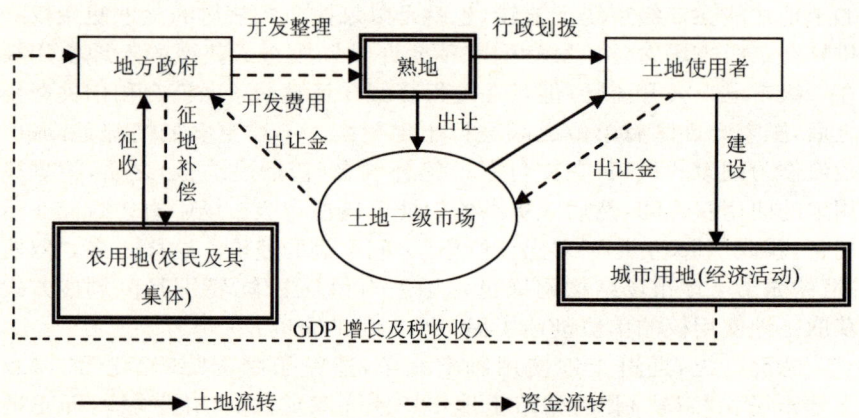

图 6-6 中国城市土地开发及其相应的资金流转过程示意图

从图 6-6 及以上的分析可以看出,地方政府②在城市土地开发过

---

① 为了分析便利,本书不考虑国家征用农村集体土地的情况。
② 在中国现行的城乡合治的背景下,地方政府实际上就是城市政府。因此,在本书中,如未特殊说明,地方政府等同于城市政府。

程中发挥着主导作用。其不仅控制着农业地征收,而且还垄断了土地一级市场。由此可见,在中国现行的体制背景下,地方政府实际上是城市土地开发及其带来的城市空间增长的决定性力量。

由于迅速发展经济是城市的利益所在,因此发展便成为地方政府的头等大事。在此背景下,地方政府的政策目标不再局限于传统的提供地方福利与服务,而是积极地利用企业家精神来改革公共管理部门,实施更加外向性的、用于培育和鼓励地方经济发展的行动和政策,即建立"企业家型城市政府"(张京祥,2008)。而在分权化的背景下,由于大部分的财政收入收归中央政府,地方政府虽然肩负着发展经济和城市建设的重任,但是缺乏预算内的财政收入来源,只能转向或热衷于追求预算外的财政收入。在双重"二元化"的土地市场结构下,土地无疑成为地方政府可资利用的最重要也是最直接的资本,城市开发,特别是农业用地向城市建设用地转化过程中巨大的增值收益也自然成为地方政府重要的经济发展和城市建设资金来源。因此,地方政府理所当然地扮演着城市土地开发主导者的角色,也自然而然地养成了对土地财政的极大依赖。

6.3 体制转型的空间效应:利益驱动下的城市土地开发热潮

中国转型期的制度变迁激发了地方政府进行城市建设的极大热情,客观上促进城市发展;但是,对城市土地开发增值收益的过度追逐,也催生了城市政府盲目进行大规模"圈地"式开发的热情,从而使开发区、新区、大学城、软件园等新的大尺度的空间形态不断涌现,进而导致城市蔓延、耕地流失等一系列问题。

6.3.1 方兴未艾的开发区热

回顾中国城市空间扩展过程,我们不难发现,在改革开放之后,特别是20世纪80年代中期土地使用制度改革之后,中国城市的空间扩展始终伴随着一轮又一轮的土地开发热潮。换句话说,20多年来,中国城市始终是在"高烧"的情况下高速扩展。

在双重"二元化"的土地市场结构下,国家征收是农村集体所有土地转为城市国有建设用地的唯一合法途径,并且国家垄断了城市一级土地市场的土地供应,这在制度上保证了国家在农村集体土地征收及在城市土地一级市场上出让所获取的巨额收益。并且,由于权力下放和财政分权,虽然按照法律规定,土地出让收益应该在中央政府和地方政府之间实行三七分成,但是,在实际执行中,国家基本上没有获得法定的那部分收益,换句话说,土地出让收益基本上全部归地方财政所有。土地出让的收益如此巨大,以至于成为地方政府财政收入的重要来源。在巨额收益的刺激下,地方政府具有强烈的征收农村集体土地用于城市建设的冲动。零星的土地征收和出让行为手续繁琐,收益回收的周期长,因此,地方政府倾向于大规模"圈地"和征地,进而大宗出让土地,在短期内将土地出让收益收归囊中。在这样的背景下,开发区这样一种兼具经济发展和城市建设双重功能的城市空间形态成为新形势下城市政府进行城市土地开发的重要形式。

中国创立开发区本意是为了避开政府办事低效率的政策环境,更有效地招商引资。20世纪80年代中期,先后在大连、秦皇岛、烟台、青岛、宁波、广州、湛江、天津、连云港、南通等城市设立10个经济技术开发区,由此揭开了开发区建设的序幕。但到后来,开发区已经变成地方政府突破土地利用总体规划和城市规划,在城市之外另划一个区域进行招商引资、推进工业化的手段。截至2007年底,国务院批准设立的国家级经济技术开发区共54家,国家级高新技术产业开发区共53家。除此之外,还有其他各种名目的国家级开发区。除了国家级开发区外,省级、市级等地方政府设立的各类开发区更是数不胜数。在2003年国家开展以清理开发区为重点的土地市场治理整顿行动之前,全国共有各类开发区6866个,规划面积3.86万km^2,高出城市建成区1倍以上。其中2/3以上是由省级以下政府批准设立的。经过清理整顿,到2006年,各级各类开发区数量减少到1568个,规划面积减少为9949 km^2,减少的比例分别达到了77.2%和74.2%。①

开发区在圈占大量土地的同时,由于资金、基础设施、产业发展等方面因素短期内难以及时跟进,因此土地开发利用并不集约。2004年,有关部门利用卫星遥感技术对全国30个省区市的160个国家级开发区(园区)的土地利用状况进行了监测。通过将开发区土地利用总体规划图、开发区总体规划图与卫星遥感影像图套合比较及实地调查,结果显示,160个开发区的平均建筑密度仅为13.91%(最高57%、最低2.2%),平均建筑容积率仅为0.43(最高3.64、最低0.04),平均空闲率为6.16%(最高51%)。同时监测到开发区(园区)内还有27%的农用

---

① 中国新闻网.国土部:中国开发区数量减少7成.2007-9-17

地,6.9%的未利用地,加上空闲地,平均还有 1/3 的土地尚未充分开发利用(攀志全,2005)。

除了土地利用不集约外,以工业用地为主的开发区的大量存在,也导致城市用地结构不合理。大多数开发区的发展思路就是在城区之外另创一片工业发展的天地,而不考虑人口居住,因此,在用地配置上以工业为主,服务业和居住用地只是作为工业发展的辅助进行配置。这样,虽然开发区工业发展到很高的程度,但第三产业很难发展。开发区的这种发展思路,也导致中国建设用地的总体配置结构不合理,那就是工业用地比重偏高,服务业和居住用地比重过低(刘守英,2010)。2007 年,工业用地 7446.0 km²,加仓储用地 1133.5 km²,两项占到城市建设用地的 25.3%;相比之下,居住用地 10496.7 km²,仅占城市建设用地的 30.9%,大大低于世界发达国家的水平,与城市化率相当的发展中国家相比也偏低。另外,近几年,城市政府尽管注重了城市发展的宜居、便捷,在道路、市政、公共设施、绿化等方面有一定比例的土地配置,但要么比重过低,要么土地利用内部结构不合理。

虽然从官方发布的数据来看,中国开发区清理整治工作已经"初战告捷",但是,开发区为何能够遍地开花,其中的体制背景特别是土地使用制度变革还是很值得我们深思。开发区建立的初衷是为了集中使用有限的资金,在特定的区域内进行基础设施建设,以达到节省土地、寻求最大产出的目标。但在实践中,开发区却成为"圈地"的主角,有些地方政府甚至违反国家对开发区管理的规定,直接赋予开发区"征地"、"规划"、"出租"、"转让"、"出让"、"颁发国有土地使用证"等政府用地权力,使得开发区成为一个"圈地"特区(郝书辰,2004)。

6.3.2 形式多样的大学城和新区

在开发区"热"方兴未艾之际,另一个"圈地式"的开发建设热潮也扑面袭来,那就是主要出现在大城市的大学城建设"热潮"。以 2000 年河北廊坊东方大学城"开城"为起点,大学城"圈地运动"很快就蔓延全国。由于缺少公开的官方数据,很难统计出全国范围内的大学城确切的数量和规模,但是,我们可以从若干典型的大学城案例中对大学城"圈地"的规模进行想象(表 6-1)。早期的大学城,如廊坊东方大学城和上海松江大学城,规划面积相对较小,其后,大学城的规模如滚雪球般不断膨胀,乃至出现动辄规划面积在 50 km² 以上的"巨型"大学城。虽然在 2003 年开展的开发区专项清理整顿中,大学城作为重点清理整治对象之一经受了重大打击,不少大学城从名义上被取缔,但是却化整为零,以各个高校独立运作的形式顽强地曲折发展壮大。如今,大学城建设已经蔚然成风,并且成为中国城市新一轮"圈地运动"的重要载体。

表 6-1 部分大学城情况

名称	所在地区	用地规模(km^2)
上海大学城	上海杨浦区	4.12
广州大学城	广州番禺区新造镇	20.00
福州大学城	福州市闽侯县上街镇	10.00
浙江高校园区	滨江、下沙、小和山	22.40
深圳大学城	深圳南山区	10.00
珠海大学园区	广东珠海	3.40
东莞大学科技城	广东东莞	50.00
湖南长沙大学城	湖南长沙岳麓山地区	44.00
无锡大学城	无锡滨湖区	10.00
南京仙林大学城	南京栖霞区	70.00
西部大学城	西安市城郊	4.00
上海松江大学城	上海松江区	3.00
郑州大学城	郑州邙山区	20.00
天津生态高教园区	天津市大港区	20.70
东方大学城	廊坊市经济技术开发区	6.70

除了开发区"热"和大学城"热"之外,还有规模更加庞大的新区开发热潮。这里所说的新区,除了一些以开发区为主体的(如无锡新区),还包括国家层面的经济改革试验区(如滨海新区)以及城市划出的以商业开发为主要目地的行政区域(如郑州的郑东新区)。与开发区或大学城相同,新区同样带有显著的"圈地"特征,且在土地开发和投资规模方面有过之而无不及,占地从几千亩到上万亩,投资动辄几亿甚至数十亿,设计规模都是连片开发,甚至开发规模是原来城市建成区的数倍乃至数十倍。

新区大规模开发热潮导致开发商的胃口越来越大,而地方政府为了获巨额的土地出让收益,也很愿意大宗出让土地,引入有实力的大开发商进行成片开发,于是,在地方政府和开发商的共同配合之下,我国城市开发出现了一股声势浩大的"圈地潮"(陈芳,2003)。在这股热潮中,单宗出让面积在上千亩的比比皆是,而少数有金融市场力量支撑的实力强大的开发商更是一掷千金、跑马圈地,在全国范围内圈占大量的土地。

　　值得关注的是,近年来,随着国家政治经济体制改革的深入,从国家批准浦东新区和滨海新区成为综合配套改革试验区开始,国家陆续批准了成渝城乡综合配套改革试验区、武汉城市圈教育综合改革试验区以及长株潭城市群资源节约型和环境友好型社会建设综合配套改革试验区等多个综合配套改革试验区(图6-7)。除此之外,全国上下大大小小的很多城市也在摩拳擦掌、跃跃欲试,以各种名义向国家申请成为新的改革试验区。城市政府之所以热衷于申请成为国家综合配套改革试验区,固然有其以改革促发展的意愿,但是包括土地使用政策优惠等在内的一系列政策优惠才是真正追逐的利益所在。另外,相对于开发区、大学城乃至其他类型新区而言,改革试验区的范围更大,再加上土地使用等在内的政策更加宽松、优惠,因此我们完全有理由警惕改革试验区沦为新的"跑马圈地"的工具。

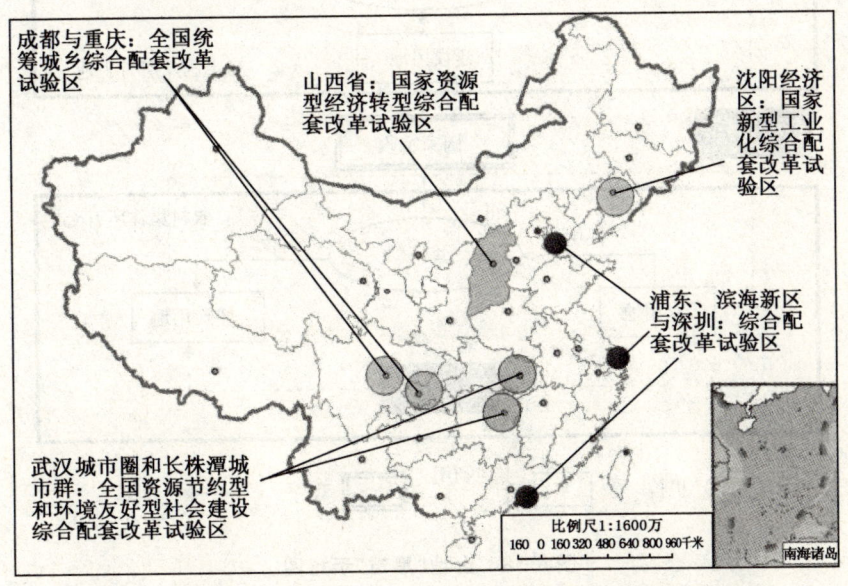

图6-7　截至2010年年底中央批准的综合配套改革实验区示意图

6.3.3 日益猖獗的土地"黑市"

如前所述,中国土地市场的双重"二元化"结构造成巨大的套利空间,这成为合法与非法土地市场繁荣的重要推动力:一方面,作为国家代表的地方政府通过"国家征收(征用)"这一将农村集体土地转为城市国有建设用地的唯一合法途径,以较低的价格从农民集体手中征收土地(主要是农用地),而后在城市一级土地市场上以市场价格出让给商业使用者,合法套取土地出让金;另一方面,被排除在合法的土地征收、出让利益分配系统之外的农民集体以及以行政划拨方式获得土地使用权的国有单位,为了获取农用地非农化以及建设用地流转的增值收益,通过不同途径转用或交易土地,从而形成不同类型的土地"黑市"(图 6-8)。

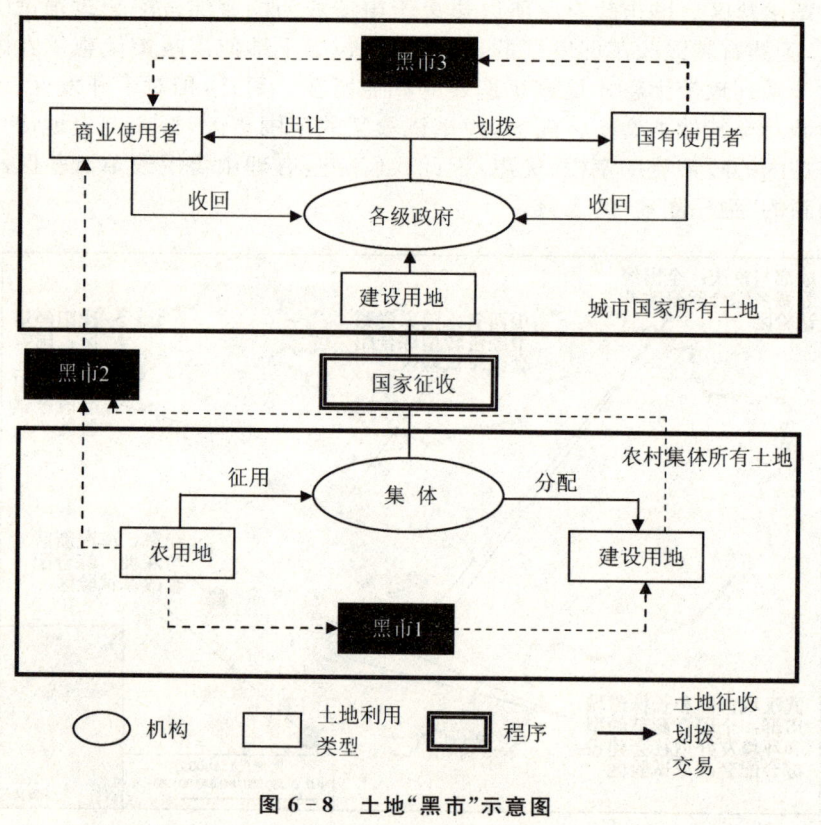

图 6-8 土地"黑市"示意图

从城市空间对外扩展的角度来看,"繁荣"的官方城市土地市场和

"黑市"对城市空间扩展具有不同的影响路径。

"黑市1"主要是农村集体所有的农用地违法转用为农村建设用地，违法主体主要为农村的个体居民，违法形式主要是农民私自建房或建房超标。由于这部分违法用地主要发生在农村，用地性质仍然为农民集体所有，并且近年来随着国家加紧了对农民建房宅基地的审批和监察力度，在一定程度上控制了农民建房的行为，因此，这部分违法用地及其违规建筑并未对城市空间扩展形成实质性的直接影响。

与之相反，"黑市2"和"黑市3"中的违法土地交易与转让行为对城市空间扩展有着实质性的影响。按照中国当前土地管理法律法规的规定，农村的农民集体及其成员以及城市享有划拨土地使用权的国有单位基本上不能分享土地出让这一巨额的增值收益。特别是农村的农民集体及其成员，其虽然是农村集体土地的初始所有者，且在土地征收中可以得到一笔由土地补偿费、安置补助费、地上附着物和青苗补偿法三部分构成的补偿，但是这笔补偿仅为土地征收出让增值收益中的很小一部分。因此，农村集体及其成员并不都支持国家征收土地的行为。为了获取土地转用的增值收益，一些农民集体绕开国家的征收程序，直接把集体土地，特别是农用地转让给城市商业使用者，用于商业开发。这就导致了如图6-8所示的"黑市2"的形成与兴盛。在"黑市2"中，农村集体所有的土地（主要为农用地）未经国家征收程序而直接用于城市开发建设，从而直接增加了城市建设用地的来源，加快了城市向农村扩展的速度。通过"黑市2"进行土地开发的一个典型结果就是小产权房。由于这类土地没有经过国家的征收和出让程序，在用地性质上还属于集体用地，因此，所开发的住宅不能办理房产证。虽然"小产权房"产权不明确，但是由于其所用的土地避开了国家的征收和出让程序，也就是没有缴纳土地出让金，因此大大降低了建房成本，在城市商品房价格一路狂飙的背景下，相对低廉的"小产权房"对城市居民特别是中等收入居民很有诱惑力。此外，由于在"黑市2"的土地交易行为及其后续的"小产权房"的开发建设中，相关利益主体（开发商、农民集体及其成员以及购房者）都能从中获得不菲的收益，因此也就有进行交易和开发的强大的经济激励。从一定意义上说，"黑市2"的存在和蔓延是农民集体及其成员、开发商以及城市居民联合对国家垄断土地征收和出让行为的抵制与反抗。

在"黑市3"中，在计划经济体制以及"双轨制"土地管理体制下以行政划拨方式获得土地使用权的国有和集体单位，未经国家收回和出让程序，而以"土地置换"的名义，直接将土地使用权转让给城市商业开发者进行商业开发,改变了城市内在的空间结构,从而也对城市空间扩展产生了实质性的影响。在计划经济体制下以及"双轨制"土地管理体制下,国家以低价划拨给国家单位土地使用权,如果该单位希望在市场中以更高价格"出售"或转让其土地使用权,就必须先在市政府登记,并向土地所有者(例如国家)补交出让金。然而,由于出让金相当可观,将其支付给国家将会大大减少希望出售土地的国家单位的经济利益,因此,逃避"补交出让金",是土地使用权从国家单位直接转给商业使用者这一违法交易的主要动机。通过"黑市 3"进入城市土地市场的建设用地主要用于房地产开发。由于这种土地交易及其开发行为逃避了政府的监管,并且通常是不符合城市用地规划要求的,因此对城市的空间布局和房地产业的健康发展造成负面影响。在近两年房地产"热"持续升温,城市土地价值不断飙升的背景下,不少享有划拨用地使用权的国有和集体单位都打起了"以地生财,以地抵债"的算盘。此外,由于当前中国行政体系的条块分割仍然十分严重,一些部门从自身利益出发,也为这些违法的土地交易行为打起"保护伞"。

7 中国城市空间增长分析

改革开放以来,随着中国经济的快速发展和城市化进程的迅速推进,中国城市空间也快速增长。与人口城市化进程相比,中国土地城市化的进程明显更快,这说明中国的城市化进程中存在较为严重的城市蔓延问题。

7.1 改革开放以来中国城市空间增长概况

7.1.1 总体情况

改革开放以来,随着中国城市化进程的推进和经济的快速发展,越来越多的人口和经济活动在城市集聚,这必然伴随着城市地域空间的扩大,也就是城市空间增长。如图 7-1 所示,从统计数据上看,从 1981—2010 年间,中国建成区的面积逐年增长。其中,1980 年代中国建成区面积增长幅度相对平缓,并且波动不大;进入 1990 年代之后,中国建成区面积的增长明显加速,并且出现较大的波动,特别是进入 21 世纪之后,城市对外扩展速度更快,基本上年均增加的面积都在 1000 km^2 以上。

如图 7-2 所示,在 1980 年代的 10 年时间里,中国建成区增长了 5417.7 km^2;到了 1990 年代,这个数字增加到 8428.2 km^2;而在 2000 年代,更是增加到 16031.4 km^2,比之前 20 年建成区增长的总和还要多。

7.1.2 区域特征

从区域的层面来看,改革开放以来,中国城市空间增长具有显著的区域差别的特征。

如表 7-1 所示,在 2000—2010 年间虽然各个区域的建成区范围均

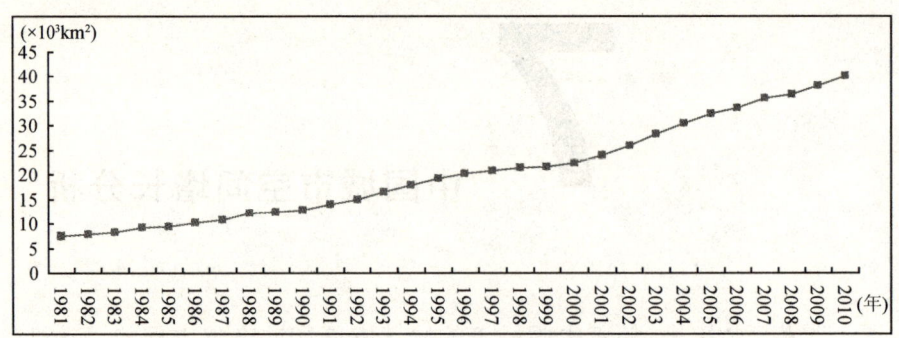

图 7-1 1981—2010 年中国城市建成区增长情况

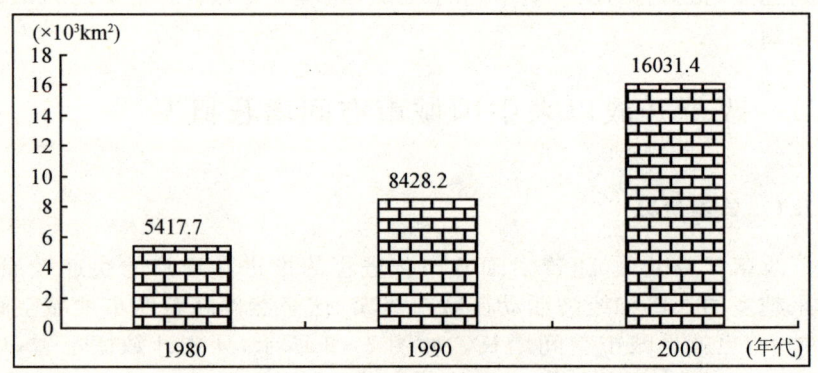

图 7-2 不同年代中国城市建成区增长情况

有所增长,但是增长态势出现明显的分化。东部区域城市空间的增长不管是增量和增率,均领先于其他区域,特别是增量,比其他三个区域增量的总和还多。换句话说,在这 10 年间,东部区域城市建成区增量占到全国总增量的一半以上。与东部区域的快速增长形成鲜明对比的是,在这 10 年期间,东北区域的建成区范围增加很少,不管是在增量还是增率,在四个区域中均排名最后,就这一意义而言,东北地区的城市空间增长可谓是经历了"失去的 10 年"。中、西部区域城市发展水平相对较低,但是在这 10 年间保持了较为强劲的增长势头,特别是西部区域,不管是增量还是增率,均超过了中部和东北区域。从分时段的情况来看,总体上,四个区域不管是增量和增率均有所增加,这说明 2005—2010 年间比 2000—2005 年间城市空间增长的速度明显加快。在两个时段,不管是增量还是增率,东部区域均保持着绝对的领先优势,特别是在 2000—

2005年间,东部区域的增率遥遥领先于其他3个区域,不过在2005—2010年期间有所缩小;西部区域紧随东部区域,特别是在2005—2010年间,西部区域的增率几乎赶上了东部区域;中部和东北区域在后5年增长态势均有所上升,特别是东北区域,在后5年中不管是增量还是增率均有所回升,且在增率方面与其他区域的差距逐渐缩小。

表7-1 2000—2010年分区域建成区增长情况

区域	2000—2010年		2000—2005年		2005—2010年	
	增量(km²)	增率(%)	增量(km²)	增率(%)	增量(km²)	增率(%)
东部	10774.53	123.2	6340.99	72.5	4433.54	29.4
东北	1439.96	39.4	562.89	15.4	877.07	20.8
中部	3052.62	57.9	1381.72	26.2	1670.9	25.1
西部	3701.42	77.7	1795.84	37.7	1905.58	29.0

注:因《中国统计年鉴2011》中北京建成区的数据缺失,故北京2010年建成区的数据用2009年的数据代替,下同。

从省域的层次来看,如图7-3所示,在1997—2007年间,从增量来看,东部的省市占有明显的优势,排名前四位的分别为广东、山东、江苏和浙江,均位于东部沿海区域,增长量均在1000 km²以上;排在最后两位是海南和西藏,特别是海南,建成区面积非但没有增加,反而还减少了35.12 km²。从增率来看,东部的一些省份由于增量数额巨大,造成了增率也相对较高,如北京、广东等;而西部的个别省份,虽然建成区的增量不大,但由于基数小,也产生了很高的增率,如宁夏、重庆等。

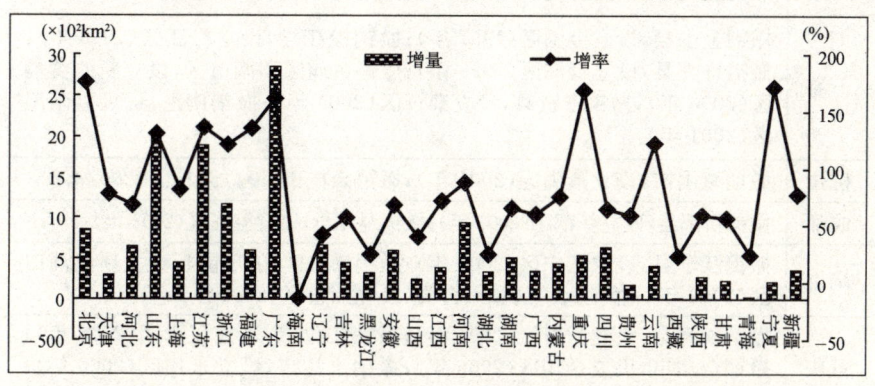

图7-3 2000—2010年间中国各地区建成区增长情况

7.1.3 行政区划调整与城市空间增长

从历年的情况来看,中国不少城市的空间增长即建成区扩大带有显著的跨越式增长的特点,也就是在短期内建成区范围激增。

如北京在 2001 年建成区面积从 488 km^2 增长到 780 km^2,增加了 60%。深圳在 2003 年建成区面积从 168 km^2 增长到 516 km^2,增加了 200%。此外,广州(2000 年)、重庆(2002 年、2006 年)、上海(1998 年、2004 年)、南京(2002 年)、成都(2003 年)、武汉(2006 年)、杭州(1998 年、2001 年)、郑州(2005 年)的建成区面积也同样发生了类似的跨越式增长。不仅大城市如此,中小城市也一样。如吉林省白山市 2006 年建成区面积从 26 km^2 增加到 151 km^2,增长了近 5 倍。之所以发生这种跨越式增长,其中的重要因素是行政区划调整,特别是撤县(市)设区。1997—2007 年间,建成区面积增长最多的前 10 个城市中,北京、上海、广州、南京、重庆、成都、杭州均是通过撤县(市)设区的行政区划调整方式扩大了建成区的范围;建成区面积增长最快的前 10 个城市中,白山、佛山、江门、宿迁等城市也同样通过撤县(市)设区的方式在短期内实现了建成区的快速扩大(表 7-2)。

表 7-2 1997 年以来中国部分城市撤县(市)设区情况

城市	撤县(市)设区情况
北京	撤销通县,设立通州区(1997 年);撤销顺义县,设立顺义区(1998 年);撤销昌平县,设立昌平区(1999 年);撤销大兴县,设立大兴区(2001 年);撤销怀柔县,设立怀柔区(2001 年);撤销平谷县,设立平谷区(2001 年)
广州	撤销番禺市,设立番禺区(2000 年);撤销花都市,设立花都区(2000 年)
上海	撤销金山县,设立金山区(1997 年);撤销松江县,设立松江区(1998 年);撤销青浦县,设立青浦区(1999 年);撤销黄浦区和南市区,设立新的黄埔区(2000 年);撤销奉贤县,设立奉贤区(2001 年);撤销南汇县,设立南汇区(2001 年)
杭州	撤销萧山市,设立萧山区(2001 年);撤销余杭市,设立余杭区(2001 年)
成都	撤销新都县,设立新都区(2001 年);撤销温江县,设立温江区(2002 年)
南京	撤销江宁县,设立江宁区(2000 年);撤销浦口区和江浦县,设立新的浦口区(2002 年);撤销大厂区和六合县,设立六合区(2002 年)
重庆	撤销长寿县,设立长寿区(2001 年);撤销江津市,设立江津区(2006 年);撤销合川市,设立合川区(2006 年);撤销永川市,设立永川区(2006 年);撤销南川市,设立南川区(2006 年)

续表 7-2

城市	撤县(市)设区情况
白山	撤销江源县,恢复设立江源区(2006 年)
佛山	撤销南海市,设立南海区(2002 年);撤销顺德市,设立顺德区(2002 年);撤销三水市,设立三水区(2002 年);撤销高明市,设立高明区(2002 年)
江门	撤销新会市,设立新会区(2002 年)
宿迁	撤销宿豫县,设立宿豫区(2004 年)

7.2 中国城市空间增长驱动力分析

7.2.1 已有文献综述

改革开放以来,中国城市空间的快速增长引起了国内学术界的广泛关注,不少学者对城市空间增长的驱动因素进行了研究。

陈顺清认为,城市增长的动力可分成向心力、离心力和摩擦力三种(陈顺清,2000)。张庭伟基于城市空间结构变化动力的经济学和社会学分析,将影响城市的社会力量简约地分为政府力、市场力、社区力,并阐述了三种力相互作用的模式有合力模型、覆盖模型和综合模型。黄亚平(1995)认为,城市空间扩展驱动力包括经济发展动力、人口增长动力、交通及通讯设施发展动力、土地市场作用力。此外,还有自然因素与生态环境因素、区位因素、政治与规划力量、产权及使用权因素、社会文化心理与行为模式等。苏建忠等(2005)认为,1980 年代以来,大型项目的建设、城市机动化与快速交通的发展、外围地区房地产的发展以及行政区划调整等多种因素都在不同程度导致了广州的城市蔓延。黄晓军等(2009)以长春为案例,认为城市经济的高速发展、人口增长与空间扩散、开发区建设、机动化与交通设施建设、住宅扩散与郊区房地产开发以及城市规划的宏观导向等因素,都在不同程度上导致了长春的城市蔓延。罗名海(2005)利用 CA 模型,认为武汉市主城空间增长动力从建国初期的以国家计划主导到后来的以地方经济主导,"从轴线延伸到环状填充",从依靠外力推动逐渐走向依靠内在潜力为主的常规发展道路。廖和平等(2007)以城市土地利用年均扩展指数来分析重庆市城市空间扩展情况,发现经济水平的持续发展是重庆市城市空间扩展的主要原因,政府引导下的大型项目建设及市场导向的乡村工业化建设过程是改革开放以来重庆城市空间扩展的主要影响要素和扩展机制之一。

综合已有的研究成果,当前国内学者认为,经济发展、人口增长、交通条件改善等因素是推动城市空间增长的主要力量。

7.2.2 基于"社会—空间统一体"的分析框架

当代西方对城市空间结构的研究是建立在"社会—空间统一体"(Social Spatial Dialectic)概念的基础上的,认为空间与社会之间存在辩证统一关系(图7-4),两者相互作用,这也是西方城市研究"重组空间、改良社会"的一贯立场。作为城市社会经济活动的空间投影,改革开放以来中国巨大的制度变迁及其相应的复杂影响必然在城市空间结构上形成明显的表征,并强烈影响着中国城市空间增长的进程。

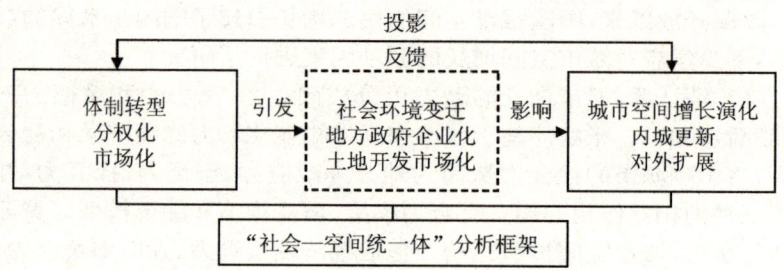

图7-4 "社会—空间统一体"分析框架示意图

基于"社会—空间统一体"的分析框架,作为城市社会经济活动的投影,城市空间增长以及结构演变是内生驱动要素与外生驱动要素共同作用的结果(图7-5)。城市空间增长的内生驱动要素是与城市空间增长的发生直接相关的要素,是城市空间增长的直接推动力,一定意义上说,也是城市空间增长的外在表现。内生要素驱动城市空间增长的过程主要表现在城市建设用地构成的变化,包括道路交通基础设施、开发区建设、城市新城建设、城市巨型工程等。内生驱动要素反映了城市空间增长的动力与模式的差别。城市外生驱动要素是指城市空间增长发生的社会经济环境,包括自然环境、人口增长、经济发展、政府干预、行政改革等方面,这是城市空间增长的根本动力。

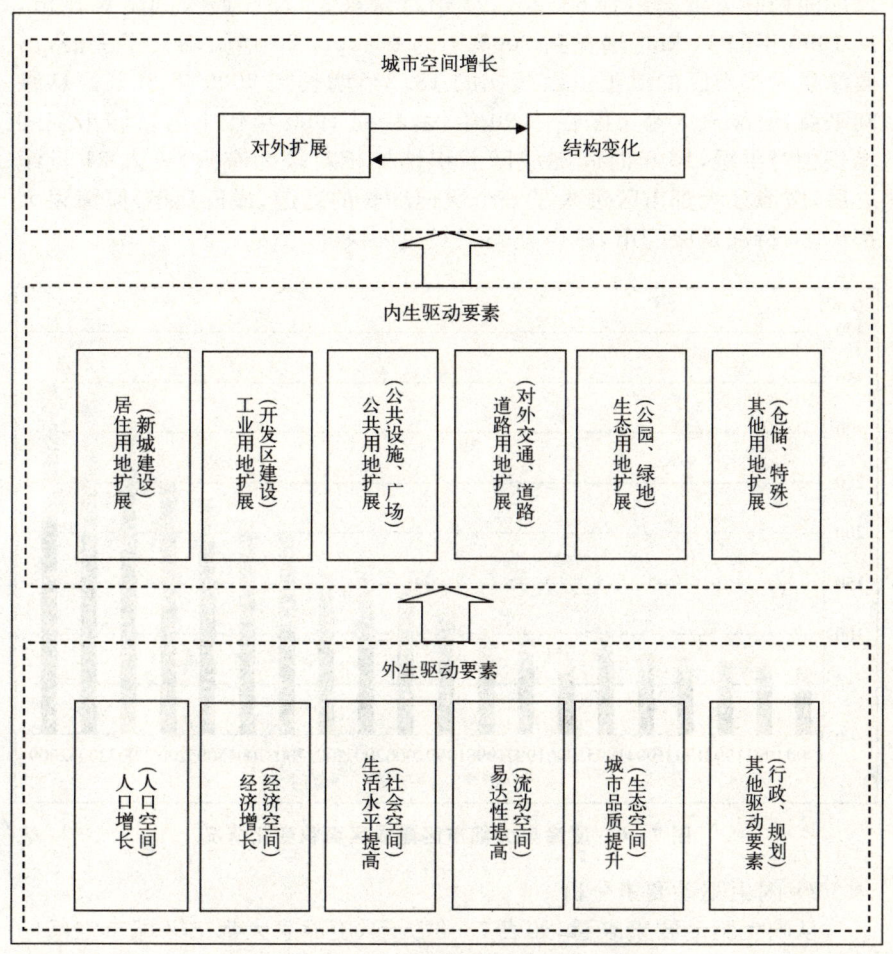

图 7-5 城市空间结构演变机理示意图

7.2.3 厦漳泉大都市区城市空间增长演变机理分析

1) 城市空间增长概况

1990 年代至今,厦漳泉大都市区的城市空间经历了快速增长的过程。如图 7-6 所示,厦漳泉大都市区建成区面积由 1990 年的 66 km² 增加到 2009 年的 356 km²,20 年间增长了 4 倍多。在厦漳泉大都市区中,从绝对量来看,增长最快的是厦门市,从 1990 年的 43 km² 增长到 2009 年的 212 km²,20 年间增长了 169 km²,对厦漳泉大都市区建成区增加面积的贡献率达到 58.2%;从相对量来看,增长最快的是泉州市,从 1990 年的 12 km² 增长到 2009 年的 96 km²,20 年间增长了 7 倍,占厦漳泉大都市区的比重也由最初的 18.2% 增长到 2009 年 30%。从纵向来看,厦漳泉大都市区在 1990 年代,特别 1990 年代中前期城市空间增长相对平缓,10 年时间建成区面积增加相对较为有限;进入 21 世纪之后,厦漳泉大都市区进入了一个快速增长的通道;最近几年,厦漳泉大都市区,特别是厦门市,城市空间增长更加快速。

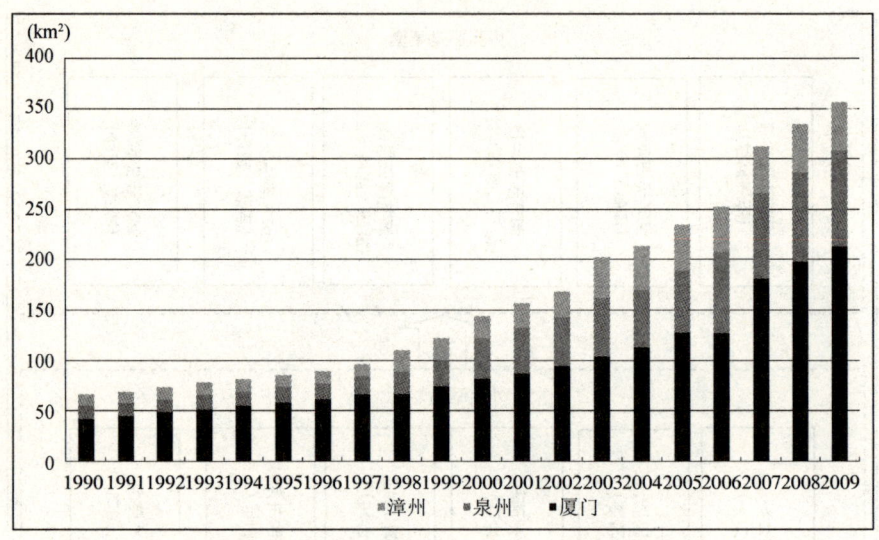

图 7-6　厦漳泉大都市区建成区面积变化情况

2) 内生驱动要素分析

从内生驱动要素来看,如表 7-3 所示,厦漳泉大都市区城市空间结构在 1999—2009 年间发生了较大的变化,不同用地类型的建设用地基本上有所增长,特别是最近几年,城市建设用地增长的速度明显加快。

表 7-3　厦漳泉大都市区城市建设用地及其构成情况(单位:km²)

面积 年份	建成区	生活居住	公共设施	工业	仓储	对外交通	道路广场	市政公用设施	绿地	特殊用地
1999	121.86	36.21	13.82	26.43	5.92	8.49	8.49	4.46	12.65	5.39
2000	144.34	41.49	16.86	28.59	2.94	8.97	16.88	4.06	19.57	4.98
2001	149.54	44.46	18.01	31.32	3.09	9.51	12.00	5.00	21.76	4.39
2002	161.04	47.64	19.18	32.32	3.21	9.81	13.85	5.80	24.79	4.44

续表 7-3

面积 年份	建成区	生活居住	公共设施	工业	仓储	对外交通	道路广场	市政公用设施	绿地	特殊用地
2003	189.53	53.24	21.56	42.98	4.27	10.82	16.40	6.25	28.77	5.24
2004	191.67	59.24	23.95	44.70	4.32	11.99	17.85	6.59	31.07	5.36
2005	227.76	62.40	25.23	51.91	4.86	12.59	19.53	7.42	38.40	6.95
2006	243.35	49.86	49.61	42.81	5.07	13.92	23.19	8.93	44.43	5.53
2007	303.77	75.62	41.27	88.38	5.60	13.08	34.75	8.65	29.18	7.24
2008	325.51	79.73	47.29	89.90	6.40	13.95	34.32	10.46	35.65	7.81
2009	341.11	83.10	49.60	94.28	6.84	14.68	36.27	10.99	37.19	8.16

从用地类型来看，在1999—2009年间，增长最多的是工业用地，由1999年的26.43 km² 增加到2009年的94.28 km²，增长了67.85 km²，占在此期间各类用地增长总量的30.95%；生活居住用地和公共设施用地紧随其后，分别增长了46.89 km² 和35.78 km²，分别占各类用地增长总量的21.39%和16.32%。换句话说，在1999—2009年期间，厦漳泉大都市区的城市空间的增长2/3以上是由工业用地、生活居住用地和公共设施用地这三种用地类型推动的。此外，道路广场用地和绿地虽然基数较小，但是增长速度很快，特别是道路广场用地，由1999年8.49 km² 增长到2009年36.27 km²，增长了327.2%，是各类用地中增长最快的。1999—2009年，不同用地之间的比例情况也发生较大的变化。在1999年，各类用地中比重最大的生活居住用地，占总量的29.71%；其次是工业用地，占21.69%；公共设施用地排在第三，占11.34%。到了2009年，工业用地取代生活居住用地成为比重最大的用地类型，占用地总量的27.64%；此外，市政公共设施用地和道路广场用地的比重上升的也相对较快，相反，仓储用地、对外交通用地、市政公共设施用地和特殊用地所占的比重均有所下降。

从总体上看，1999—2009年间，厦漳泉大都市区城市空间结构演变的内部驱动要素主要是产业用地，特别是工业用地的大幅增长，成为推动城市空间对外拓展的主要力量。此外，道路广场、绿地等提升城市品质的用地也增长较快，成为推动城市空间结构演变的重要力量。生活居住用地虽然绝对量增长幅度较大，但是相对量即占建设用地比重有所下降,说明其增长速度低于各类用地的平均增速。

3) 外生驱动要素分析

如前所述,从内生驱动要素来看,厦漳泉城市空间结构的演变主要是由产业用地的变化驱动的,特别是工业用地的增长成为驱动该区域城市空间结构演变的主要力量。包括生活居住用地在内的其他用地虽然对城市空间结构演变也有所影响,但贡献程度显然要大大低于以工业用地为代表的产业用地。由此可见,1999—2009年间,经济增长,特别是工业发展成为推动厦漳泉城市空间结构演变的主导力量,城市化进程和城市品质提升在其中扮演重要角色。概括而言,厦漳泉大都市区城市空间增长的外生驱动要素可以归纳为以下几类:

(1) 经济增长

在1990—2009年间,厦泉漳大都市区经济增长强劲,成为推动厦漳泉大都市区空间结构演变的强大引擎。

在区域层面,厦泉漳三市的生产总值由1990年的160亿一跃增长到2009年的将近6000亿,20年间增长了30多倍。其中,1990年代前期是厦漳泉大都市区发展的黄金时期,这一时期,厦泉漳三市每年地区生产总值的增速基本上都在20%以上;泉州地区生产总值的增速更是强劲,在1993年达到了惊人的66.2%。也正是凭借这一时期的快速崛起,泉州确立了闽东南乃至福建省经济最强市的地位。

如前所述,1999—2009年间,产业用地特别是工业用地的快速扩张是推动厦漳泉大都市区空间结构变化的主要力量。产业用地快速扩张的背后,是厦漳泉大都市区二、三产业特别是工业的飞速发展,而形形色色的开发区成为承载产业发展和空间扩展的重要地域载体。如表7-4所示,厦漳泉大都市区是开发区较为密集的区域,目前厦漳泉大都市区有国家级和省级开发区30个,其中国家级开发区12个,省级开发区18个,规划面积共计280.85 km^2,而2009年,厦漳泉大都市区的建成区面积仅为356 km^2。虽然,目前这些开发区的规划面积并未全部开发完毕,但是已建成的区域在厦漳泉的城市空间中占据重要的份额。这些开发区也成为厦漳泉大都市区经济增长特别是工业增长的中坚力量。如厦门火炬高新区规划面积13.75 km^2,占厦门建成区面积的6.5%左右,2010年实现工业总产值1298亿元,占厦门全市工业总产值的35%。

表7-4 厦漳泉大都市区国家级和省级开发区基本情况

序号	开发区名称	级别	规划面积(hm²)	所在地区
1	东山经济技术开发区	国家级	1000.00	漳州市东山县
2	厦门火炬高技术产业开发区	国家级	1375.00	厦门市湖里区
3	厦门象屿保税区	国家级	60.00	厦门市湖里区
4	福建厦门出口加工区	国家级	240.00	厦门市海沧区
5	福建泉州出口加工区	国家级	300.00	泉州市晋江市
6	厦门象屿保税物流园区	国家级	70.00	厦门市湖里区
7	厦门海沧台商投资区	国家级	6316.00	厦门市海沧区
8	杏林台商投资区	国家级	2521.00	厦门市杏林区
9	集美台商投资区	国家级	685.00	厦门市集美区
10	福建泉州经济开发区	国家级	1250.00	泉州市鲤城区
11	福建泉州高新技术产业园区	国家级	807.12	泉州市石狮市、鲤城区
12	福建漳州招商局经济开发区	国家级	3140.00	漳州市龙海市
13	福建晋江经济开发区	省级	1053.66	泉州市晋江市
14	福建惠安经济开发区	省级	1079.89	泉州市惠安县
15	福建惠安惠东工业园区	省级	509.05	泉州市惠安县
16	福建德化陶瓷产业园区	省级	113.33	泉州市德化县
17	福建南安经济开发区	省级	328.74	泉州市南安市
18	福建安溪经济开发区	省级	1127.67	泉州市安溪县
19	福建永春工业园区	省级	40.00	泉州市永春县
20	福建厦门翔安工业园区	省级	156.00	厦门市翔安区
21	福建厦门同安工业园区	省级	350.00	厦门市同安区
22	福建漳州蓝田经济开发区	省级	1019.00	漳州市龙文区
23	福建龙海经济开发区	省级	1503.21	漳州市龙海市
24	福建云霄常山经济开发区	省级	154.27	漳州市云霄县
25	福建平和工业园区	省级	96.12	漳州市平和县
26	福建漳州古雷港经济开发区	省级	998.66	漳州市漳浦县
27	福建诏安工业园区	省级	147.13	漳州市诏安县
28	福建长泰经济开发区	省级	500.00	漳州市长泰县
29	福建南靖高新技术产业园区	省级	329.00	漳州市南靖县
30	福建漳州金峰经济开发区	省级	815.00	漳州市芗城区

(2) 城市品质提升

如图 7-7 和图 7-8 所示,1994—2009 年间,厦漳泉大都市区城市品质得到较大改观,突出反映在城市的交通通信条件和城市生态环境的改善,这成为推动城市空间增长的重要力量。以园林绿地面积为例,在此期间,厦漳泉大都市区的市区园林绿地面积均得到较大幅度的增加,其中,厦门增长最为迅速,从 1994 年的 1335 hm² 增加到 2009 的 14304

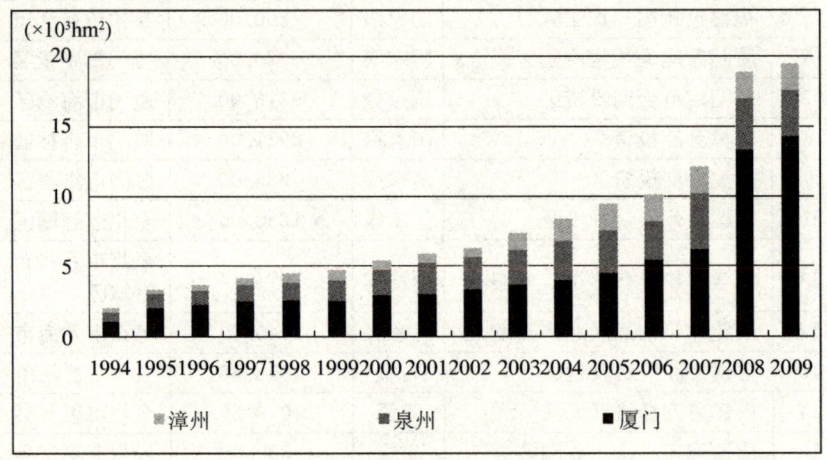

图 7-7　园林绿地面积

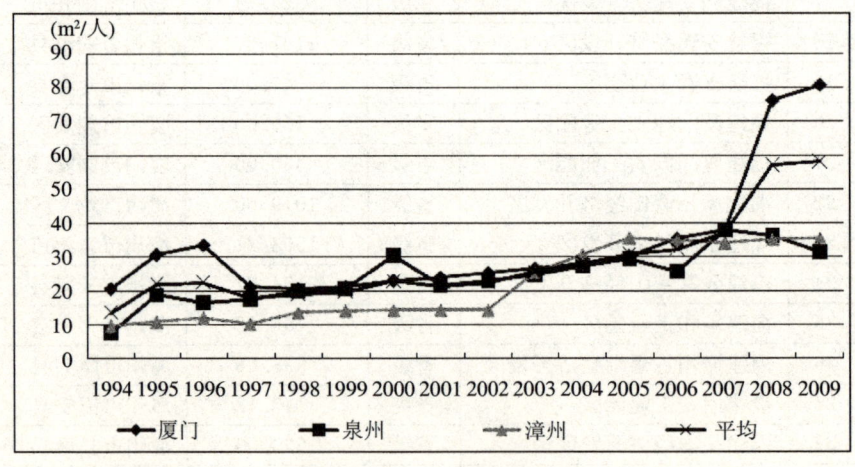

图 7-8　人均绿地面积

公顷,增长了9倍多;特别是在2008年,厦门园林绿地面积从2007年的6348 hm² 增加到13248 hm²,增长了1倍多。从人均面积来看,厦漳泉的城市园林绿地面积总体上是增加的,厦门近两年增幅尤其明显,并且大幅拉升了厦漳泉大都市区平均城市人均园林绿地面积。

（3）人口增长

1990—2009年间,厦漳泉大都市区人口增长相对平稳。1990年总人口为1110.89万人,到2009年增加到1329.62万人,20年间增长了218.73万人;从相对量来看,2000年之后,厦门市人口增长速度明显加快。在1990年代,厦门市人口占厦漳泉大都市区总人口基本上维持在10%左右;2000年之后,随着厦门市人口增长速度的加快,厦门市人口占厦漳泉大都市区总人口的比重有所提高,到2009年,已经提高到13.31%。

由于行政区划调整等政策因素,1990—2009年间,该区域市区人口呈现出阶梯式增长的特点。

从地区人口密度来看,1990—2009年间,由于人口的持续聚集,厦漳泉大都市区的人口密度逐年提高,特别是厦门,进入21世纪之后,伴随着人口集中过程的加速,人口密度迅速提高;从市区人口密度来看,1990—2009年间,厦漳泉大都市区的市区人口密度总体上是趋于增加的,但是由于在此期间三市均进行过行政区划调整,市区范围有所扩大,因而在某些年份,市区的人口密度出现跳跃式的下降,而后又逐渐上升。

（4）社会发展

1990—2009年间,厦门、泉州和漳州非农化进程加快推进,成为推动城市空间增长的又一重要力量。

从就业结构来看,如图7-9所示,1990—2009年间,厦漳泉大都市区第一产业从业人数迅速减少,第二产业从业人数大幅增加,第三产业从业人数相对较为稳定。也就是说,在此期间,大量的第一产业从业人员进入第二产业,成为推动第二产业乃至经济发展的重要力量。如今,在厦漳泉大都市区从事第一产业的劳动力近乎绝迹,而第二产业成为吸纳劳动力就业的主要力量,这也说明厦漳泉大都市区总体上仍然还没有走出工业化阶段。

随着就业结构的变化,厦漳泉大都市区居民收入水平也明显改善。如图7-10所示,1994—2009年间,厦门、泉州和漳州的职工平均工资水平均有所增长,其中厦门职工平均工资增幅略高于泉州、漳州,特别是最近几年,厦门职工平均工资增幅较大,使得厦门与泉州、漳州职工平均工资水平的差距日趋扩大。1994—2009 年间,泉州职工平均工资水平基本上是略高于漳州,然而,近几年来,漳州职工平均工资增幅明显高于泉州,使得漳州与泉州之间的职工平均工资水平的差距逐渐缩小。

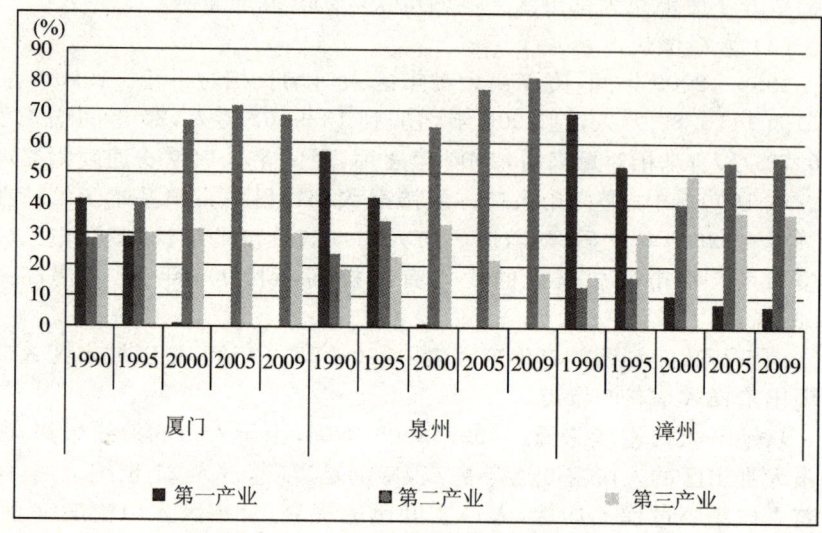

图 7-9　一、二、三产业从业人员比重

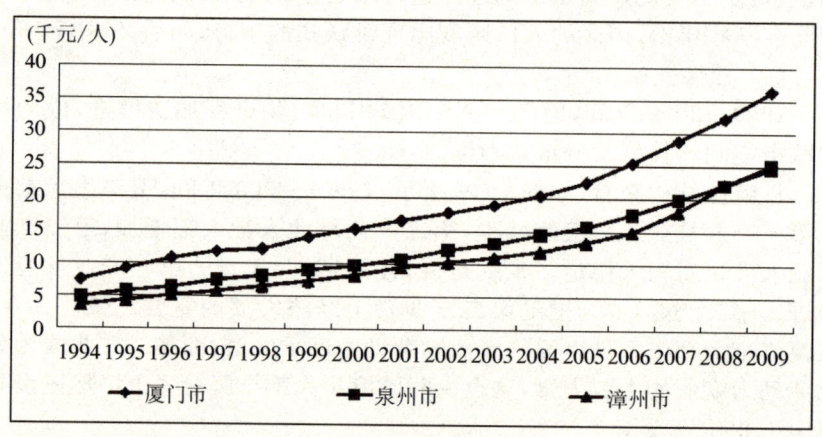

图 7-10　地区职工平均工资

随着收入水平的提高,城市居民对居住和生活的要求也随之增加。如表 7-5 所示,1990—2009 年间,厦漳泉大都市区社会消费品零售总额飞速增长,由 1990 年的 101.9 亿元增长到 2009 年的 2021 亿元,增长了将近 20 倍;每年住宅竣工面积也由 1990 年的 39.39 万 m^2 增长到 2009 年的 768.39 m^2,增长了 19.5 倍。消费和配套服务需求的增加,推动了城市公共设施用地的增长,进而推动了城市空间的增长。

表 7-5 厦漳泉大都市区消费品零售总额与住宅竣工面积情况

年份	社会消费品零售总额(亿元)				本年住宅竣工面积(m^2)			
	厦门	泉州	漳州	厦漳泉	厦门	泉州	漳州	厦漳泉
1990	29.62	41.58	30.70	101.90	17.73	15.59	6.07	39.39
2000	169.64	347.02	149.63	666.29	90.04	18.06	39.99	148.09
2009	566.12	1055.20	400.21	2021.53	475.62	90.50	202.27	768.39

7.3 中国城市空间增长驱动力的计量模型分析

7.3.1 指标的选取

已有的研究成果对城市空间扩展驱动力的实证研究范围和定量分析指标选取有较大差异。

谈明洪等(2003)选取了人口、经济增长和城市环境改善 3 个影响因子,利用近 15 年的统计数据对全国建成区总面积与城市人口、GDP 进行了单因子回归分析和偏相关分析,发现城市建成区扩张与城市人口和 GDP 皆呈高度正相关关系,但 GDP 增长更能解释城市用地的扩张,即经济增长是城市用地扩展最重要、最根本的驱动因素。王丽萍等(2005)以江苏省 13 个地级城市为样本,以建成区面积变化动态为因变量,选取了人均 GDP、人口密度等 9 个影响因子,进行了主成分分析,认为城市用地变化的主要驱动因素是经济社会发展和人口的增长,而经济发展是城市用地扩张的根本驱动力,经济因素中的产业结构调整与经济效益差异则是其直接诱导因素。张落成等(2003)研究了苏南地区城市用地扩展驱动力,认为改革开放前工业是城市用地扩展的主导因素,人口增长刺激与生活居住用地扩散是改革开放以来城市用地扩展的重要因素,同时还有新区与开发区建设、行政区划与县区经济发展等因素的影响。卓莉等(2007)以 1992 年、1996 年和 1998 年三期夜间灯光图像为基础数据,辅以交通图件,通过构建城市用地外延扩展强度指数,利用 buffer 分析、回归分析、梯度分析等,对比分析了城市用地外延扩展强度指数在不同规模的城市附近和不同类型的交通线路沿线的变化规律,探讨了城市规模和交通条件对城市用地外延扩展的影响。乔林凰等(2008)分析了兰州市 1990—1995 年、1995—2000 年和 2000—2004 年三个研究时段城市空间扩展变化的空间分异特征,认为经济的快速增长是兰州城市空间扩展的决定性因子,同时政策制度因素也起到了很大的诱变作用。梁进社、楚波(2005)认为,北京的城市发展和扩展的确表现出劳瑞模型所考虑的那些因素,同时它们之间的关系在起着重要的作用:北京的政治和文化中心功能被规划在城市中心和近郊,其服务功能通过与基本功能的相互联系,在市区和近郊形成了强大的就业和居住力量;随着城市基本功能的发挥和第三产业的不断发展,这种力量不断增强,对北京"摊大饼"式扩展起到了重要的作用。

从已有研究成果,我们可以归纳出,在我国现阶段的特定条件下,城市的经济发展(收入增长)、人口增长和道路建设可以说是影响城市建成区空间扩张的 3 个基本因素:即随着人口的增长,城市必定会通过空间扩张来容纳更多的人口;由于收入的提升,日益富裕的城市居民会需求更多的生活居住空间,从而引发城市空间增长;另外,修建高速公路等措施会使城市基础设施条件得到有效改善,随之而来的交通成本降低也会引发城市空间的持续扩张。而这 3 种基本因素实质上与前面我们在城市空间增长理论模型中分析的 3 个基本动力,即人口增长、收入增长、通勤成本的降低是相一致的。

不过,值得注意的是,根据之前我们的理论模型,城市空间增长还与农业租金水平密切相关,农业租金水平下降,城市边界将会扩大,反之则收缩。基于这些认识,下面我们来验证中国城市空间增长与人口、收入、道路交通情况和农业土地租金水平之间的关系。

7.3.2 模型的构建

根据上述理念与模型,我们选取了《中国城市统计年鉴 2008》中 2007 年的 286 个有效城市样本,并分别以城市市辖区建成区面积、市辖区 GDP、市辖区人口数量、市辖区年末实有道路面积和全市单位耕地产值来代表中国城市空间规模、城市经济发展水平、城市人口数量、城市道路交通情况和单位耕地产出指标。需要说明的是,由于没有直接的农业租金水平的指标,我们以单位耕地产出指标代之,并认为单位耕地产出与农业租金水平的变化情况成正比。

基于已有的研究成果,我们构建了城市经济发展、人口、道路交通情况和农业土地租金水平影响城市空间规模的计量经济学模型,作为接下来经验分析的工作基础:

$$\ln Y_j = \alpha_0 + \alpha_1 \ln x_{1j} + \alpha_2 \ln x_{2j} + \alpha_3 \ln x_{3j} + \alpha_4 \ln x_4 + \mu \quad (7-1)$$

该模型表明,城市空间规模 Y 取决于城市经济发展水平 x_1、城市人口数量 x_2、城市道路交通条件 x_3 和单位耕地产出 x_4。μ 为随机因素,参数 α_0 为常数项,参数 α_1 是经济发展对城市空间规模影响的弹性系数,参数 α_2 是人口数量对城市空间规模影响的弹性系数,参数 α_3 是道路交通对城市空间规模影响的弹性系数,α_4 是单位耕地产出对城市空间规模影响的弹性系数。

根据前面章节数理分析的结果,我们判断城市空间规模与城市经济发展水平、城市人口数量和城市交通情况正相关,而与农业租金水平负相关,在接下来的经验分析中,我们也将验证这一数理分析的结论。

7.3.3 研究结果分析

通过 SPSS 统计软件,我们采用逐步回归法对上述计量模型进行参数估计和统计检验,结果如表 7-6 和图 7-7 所示。

表 7-6 模型汇总情况

模型	预测变量	R	R^2	调整 R^2	标准估计的误差	F	$Sig.$
1	(常量),GDP	0.895	0.801	0.800	0.37338	1124.42	0.000
2	(常量),GDP,道路面积	0.915	0.836	0.835	0.33884	713.20	0.000
3	(常量),GDP,道路面积,人口数量	0.920	0.847	0.845	0.32862	511.70	0.000
4	(常量),GDP,道路面积,人口数量,单位耕地产出	0.923	0.852	0.850	0.32343	398.67	0.000

表中,模型 1~4 分别表示逐步引入变量所得到的结果。在模型 1~4 中,R、R^2 和调整 R^2 的值均逐渐增大,标准估计的误差逐步减少,说明随着新变量的引入,模型中的自变量对因变量的解释能力逐步提高。从 F 值的相伴概率来看,每个都小于显著水平 0.05,说明自变量的引入对因变量的解释说明均有比较显著的贡献,它们应保留在回归方程中。

表 7-7　模型的系数及其统计检验

模型	自变量	非标准化系数		标准化系数	t	Sig.
		B	标准误差			
1	（常量）	−5.346	0.284	—	−18.841	0.000
	市辖区 GDP	0.647	0.019	0.895	33.532	0.000
2	（常量）	−3.881	0.318	—	−12.186	0.000
	市辖区 GDP	0.410	0.035	0.568	11.752	0.000
	市辖区道路	0.306	0.039	0.378	7.811	0.000
3	（常量）	−3.402	0.328	—	−10.366	0.000
	市辖区 GDP	0.331	0.039	0.458	8.574	0.000
	市辖区道路	0.281	0.038	0.347	7.322	0.000
	市辖区人口	0.188	0.044	0.171	4.315	0.000
4	（常量）	−2.880	0.363	—	−7.937	0.000
	市辖区 GDP	0.368	0.040	0.509	9.255	0.000
	市辖区道路	0.269	0.038	0.332	7.073	0.000
	市辖区人口	0.178	0.043	0.162	4.138	0.000
	单位耕地产出	−0.091	0.029	−0.080	−3.159	0.002

通过表 7-7，我们可以得到因变量——建成区面积与市辖区 GDP、市辖区道路面积、市辖区人口和单位耕地产出 4 个自变量之间的标准化的回归方程（排除不同量纲的影响），即：

$$\ln 建成区面积 = 0.509\ln 市辖区 GDP + 0.332\ln 市辖区道路面积 \\ + 0.162\ln 市辖区人口 - 0.080\ln 单位耕地产出$$

$$(7-2)$$

（1）4 个模型中所有的自变量回归系数的 P 值均小于显著性水平 0.05，因此应拒绝回归系数显著性检验的零假设，也就说明了以上的回归系数能够比较好地解释说明因变量的变化，应保留在回归方程中。

（2）从 4 个自变量与因变量建成区面积的关系来看，市辖区 GDP、市辖区道路面积和市辖区人口规模 3 个变量的系数为正，说明这三者与建成区面积正相关；相反，农业地租变量的系数为负，说明该变量与自变量建成区面积负相关。以上的结论与之前理论分析的结果相一致。

（3）在4个自变量中，市辖区 GDP 变量对因变量建成区面积的变化影响最大，其回归系数为 0.509，说明在其他变量均保持不变的情况下，市辖区 GDP 每提高 1 个百分点，可以推动城市建成区空间规模增长约 0.5 个百分点；市辖区道路面积对建成区面积变化的影响仅次于市辖区 GDP，其回归系数为 0.332，说明在其他变量均保持不变的情况下，市辖区道路面积每提高 1 个百分点，可以推动城市建成区空间规模增长约 0.33 个百分点；市辖区人口规模变量的回归系数为 0.162，说明在其他变量均保持不变的情况下，市辖区人口规模每提高 1 个百分点，可以推动城市建成区空间规模增长约 0.16 个百分点；农业地租变量的回归系数为 −0.080，说明其与建成区面积负相关，并且农业地租每提高 1 个百分点，将使城市建成区空间规模缩减约 0.08 个百分点。

总而言之，以上的计量经济模型说明，GDP 增长、道路面积增长、人口数量增长是推动城市建成区空间规模增长的基本驱动力，而单位耕地产出的增长压缩了城市建成区的空间规模。由于居民收入的增长与 GDP 增长基本一致，道路面积的增长将会带来通勤成本（特别是时间成本）的下降，单位耕地产出的增长将会抬高农业土地租金水平，那么上述的计量模型就验证了之前城市经济理论模型中提出的人口增长、收入增长、通勤成本下降以及农业土地租金降低这 4 个城市空间增长的基本驱动力。

8 中国城市蔓延的测度与分析:以长江三角洲为例

改革开放以来,中国显然发生了较为严重的城市蔓延问题。但是,目前中国城市蔓延究竟发展到什么程度,国内学术界还缺少较为统一的认识,这与我们对城市蔓延测度的认识有关。基于城市蔓延为过度的城市空间增长的认识,我们构建了测度城市蔓延的蔓延指数(Sprawl Index, SI),并以长江三角洲为例,进行实证分析。

8.1 城市蔓延指数的设计

8.1.1 单指标测度

总体而言,测度城市蔓延可以分为单指标和多指标两种方法(李强,2006)。单指标测度比较常用的指标是建成区人口密度(等价于人均消费城市用地量)、居住密度、就业密度和城市化用地增量。Fulton 等(2001)以城市人口增长和土地消耗增长的比率为标准衡量城市蔓延的态势,选用人口密度作为具体评价指标,以美国 281 个城市为研究区域,较为深入地研究了 1982—1997 年间美国的城市蔓延态势。他们得出了 4 点主要结论:第一,美国绝大部分城市土地消耗的速度大于人口增长的速度,只有 17 个城市存在城市紧凑的现象;第二,高密度城市分布在美国西部;第三,人口快速增长的一些城市趋于消耗较少的土地资源;第四,已经有高密度城市趋于消耗更多的土地资源。这项研究用单一的密度指标,明确显示出美国 281 个城市蔓延的特征以及不同的增长格局。Lopez 等(2008)认为,"密度"对于测度城市蔓延至关重要,并且居住密度比就业密度更能代表城市蔓延的特点。基于居住密度分布指标,他们构建了蔓延指数,其计算方法为:$SI_i = [(S_i - D_i) + 1] \times 50$。其中,$SI_i$ 为 i 城市的蔓延指数,S_i 为 i 城市高密度地块(人口超过 7800 人$/km^2$

人口的比重，D_i 为 i 城市低密度地块（人口数在 500～7800 人/ km^2）人口的比重，计算的结果在 0～100 之间。城市蔓延指数值越大，城市蔓延的程度越高。此外，也有学者用就业密度来测度城市蔓延，Kahn(2001)采用距离城市中央商务区(CBD)10 英里外的就业岗位占整个城市就业岗位份额作为测度蔓延程度的指数。除了密度及其相关指标之外，有学者还采用城市化用地增量来测度城市蔓延，例如，Kolankiewicz & Beck (2001)通过计算城市人口及人均土地消费量的变化对城市蔓延的贡献度，来考察美国 100 个最大的城市化地区的城市蔓延情况。此外，山脉俱乐部将土地消费增长速度是否超过人口增长速度作为城市蔓延的判断标准，当城市土地消费增长速度超过人口的增长速度时，就认为城市处于蔓延状态[①]。

8.1.2　多指标测度

Galster 等(2001)认为蔓延包括密度、联系性、集中度、集聚、向心性、多中心程度、混合土地利用和接近性 8 个维度，基于这一观点，他们认为要以这 8 个指标来度量城市蔓延程度，这些指标的得分越低，表示蔓延的程度越高。Hasse(2002)提出用 12 项指标来衡量城市增长的特征，进而比较城市蔓延程度，这 12 项指标包括：人口密度；建设用地不连续及蛙跳开发程度；土地利用隔离情况；区域规划不一致性；沿高速公路条状发展情况；新建设基础设施无效率程度；替代运输工具不可达性；社区节点的不可达性；重要土地资源损失；敏感开放空间受侵蚀程度；单位面积不通水表面的增加；城市增长轨迹。Sierra Club(1998)采用 4 项量化指标将美国都市区的蔓延情况进行了排序：从市区迁移到郊区的人口；用地和人口的增长比较；交通时间花费；开放空间的增减。Smart Growth America 采用下列 4 个因子来建立综合蔓延指数：居住密度；居住、就业和服务的混合程度；中心区的活力；城市路网的可达性(Ewing, 2004)。

蒋芳等(2007)以北京市在 1996—2004 年期间的城市扩展作为研究案例，提出可以从城市扩展形态、扩展效率和外部影响等 3 个方面来判识城市蔓延现象，并提出基于地理空间指标体系的城市蔓延测度方法，主要由涉及人口、经济、土地利用、农业、环境和城市生活等方面的 13 项指标所组成。实证分析结果表明，该方法可以有效地测度和量化研究区

---

① 转引自李强等. 西方城市蔓延研究综述[J]. 外国经济与管理，2005(10)：49-56.

城市蔓延的特征:① 建设用地斑块具有明显的破碎化和不规则化趋势,缺乏良好的规划控制,不连续开发、条带式开发和跳跃式开发特征明显,扩展形态不尽合理;② 新增建设用地的建设密度和容积率较低,并且新增用地的人口密度和经济产出水平均低于原有用地绩效,扩展效率不高;③ 城市蔓延占用大量的耕地和开敞空间,加重了交通负担,对农业、环境和城市生活存在显著的负面影响。

总体而言,西方学者对城市蔓延的测度逐渐由单指标发展到多指标(李强,2005),GIS 和遥感等技术的不断发展,为应用多指标方法测度城市蔓延提供了强有力的技术支撑。Sutton(2003)认为传统的测度方法有两个局限性,其一是城市范围不精确,其二是城市人口是总人口的非线性变量。而 RS 技术不受行政边界限制,并且能够更准确地界定建设用地和非建设用地,进而能够得出更有用的结论。实际上,城市蔓延测度指标和方法的不同,主要是由于对城市蔓延概念理解的差异造成的。如果将城市蔓延理解为特定的城市土地开发模式,通常要求建立一个多指标体系来测度不同的城市土地利用模式;相反,如果将城市蔓延理解为过度的城市空间增长形式,那么测度城市蔓延通常会采用综合性指标即城市蔓延指数 SI。

8.1.3 蔓延指数的设计

如前所述,国内外学者对城市蔓延的测度方法存在较大的争议,实际上其本质是对城市蔓延概念界定的争议。我们认为,城市蔓延是过度的城市空间增长,那么,城市蔓延测度问题的关键就是确定一个正常的城市空间增长的标准。

假设基期城市空间范围 S_0 为基期人口数 P_0 与基期人均消耗的城市土地面积 L_0 的乘积,即:

$$S_0 = P_0 L_0 \qquad (8-1)$$

随着时间的推移,城市发生增长。我们认为,城市增长主要包括 3 个维度的内容,即人口增长、经济(收入)增长和空间增长。从式(8-1)中不难看出,人口的增长必然会带来城市空间的增长。随着经济(收入)的增长,居民对住房的有效需求也增长,从而拉动正常的人均消耗的土地面积的增长,即 $L = f(y)$。我们把由于人口增长和正常的人均消耗的土地面积的增长所产生的城市空间增长分别定义为外延式(刚性)增长和内涵式(改善型)增长,二者都属于正常的城市空间增长。如果在

$[0,t]$时期内,城市空间增长大于上述两类正常的城市空间增长,那么,我们就认为该城市发生了过度的城市空间增长,也就是城市蔓延。假设蔓延式增长部分的城市土地面积为 S_m,于是有:

$$S_t = (P_0 + \Delta P)(L_0 + \Delta L') + S_m \qquad (8-2)$$

其中,S_m 为蔓延式增长的面积,ΔP、$\Delta L'$ 为 $[0,t]$ 时期城市人口增长数量和正常的人均消耗土地面积的增量。式(8-2)减去式(8-1),可以得到:

$$\Delta S = S_t - S_0 = (P_0 + \Delta P)(L_0 + \Delta L') + S_m - P_0 L_0$$
$$= S_m + \Delta P L_0 + P_t \Delta L' = S_m + S_p + S_y \qquad (8-3)$$

式中,S_p 和 S_y 分别表示由于人口和收入增长所带来的正常的城市空间增长,$P_t = P_0 \Delta L' + \Delta P \Delta L'$ 为 t 时期的城市人口数。于是,我们可以得到蔓延指数 SI 为:

$$SI = \frac{S_m}{\Delta S} = 1 - \frac{S_p}{\Delta S} - \frac{S_l}{\Delta S} = 1 - \frac{\Delta P L_0}{\Delta S} - \frac{P_t \Delta L'}{\Delta S} \qquad (8-4)$$

通过以上的推理,我们不难得出,$|SI| \leqslant 1$,$|SI|$ 的值代表多(少)消耗的土地面积占 $[0,t]$ 时期建成区土地面积增量的比重。当 SI 为正,说明该城市产生了蔓延式增长,即城市以更加分散的形式增长,并且 SI 值越大,额外消耗的土地面积越大,蔓延程度越高;当 SI 为负,说明该城市(区域)没有形成城市蔓延,即城市以更加集约的方式增长,并且 SI 值越小,集约程度越高。

8.2 长江三角洲地区的城市蔓延状况分析

8.2.1 案例区域概述

长江三角洲地区主要包括上海市、江苏省的 8 个地级市(南京、苏州、无锡、常州、扬州、镇江、南通、泰州)、浙江省的 7 个地级市(杭州、宁波、湖州、嘉兴、绍兴、舟山、台州)共 16 个城市。当前,长江三角洲地区已经形成以上海为极核,南京、杭州、宁波以及苏锡常等都市区协同发展的空间结构(图 8-1)。2004 年,长江三角洲地区 16 个城市的国土面积共 109617.5 km²,占全国的 1.14%;常住人口为 8212.12 万人,占全国总人口的 6.31%。区域内各个城市之间地域毗邻、经济相连、文化相

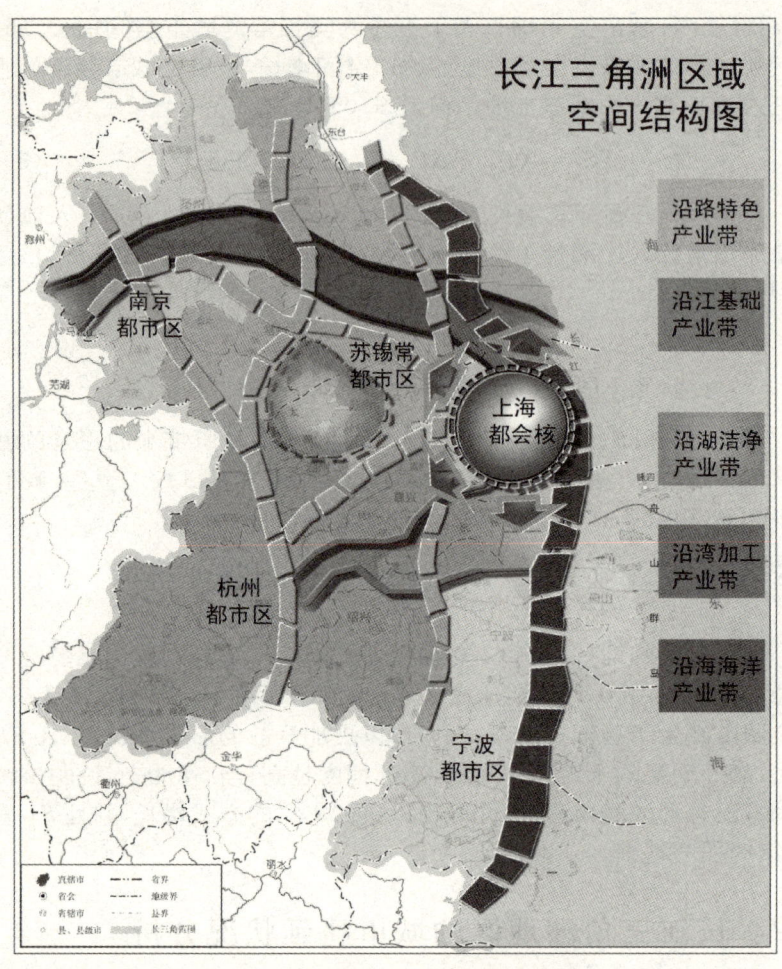

图 8-1 长江三角洲区域空间结构图

融,具有区域联动发展的历史渊源和厚实基础,是我国经济社会最发达、人口和产业最密集、发展最具活力的地区,也是未来我国具有国际竞争力和重要影响力的城市群,在我国经济社会发展中具有举足轻重的地位。

改革开放以来,长江三角洲地区经济社会发展取得了举世瞩目的成就。该地区以占全国1.0%的土地、6.3%的人口,实现了约占全国21%的GDP、40%的外商投资和35%的进出口总额,成为中国经济实力最强的都市经济圈之一。但是,随着长江三角洲地区经济社会的不断发展,也暴露出一些突出问题,特别是粗放式发展导致城市发展空间预留不足,土地、能源资源与环境瓶颈的制约作用明显。如图8-2所示,当前长三角地区建设用地分布范围极广,不少地区已经面临无地可用于城市开发的尴尬境地。据报道,目前无锡市各类建设用地总量已超过行政区域总面积的30%,已逼近可持续发展和保护生态环境的临界点①,可以说是长江三角洲地区建设用地紧张的一个缩影。

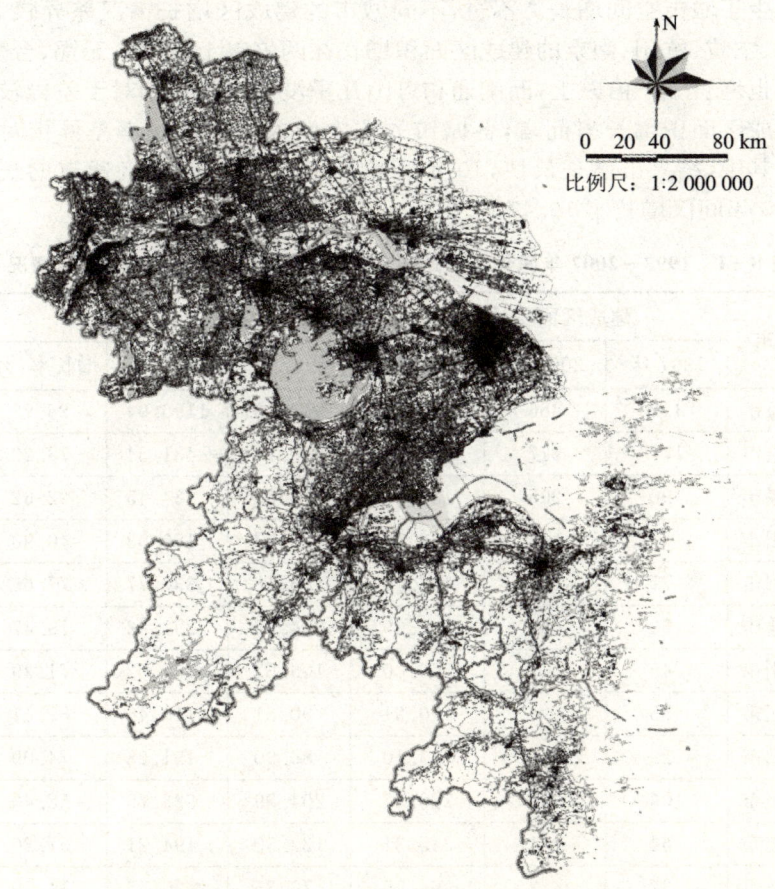

图8-2 长江三角洲地区的建设用地分布情况

---

① 无锡市人民政府.市政府关于转发《市国土资源局认真贯彻实施新一轮土地利用总体规划意见》的通知,2011-8-11.

8.2.2 长江三角洲地区的城市空间增长情况

作为中国经济发展的重要引擎之一,随着经济发展和城市化进程的推进,长江三角洲地区的城市空间也急剧扩张。

从表8-1中可以看出,1997—2007年间,长江三角洲区域各个城市的建成区面积均有所增长,也就是说,在此期间,长江三角洲所有城市都发生了城市空间增长。不过,不同城市的建成区增长情况差异较大,绍兴、宁波、杭州、南京的建成区面积增长在两倍以上,苏州、无锡、台州、上海也增长了一倍以上,而南通和舟山几乎没有增长。相对于差异较大的建成区面积增长率而言,各城市的非农业人口的增长率差异相对较小。其中,绍兴市增长最快,10年间增长了94.44%;而南通市增长最慢,10年间仅增长了19.47%。

表8-1 1997—2007年间长江三角洲各城市建成区面积和非农业人口情况

城市	建成区面积(km^2)			非农人口(万人)		
	1997年	2007年	增长率(%)	1997年	2007年	增长率(%)
上海市	412	886	115.05	943.03	1196.94	26.92
南京市	177	577	225.99	270.11	481.34	78.20
无锡市	90	203	125.56	173.63	334.45	92.62
常州市	67	113	68.66	127.77	180.03	40.90
苏州市	77	228	196.10	186.18	330.77	77.66
南通市	59	61	3.39	244.36	291.93	19.47
扬州市	45	72	60.00	105.62	181.02	71.39
镇江市	55	94	70.91	90.21	119.45	32.41
泰州市	29	56	93.10	86.90	151.28	74.09
杭州市	105	345	228.57	204.39	323.75	58.40
宁波市	64	221	245.31	123.50	194.21	57.26
嘉兴市	37	72	94.59	70.35	120.36	71.09
湖州市	46	72	56.52	54.20	79.61	46.88
绍兴市	26	90	246.15	70.11	136.32	94.44
舟山市	45	49	8.89	24.42	35.48	45.29
台州市	50	114	128.00	66.26	101.88	53.76

建成区面积的增长意味着城市空间的增长,但是城市空间增长并不必然带来城市蔓延。城市是否形成蔓延,还取决于建成区面积增长与非农业人口增长的对比情况。如图8-3所示,1997—2007年间,上海、南京、无锡、常州、苏州、镇江、泰州、杭州、宁波、嘉兴、湖州、绍兴、台州这13个城市的建成区面积增长率高于市辖区非农业人口增长率,我们可以认为,以上13个城市发生了城市蔓延;相反,南通、扬州、舟山这3个城市的建成区面积增长率低于非农人口增长率,也就是这3个城市没有发生城市蔓延,而是常规的、紧凑的增长。

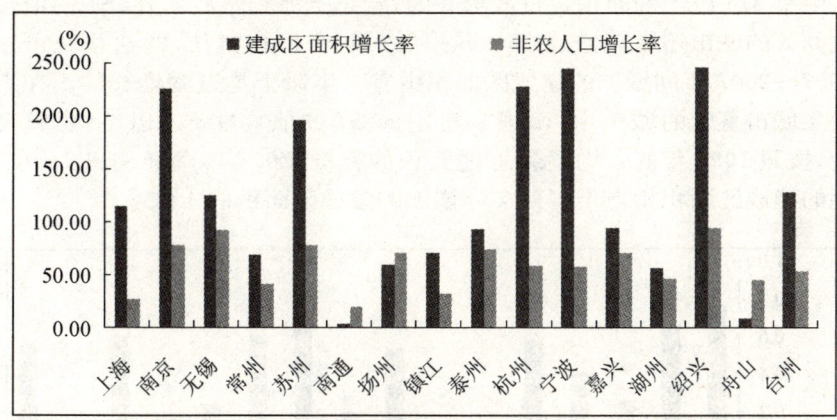

图8-3 长江三角洲各城市建成区和人口增长情况

8.2.3 长江三角洲地区城市蔓延的测度

下面我们计算1997—2007年这10年间(也是长三角城市经济发展、城市化与城市空间增长最快的10年)长三角各城市的蔓延情况。由于没有准确的建成区常住人口数据,本书假设城市为非农人口聚集地,因而以非农人口代替。为了计算的方便,我们暂也不考虑收入增长所带来的城市空间增长,即假设 $S_y = 0$,于是蔓延指数 SI 变为:

$$SI = \frac{S_m}{\Delta S} = 1 - \frac{S_p}{\Delta S} = 1 - \frac{\Delta P L_0}{\Delta S} = 1 - \frac{\Delta P \frac{S_0}{P_0}}{\Delta S} = 1 - \frac{\frac{\Delta P}{P_0}}{\frac{\Delta S}{S_0}}$$

(8-5)

根据式(8-5)计算出的1997—2007年间长江三角洲地区的城市蔓

延指数情况,进一步印证了以上的结论。如图8-4所示,在此期间,长江三角洲地区的16个城市中,SI为正,即产生城市蔓延的城市共有13个,分别为上海、南京、无锡、常州、苏州、镇江、泰州、杭州、宁波、嘉兴、湖州、绍兴、台州;而SI值为负,也就是未产生城市蔓延的城市共有3个,分别为南通、扬州、舟山,由此可见,长三角的城市蔓延状况还是较为普遍的,并且特大城市的城市蔓延程度相对更为严重。其中,上海和宁波的城市蔓延程度排在前两位,SI的值均为0.76,也就是说,按照1997年的人均消耗土地面积的标准,这两个城市2007年比1997年增加的建成区中有3/4以上的面积是过度增长的;除了上海和宁波之外,SI的值超过0.5的城市还有南京、杭州、苏州、绍兴、台州和镇江,即这些城市在1997—2007年间增加的建成区面积中有一半以上是过度增长的。在未发生城市蔓延的城市中,南通和舟山的SI的值均在-4以下,也就是说,按照1997年的人均消耗土地面积的标准,2007年南通和舟山少消耗的建成区面积相当于同期实际增加的建成区面积的4倍多。

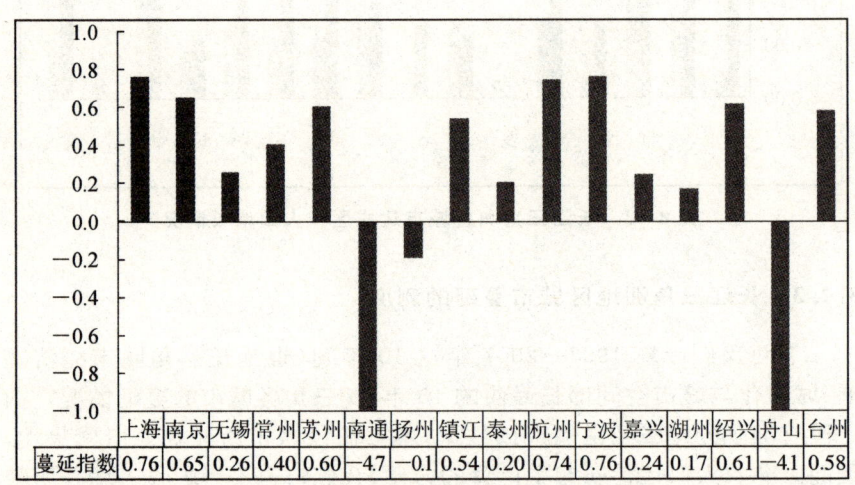

图8-4 长江三角洲各城市城市蔓延情况

特别需要说明的是,由于本书是以非农业人口数据代替建成区的实际人口,计算结果会产生一定的偏差。例如,某些城市流动人口数量增长较快,建成区实际人口的增长速度高于非农人口增长速度,那么以非农人口代替建成区人口来测度城市蔓延,该城市的蔓延指数就会偏高,也就是蔓延状况会被高估;相反,那些建成区实际人口增长速度低于非农人口增长速度的城市,其城市蔓延状况会被低估。因此,存在着上海、南京、杭州、苏州等外来常住人口较多的城市,其城市蔓延指数被高估的情况;也存在着镇江、南通、舟山等外来常住人口较少的城市,其城市蔓延指数被低估的情况。此外,虽然在1997—2007年长三角区域中的不少城市通过行政区划调整扩大了城区的范围,但是因为在行政区划调整中城市空间与人口是同步调整的,所以行政区划调整对本书的研究结论并无多大影响。

8.3 中国城市蔓延的经济模型解释

8.3.1 地方政府主导下的土地市场的特殊性

如前所述,在城乡"二元化"的土地市场结构中,地方政府是连接城市和农村两个土地市场的媒介,这也就使得地方政府在农用地转用及其后续的土地开发中发挥着主导作用。当前中国地方政府主导的城市土地市场具有如下的特殊性:

第一,地方政府对农用地具有实质上的强制征收权。按照《中华人民共和国土地管理法》的规定,"国家为了公共利益的需要,可以依法对土地实行征收或者征用并给予补偿"。然而,在现实生活中,作为国家代表的地方政府往往是打着"公共利益"的旗号,动用多方力量,强制征收农村集体的土地。从这一意义上说,地方政府对农用地具有实质性的强制征收权。另外,根据法律规定,政府征收农村集体土地必须给予相应的补偿,并且补偿的标准相对固定,大致为10～30倍该耕地被征收前3年平均产值[①],也就相当于10～30年的农业土地地租。基于此,我们可以认为,对于地方政府而言,征收农用地的成本为10～30年的农业土地地租,而其实质上的强制征收权保证了对征地范围和征地成本的控制。

第二,地方政府垄断了城市土地供应市场。由于国家征收是连接农村和城市两个土地市场的唯一合法途径,我们可以认为,地方政府实质上垄断了城市土地出让市场,也就是将农用地转为建设用地的市场。对

---

① 按照《中华人民共和国土地管理法》的规定,"征收耕地的补偿费用包括土地补偿费、安置补助费以及地上附着物和青苗的补偿费"。在这三种补偿中,土地补偿费和安置补助费是补偿的主要部分,青苗补偿费通常所占的比重较小,在此我们忽略不计。按照通常的标准,这两种补偿费的总和应该是该耕地被征收前3年平均产值的10倍以上,但"不得超过土地被征收前三年平均年产值的30倍"。

于城市的土地使用者而言,其土地的来源有两个:其一是建设用地出让市场;其二是建设用地转让市场。而从本质上看,在建设用地转让市场上转让的土地,其初始来源均是城市出让市场。因此,对于特定城市而言,其土地市场在空间上与城市相隔离,也就是说,地方政府对其辖区内的土地市场具有空间垄断。按照经济学的相关原理,在空间垄断的市场下,厂商(在这里是地方政府)将会采取空间歧视定价,也就是每个区位上利润最大化的价格。换句话说,对于特定区位上的土地,地方政府将以土地使用者(开发商)愿意支付的最高价格水平出让。这样一来,地方政府的土地价格曲线实际上就转变成为开发商的地租曲线。

第三,地方政府将从城市空间扩展中获得土地租金之外的额外收益,该收益可以看做是城市空间扩展的外部性收益,其来源可能是农用地转为非农用途之后增加的非农经济活动所带来的税收,也可能是增加的城市人口对地方经济所产生的正的外部效应。

8.3.2 基于地方政府为主体的城市经济动态模型

通过对中国城市土地开发过程的分析,接下来我们将以传统的城市经济动态模型(Capozza,1989)为基础,构建一个简化了的城市空间增长经济模型。

1) 模型假设

为了分析的便利,我们提出以下的基本假设。假设城市位于一个弧度为 2ϕ 的适宜开发的均质平原上。在 $t \in [0,\infty]$ 时期,城市里存在 $N(t)$ 个无差异的家庭,他们从一个复合商品 X 和土地 L 中获得效用。效用函数 $U(X,L)$ 极均质(Homogeneous of Degree 1)、连续,且随着 X 和 L 递增。进一步假设,在 t 时期城市边界为 $\bar{z}(t)$,且只在城市边缘进行土地开发,资本是可持续的,城市土地开发主体对未来拥有完全的可预见性。用 $v(t)$ 表示随时间变化的城市居民效用函数值。土地的消费固定为每个家庭 $\bar{L}$ 单位。由于效用函数极均质,可以得到:

$$U(X,\bar{L}) = \bar{L}U(X/\bar{L},1) = u(X/\bar{L}) \qquad (8-6)$$

式中,$u(X/\bar{L})$ 是一个连续函数,并且随着其他商品与土地消费比值的增加而增加。

假设所有的就业机会集中于中央商务区(CBD),而城市居民住在CBD之外,每天通勤到CBD,其住宅区位与 CBD 的距离 z 米度量。单位距离通勤费用为 T。城市地区的边界 $\bar{z}(t)$ 随着人口增长而在弧度

为 2ϕ 的圆环内扩张。

2) 最佳开发时机

在每个时间点,土地租金 R 满足预算约束条件:

$$y = X + R\overline{L} + Tz \qquad (8-7)$$

式中,y 是家庭收入。

从式(8-7)中可以得到:

$$R = \frac{y}{\overline{L}} - \frac{Tz}{\overline{L}} - \frac{X}{\overline{L}} \qquad (8-8)$$

如果效用的时间路径是 $v(t)$,那么从式(8-6)中可以得到:

$$\frac{X}{\overline{L}} = u^{-1}[v(t)] \qquad (8-9)$$

将式(8-9)代入式(8-8)得:

$$R(t,z) = \left(\frac{1}{\overline{L}}\right)(y - Tz) - u^{-1}[v(t)] \qquad (8-10)$$

对式(8-10)分别就距离和时间求偏导,得到:

$$R_z(t,z) = -T/\overline{L} \qquad (8-11)$$
$$R_t(t,z) = -u^{-1'}[v(t)]v'(t) \qquad (8-12)$$

式(8-11)说明,在动态均衡中,空间均衡的条件是土地租金随距离递减,以补偿增加的交通成本。式(8-12)说明,如果居民收入保持不变,随着城市的增长,更低的城市居民效用函数必然伴随着更高的土地租金。

接下来,我们分析基于地方政府为主体的城市土地开发行为。根据"公共选择"理论,地方政府也是"理性经济人",即在既定约束条件下追求利益最大化。如果地方政府对将来拥有完全的可预见性,并且土地市场是竞争性的,那么土地价格等于预期土地租金的现值。

对于地方政府而言,位于区位 z 的某一农业地块在时间 t 的价值实际上就是地方政府进行土地开发所获得的利润:

$$P^a(t,z) = \int_{t^*}^{\infty} R(\tau,z)e^{-r(\tau-t)}d\tau - \int_{t^*}^{\infty} Ae^{-r(\tau-t)}d\tau - Ce^{-r(t^*-t)}$$
$$+ \int_{t^*}^{\infty} S(\rho)e^{-r(\tau-t)}d\tau \qquad t \in [0, t^*] \qquad (8-13)$$

式中，A 表示农业土地租金，C 表示土地开发成本，r 表示折扣率，t^* 表示土地开发时间（农业用地转为城市用地的时间）。与传统的模型相比，式(8-13)右边的第一项和第三项分别代表土地开发后城市土地价值以及土地开发成本，这与传统模型是一致的；第二项代表基于农业土地租金的征地补偿费用，补偿的时间从土地开发的时间算起，并且由传统模型中的收入项变为成本项；第四项为本模型增加的部分，$S(\rho)$ 代表政府从城市土地开发中获得的外部性收益，该收益是土地开发之后的人口/经济活动密度 ρ 的函数，并且有 $\frac{\mathrm{d}s}{\mathrm{d}\rho}>0$，即城市土地开发的外部性收益随着人口/经济活动密度的增大而增加①。从式(8-13)，我们可以看出，对于地方而言，在 t 时期，位于区位 z 的某一农业地块的收益由两部分构成：城市土地租金 $R(t,z)$ 和外部性收益 $S(\rho)$，我们用总收益 M 的概念来表示这两部分收益之和，即：

$$M(t,z,\rho) = R(t,z) + S(\rho) \qquad (8-14)$$

将式(8-14)代入式(8-13)，可以得到：

$$P^a(t,z) = \int_{t^*}^{\infty} M(\tau,z,\rho)\mathrm{e}^{-r(\tau-t)}\mathrm{d}\tau - \int_{t^*}^{\infty} A\mathrm{e}^{-r(\tau-t)}\mathrm{d}\tau - C\mathrm{e}^{-r(t^*-t)} \quad t \in [0,t^*] \qquad (8-15)$$

假设地方政府选择最佳的开发时间 t^* 以最大化土地价值。根据莱布尼茨法则，关于时间 t^*，最大化 $P(t,z)$ 的第一必要条件是：

$$M = R(t^*,z) + S = A + rC \qquad (8-16)$$

式(8-16)说明，当从土地开发中获得的收益（城市土地租金加上外部性收益）等于农业土地租金加上土地开发的资本成本的时候，地方政府将进行农用地转用及其开发。rC 代表银行贷款利息（假设土地拥有者从银行贷款总额为 C，利率等于折扣率）。

3) 城市边缘的土地价值

由于假设只在城市边缘进行土地开发，式(8-16)隐含着城市边缘在时间 t 的土地租金为：

---

① 按照中国现行的法律法规，地方政府出让的是一定年限的城市土地使用权，而非永久性的，并且不同用途的土地出让的土地使用权年限不一样。为了分析的便利，本模型暂不考虑城市土地使用权出让的年限问题。同样，本模型也暂不考虑征地补偿的农业土地租金年限问题。

$$R(t,\bar{z}(t)) = A + rC - S \qquad (8-17)$$

此时,由于家庭消费 $\bar{L}$ 单位土地,土地市场的均衡条件为:

$$\bar{z}(t) = \left[\frac{N(t)\bar{L}}{\phi}\right]^{1/2} \qquad (8-18)$$

结合式(8-10)和式(8-17)可以得到:

$$v(t) = u[(y/\bar{L}) - (A + rC - S) - (T/\bar{L})\bar{z}(t)] \qquad (8-19)$$

式(8-19)中隐含土地租金函数关系为:

$$R(t,z) = A + rC + (T/\bar{L})[\bar{z}(t) - z] - S, \quad z \leqslant \bar{z}(t) \qquad (8-20)$$

将式(8-20)代入式(8-13)可以得到:

$$\begin{aligned}P^a(t,z) &= \int_{t}^{\infty}\{A + rC + (T/\bar{L})[\bar{z}(t) - z] - S\}e^{-r(\tau-t)}d\tau \\ &\quad - \int_{t}^{\infty}Ae^{-r(\tau-t)}d\tau - Ce^{-r(t'-t)} + \int_{t}^{\infty}Se^{-r(\tau-t)}d\tau \\ &= \int_{t}^{\infty}(T/\bar{L})[\bar{z}(t) - z]e^{-r(\tau-t)}d\tau \\ &= -(1/r)(T/\bar{L})z + (T/\bar{L})\int_{t}^{\infty}\bar{z}(t)e^{-r(\tau-t)}d\tau \end{aligned} \qquad (8-21)$$

利用部分积分法,式(8-21)变为:

$$P^a(t,z) = (1/r)(T/\bar{L})[\bar{z}(t) - z] + (1/r)(T/\bar{L})\int_{t}^{\infty}\bar{z}'(t)e^{-r(\tau-t)}d\tau \qquad (8-22)$$

从式(8-20)中可以得到:

$$R_t(t,z) = (T/\bar{L})\bar{z}'(t) \qquad (8-23)$$

考虑到在城市边缘 $\bar{z}(t) = z$,结合式(8-23),于是式(8-22)变为:

$$P^a = (1/r)\int_{t}^{\infty}R_\tau(\tau,z)e^{-r(\tau-t)}d\tau \qquad (8-24)$$

式(8-24)说明,对于地方政府而言,城市边缘农业土地的价值,也就是进行土地开发所获得的利润,为农业土地转变为城市用地后可预见的未来土地租金增值所带来的价值,即 $(1/r)\int_{t}^{\infty}R_\tau(\tau,z)e^{-r(\tau-t)}d\tau$。

4) 与传统模型的区别

在传统城市经济动态模型的基础上,本书基于地方政府"理性经济人"的理念,构建了基于地方政府为主体的城市经济动态模型。与传统模型相比,运用本书构建的模型分析城市土地开发以及空间增长问题,所得的结论有以下几点差异:

第一,最佳开发时机的必要条件由 $R(t^*,z) = A + rC$ 变为 $M = R(t^*,z) + S = A + rC$,也就是说,在传统模型中,当城市土地租金等于农业土地租金加上土地开发的资本成本时,土地拥有者将把农业用地转变为城市用地;在本书构建的模型中,当土地开发中获得的收益(城市土地租金加上外部性收益)等于农业土地租金加上土地开发的资本成本时,地方政府将征收农业用地,并进行相应的土地开发建设。

第二,由于上述的变化,导致土地开发最佳时机下的城市边界发生相应的变化。如图 8-5 所示,按照传统模型,最佳开发时机下的城市边界为由 $R(t^*,z) = A + rC$ 所确定的点 z;而在本模型中,由于土地开发外部性收益的存在,使得均衡的城市土地租金水平下移,从而使城市边界由原来的点 z 外推至点 z^*。

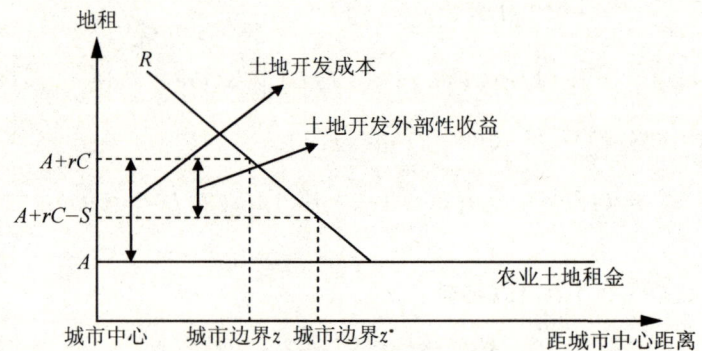

图 8-5 土地开发最佳时机下的城市边界

第三,在传统模型中,城市边缘地区农业土地的价值被分为两个部分:农业土地租金价值与预期将来土地租金增值的价值,即增长溢价,并且二者都归土地拥有者所有;而在本书构建的模型中,城市边缘地区农业土地的价值仅有一个部分,即预期将来土地租金增值的价值,也就是增长溢价。二者的区别并不意味着城市边缘地区农业土地价值本身发生了变化,实际上是由于土地开发权从土地拥有者身上剥离并且转移给地方政府所导致的对城市边缘地区农业土地价值的再分配,也就是地方政府夺走了原本属于土地拥有者的预期将来土地租金增长的价值(图 8-6)。

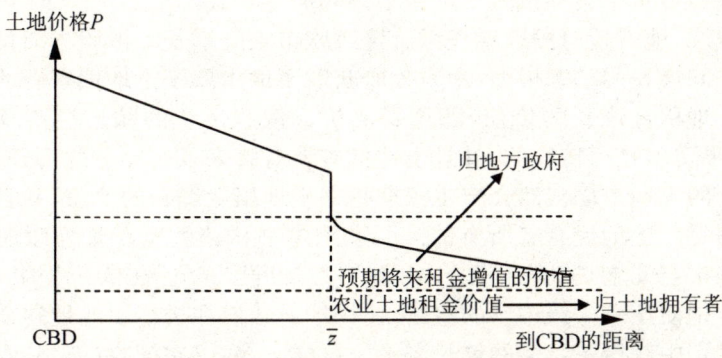

图 8-6　农业土地价值在不同主体间的分配

8.3.3　理论模型对中国城市空间与蔓延的解释

除了经济(收入)增长、人口增长、道路交通条件改善等基本驱动因素驱动下实现的正常的空间增长之外,通过第 8.3.2 节建立的城市经济动态模型,我们认为,由于特殊的制度背景,中国还存在导致异常城市空间增长的额外动力。从式(8-16)可以看出,按照本书构建的城市经济动态模型,除了城市土地租金之外,均衡条件下的城市边界还与农业土地租金、增长溢价以及外部性收益有关,而正是这 3 个因素的存在推动了中国特殊的城市空间增长模式。

第一,相对较低的现实农业土地租金推动城市空间增长。按照中国现行的土地管理制度,在一级土地市场上出让的土地使用权是有年限限制的。其中,住宅用地的最长出让年限是 70 年,工业用地,教育、科技、文化用地的年限是 50 年,商业、旅游、娱乐用地的土地出让年限只有 40 年,综合或其他用地为 50 年。换句话说,政府从土地使用权出让中收取了 40~70 年不等的城市土地地租。相应地,政府应该支付给该土地原来的所有权人相同年限的农业土地地租作为补偿。但是,按照中国有关法律的规定,政府支付给农民及其集体的土地补偿费大致为 10~30 倍的该耕地被征收前 3 年平均产值,也就相当于 10~30 年的农业土地地租。由此可见,地方政府在征收农业用地时,支付给农民及其集体不超过 30 年的农业土地地租,而在出让土地使用权时却获得了超过 40 年的城市土地地租。这样一来,现实农业土地地租就相对降低了。在其他条件不变的情况下,真实农业土地地租水平的下降,导致土地市场空间均衡点下移,从而使城市边界也相应地外移。由此可见,被人为压低的现实农业租金水平会导致城市地域范围的额外增长。

第二,地方政府攫取增长溢价导致城市空间增长。按照本书构建的城市空间增长的动态模型,地方政府获取了原本属于土地拥有者的预期将来土地租金增长的价值,即增长溢价。按照传统的城市经济动态模型,如果资本是可持续的,并且土地拥有者对将来具有完全的可预见性,竞争性的土地市场自然会产生预期将来土地租金增长的价值,并且这部分价值是归土地拥有者所有的。而按照本书构建的基于地方政府为主体的城市空间增长动态模型,由于城乡"二元化"的土地市场结构以及政府对土地使用权一级市场的垄断,使得地方政府在进行农业地转变及其开发过程中获得了巨额的增长溢价。这样一来,国家征收(征用)农村集体土地,特别是农业用地成为一种无风险的、获利颇丰的套利行为。换句话说,在城乡"二元化"的土地市场结构中,以增长溢价形式存在的巨额寻租空间造成了地方政府强烈的扩张城市地域范围的欲望,从而也就造成了中国城市空间增长具有明显的地方政府推动下的"圈地型"增长的特征。由于零星的土地征收和出让行为手续繁琐,收益回收的周期长,因此,地方政府倾向于大规模"圈地"和征地,进而进行大宗土地出让和开发,短期内将增长溢价收归囊中。在这样的背景下,中国城市空间扩展的三"热"现象(开发区"热"、大学城"热"和新区"热")也就应运而生,并且这三种政府,特别是地方政府推动的土地开发行为也成为推动中国空间扩展的主要力量。

第三,外部性收益的存在导致城市的"非理性"增长。在中国的城市土地开发中,特别是相对落后的地区,存在一个较为奇怪的现象,那就是地方政府往往倾向于以低于市场价格乃至"零地价"的方式出让土地。这似乎与地方政府"理性经济人"的假设相悖,然深究却发现其实不然,这恰好是地方政府"理性"的表现,其中的奥秘就是城市土地开发的外部性收益的存在。地方政府作为城市土地开发的主体,除了能获取土地出让收益之外,还能从该地块获得 GDP 增长及其带来的税收收入等外部性收益。从图 8-6 可以看出,外部性收益的存在使得均衡的城市土地租金水平由 $R(t,\bar{z}(t)) = A + rC$ 下移至 $R(t,\bar{z}(t)) = A + rC + S$,相应地,城市边界也由原来的 z 外推至 z^*。如果我们把由 $R(t,\bar{z}(t)) = A + rC$ 决定的资本化租金理解为市场价的话,那么在 $[z, z^*]$ 范围之内,以不低于 $R(t,\bar{z}(t)) = A + rC + S$ 的资本化租金的土地价格出让土地使用权,对于地方政府而言,同样是不会亏本的。如果城市空间扩展的外部性收益足够大——例如将土地使用权出让给某一企业,而该企业能够带动一大批上下游企业的发展,进而会给地方政府带来可观的 GDP 增长和财政收入,并使得该收益等于乃至超过了土地开发成本和现实农业土地地租的总和,那么地方政府以"零地价"出让该土地使用权,非但不亏本,甚至还能获得收益。由此可见,外部性收益的存在会推动城市空间的"非理性"增长。

9 中国城市增长管理的实践及其改进方向

中国的城市增长管理起步较晚,发展脉络也很模糊。目前中国并没有形成系统的城市增长管理的政策工具体系,只有一些零散的政策手段来对抗日益严峻的城市蔓延的形势。由此看来,中国城市增长管理仍然任重道远。

9.1 中国城市增长管理实践的演进

总体而言,我们可以把中国城市增长管理的演进过程分为两个的阶段(刘冬华,2007):建国初期的全面计划经济时期;改革开放以来的市场经济转型时期。

9.1.1 计划经济时期的城市增长管理

建国初始,中国政府面临的紧迫任务是在一穷二白的国民经济基础上尽快实现国家的工业化,为此,国家采取了计划性手段,统一集中使用各种有限的资源,并选择了重工业优先发展的赶超战略。在这一阶段,地方政府在城市增长管理上的话语权较弱,完全按照上级规划及管理部门要求行事,而开发商、居民和农民则处于实质性缺位的状态,公众意志及利益得不到重视。城市增长管理的最主要特征是国家控制城市增长,中央政府成为城市增长管理的单一主体,城市增长规划的着力点和考虑权重主要是城市的建设工程因素,城乡之间的二元边界清晰(图9-1);而城市空间结构、土地使用效益等问题被忽略,导致了用地结构中工业用地比重大,土地利用效益低,集聚经济受限等问题突出,城市的综合发展受到制约。

9.1.2 转型期的城市增长管理

1978年以来的改革开放以中央政府权力下放、财政制度改革以及

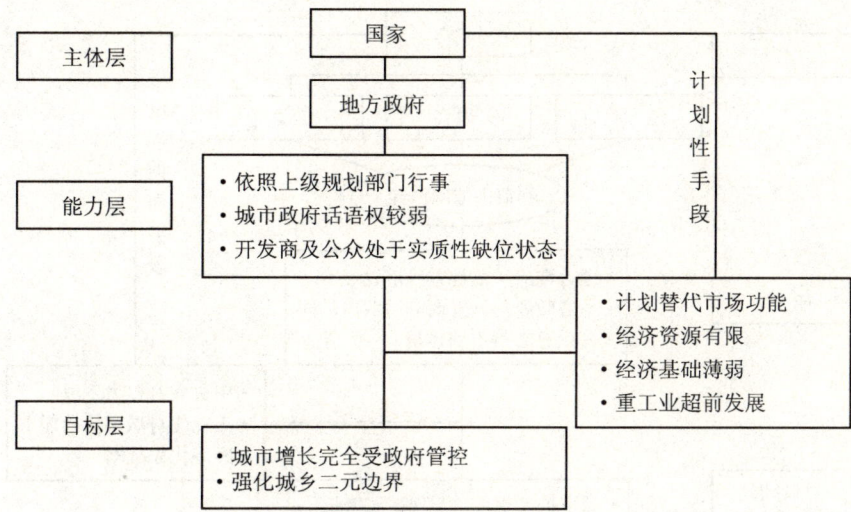

图 9-1　改革开放前中国城市增长管理的内在逻辑

经济特区试点运行等重大举措为先导。为了促进全国经济发展的活力，充分调动地方政府发展经济的积极性，中央政府确立了以经济为中心的发展战略，通过分税制改革、审批权力下放等方式，来推动地方经济发展。在城市增长管理方面，则采取鼓励性的调控手段，尤其在20世纪90年代以后，政府主导的城市化运动开始加速发展，以弥补改革初期工业化水平大力提升而城市化却相对滞后的现状。在管理主体上，国家逐步放松了对城市增长的直接约束，主要通过出台各项政策和法规来规制和约束城市的增长方向。地方政府对城市增长的决策权力变大，对土地收益的控制加强，对城市空间扩张的需求加大，逐步演变为城市增长管理的主体。而计划经济时期所出现的企业方和社会方等主体缺失的现象不再存在，开发商在市场化逐步深入的条件下，充分利用转型期制度间隙，通过诸如寻租等灵活的手段在城市发展中实现自身利益。相比而言，城市居民和城市拓展所涉及的郊区农民的意志虽有所反映，但仍旧微弱。在推动城市增长方面，开发商与地方政府的利益取向变得趋同，这扩大了城市规模，满足了快速经济增长的需要，但同时导致了当前城市增长中的外延式扩张的问题(图9-2)。

9.1.3　新时期城市增长管理面临的挑战与调整方向

虽然恰当合理的城市增长管理政策可以有效地遏制城市的快速蔓

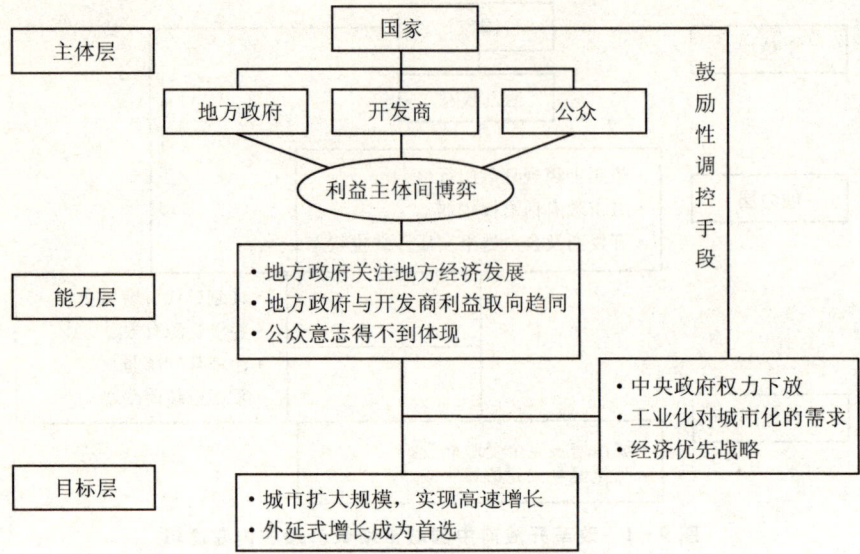

图 9-2 转型期中国城市增长管理的内在逻辑

延,但是,不同的国家和地区面临的形势不同,所要达到的目标也有所差别:美国城市增长管理的主要目的是为了控制城市空间的无序蔓延,引导城市合理发展,保持地方及区域平衡,通过总量控制、许可准入及阶段性增长管治等策略来完成。而日本城市增长管理的主要目标则是为了解决城市功能一级化集中而造成的交通、服务及设施过度负载等问题,以实现城市的均衡发展,主要通过制定控制各项指标总量的收容界限、功能分散以及限制办公设施集中等策略来调节和达成(张忠国,2006)。

对于中国而言,城市增长管理所面临的主要挑战是如何在快速城市化和土地资源的双重约束条件下,解决城市的无序增长和蔓延问题。改革开放以来,虽然中国的经济发展取得举世瞩目的成绩,但是,由于片面追求经济产出,导致近年来城市增长中所面临的突出问题和危机也与日俱增。例如城市增长中政府、企业、社会等利益相关者之间的协调互动问题,经济增长导致的城市空间无序扩张问题,历史景观和传统文化在城市更新中的衰微问题,城市增长所导致的城中村和郊区农民身份转换及社会心理适应问题,规划对城市增长的指导失灵问题等等。在以上的诸多问题中,城市资源的破坏性利用问题,尤其是城市土地资源的低效蔓延式使用是城市增长管理领域面临的最大危机(刘冬华,2007)。

此外,当前中国各级政府,特别是中央政府和地方政府在城市增长管理问题的价值取向上差异较大,这也是将来中国城市增长管理面临的重要挑战(表9-1)。中央政府为了实现整体经济的协调和持续发展而采取偏紧的城市增长管理政策,但是,地方政府官员出于发展地方经济、迅速扩大城市规模的政绩冲动,而对中央政府偏紧的城市增长管理政策不切实履行,从而导致中央政府的一些政策执行阻力过大,实现程度也大打折扣。

表9-1 中央和地方政府在城市增长管理上的价值取向

主体	占地规模	区位要求	城市模式	功能分区
中央政府	减少城市建设用地,强化对城市空间增长的控制	尽可能少占用耕地	强调内涵式集约利用土地	鼓励混合开发
地方政府	希望短期内迅速扩大城市地域范围	开发区、大学城等飞地式增长	外延式增长为主	逐步导入纯化的分区思想

9.2 中国城市增长管理的主要政策工具及其存在的问题

9.2.1 城市增长边界

如前所述,城市增长边界是西方国家特别是美国常用的城市增长管理的政策工具,虽然中国一直以来也有类似的概念和做法,如规划区范围、控制建设用地总量等,但是直到《城乡规划编制办法》中明确提出研究划定城市增长边界的要求之后,这一概念和工具才在国内理论和实践中得到广泛关注。

从理论研究上看,早在20世纪90年代初,中国就有学者提出过"城市增长边缘"这一类似于城市增长边界的概念(张明,1991)。城市增长边缘也就是城乡交界地带,是城市增长时期特别活跃的地区,通常具有过渡性、动态性和特殊性的特点。基于城市增长边缘的概念,张明提出将城市地域结构划分为三个部分:中心集聚区,指集中连片的核心建成区;增长边缘区,指集中连片的建成区以外,城市规划市区以内的范围;郊区农村,指城市规划市区以外,行政市区以内的范围。基于这一划分,张明进一步提出按照城市总体规划确定的城市发展方向,在城市增长边缘建立以基础管网、道路系统、开敞空间为骨架的发展框架,引导建成区或发展条件优越的地区更快发展,从而改变边缘扩展四处蔓延的局面。从中不难看出,城市增长边缘的概念和政策已经涉及控制城市边缘地区无序增长乃至城市蔓延的问题,不过,从理念和政策措施来看,城市增长边缘的主要目的是引导城市边缘的合理发展,在本质上更类似于西方的城市服务边界。

在《城乡规划编制办法》明确提出划定城市增长边界(UGB)的要求之后,国内学术界对UGB的研究逐渐升温,不过目前尚处于起步阶段,基本上停留在对西方特别是美国UGB的经验介绍上。刘海龙(2005)对美国UGB的概念与相关内容进行了介绍与评述,并对我国规划内容、方法与管理的相关问题进行了分析。段德罡等(2009)对UGB的概念内涵进行了系统梳理,并对国内如何构建UGB编制—管理体系提出相关建议。冯科等(2008)在介绍美国等西方国家的UGB管理模式的基础上,对中国设定UGB的必要性进行了探讨。李景刚等(2005)则研究了规划在借鉴环境评价、基础设施引导、公交优先、公众参与等增长管理理念的基础上,如何应用城市UGB的问题。俞孔坚等(2005)以"反规划(Anti-Planning)"理念提出城市生态基础设施(EI)建设景观安全格局的方法,通过EI的构建来制定UGB。关涛等(2005)认为"UGB"理念对于规范中国城市的理性发展具有重要意义。首先,它不与土地权属性质挂钩,致使土地的所有者或者使用者在买卖土地的时候更加慎重;其次,有利于提高"城市增长边界"内的土地使用密度,最有效地利用现有城区以内和边缘地区的土地,提高土地利用效率,集约利用土地;最后,有利于保护农地。而美国林肯土地政策研究院院长布朗(Brown)教授指出,设置城市发展边界是实现城市理性发展的重要内容,而引入理性发展理念,有助于在目前中国处于加速工业化和城市化时期的背景下解决城市无序扩张、优质农田严重流失等一系列资源和环境问题[1]。苏建忠等(2005)针对广州市的蔓延现状提出了要划定明确的城市增长边界,并以法律的形式加以确认,而且还需将增长边界与原已设立的生态廊道有机结合起来,严防农业用地被隐蔽转为建设用地。

欧洲国家主要侧重于从单纯的绿色空间方面划定限建区;而美国关于限建区的研究比较深入,UGB已经作为非常流行的工具应用到多个

---

[1] 转引自王伟民.设定城市发展边界,实现理性实际的发展[N].中国房地产报,2003.

州及各个层面的城市规划中。国内各城市关于限建区的研究和应用,目前一般仍停留在蓝线、绿线的划定和非建设用地的概念性规划层面,对自然灾难防治还有失考虑。

  从实践来看,目前在国内各大城市的规划中,实际上没有完全引入UGB的概念,有的只是限建区方面的研究(冯科,2008)。如香港在《香港2030年规划远景与策略》中提出"我们会划出一些发展'禁区',从而保护一些拥有珍贵天然财产和甚具景观价值的地区";重庆从1998年至今划定两批主城内绿地保护区,分为绝对禁建区和控建区,以控制建设项目,保护园林绿地;无锡市、成都市、厦门市、杭州市以及深圳市近年来开展了非建设用地的相关规划研究工作,对城市建设用地的限制性因素进行了部分考虑;北京也有相关的实践,如2003年《第二道绿化隔离地区规划》划定了绿色限建区,以保证绿化面积,控制该区域内建设用地规模,北京中心城绿线、蓝线和紫线也都是限建区规划的一些初步尝试(图9-3)。不过,值得关注的是,《北京城市总体规划(2004—2020年)》在

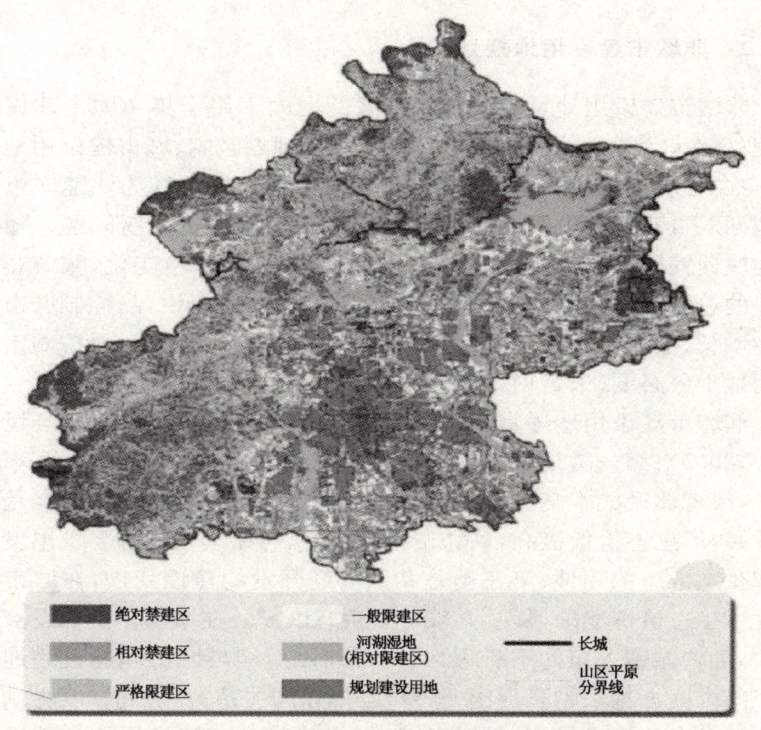

图9-3　北京市市域建设限制性分区图

充分借鉴国外关于 UGB 的思想之外,还在限建区规划方面取得较大突破。在初步划定了北京城市建设限制性分区的基础上,综合考虑了影响城市建设的 20 多项相关限制要素,制定了一套相对完整的建设限制性分区导则,对不同限制要素确定了相应的建设限制要求,最终给出了建设限制性分区方案,整体上指导了总体规划阶段的城镇空间布局规划(龙瀛,2006)。

但也有学者认为,不能简单地将"UGB"管理模式"复制"到中国(冯科,2008)。首先,中西方城市在城市化阶段、城市化发展速度、土地所有制基础、城市行政基础及市场化程度等方面存在着一定的差异,这些差异必将对"UGB"管理模式的"中国化"产生影响。其次,美国城市无序蔓延的动力与我国城市空间扩展的动力存有差异。美国城市蔓延的主要驱动力来自州际高速公路和新的供水及排水系统的发展、联邦对开发者的贷款担保和对买房者的廉价抵押限制、种族主义和种族压力、全球经济变化以及传统分区法的约束等;而我国城市空间扩展的动力主要源于道路扩张、"GDP 崇拜"等。

9.2.2 非城市建设用地规划

非城市建设用地是指城市规划区范围内不用于集中城市建设的用地(罗震东,2007),其在空间上表现为城市规划区内、城市建设用地之外的"空白"或者"绿色"区域。城市非建设用地保护可视为快速城市化和转型期双重背景下中国城市快速发展迫切需要解决的新问题。随着城市的快速发展,城市土地利用结构与约束发生根本性变化,城市非建设用地的总量、性质与功能也随之发生巨大变化,可以说,从控制城市空间无序增长、推进土地高效利用、维护城市生态安全的角度,保护城市非建设用地十分必要(朱查松,2008)。

非城市建设用地通常由三大部分构成(重庆大学城市规划与设计研究院,2005):第一类是城市发展区域具有特殊自然地理性质的,不适合建设,或者建设成本高昂,或者容易引发各类灾害的用地;第二类是建设条件好,但生态价值极高,从城市生态维护、可持续发展的要求出发必须发挥生态效应的用地;第三类是某些已经开发的建设用地,在城市发展过程中生态价值逐渐显现,必须予以生态恢复。在城镇化快速发展的过程中,随着城镇人口的不断积聚,城市建设用地与城市非建设用地之间在空间维度上越来越表现出一种相互依赖的关系;在时间维度上则表现出一种动态的演进过程。城市的扩展必然带来非建设用地与建设用地的转化以及城市形态的更替:一方面是城市建设用地的不断向外围推移;另一方面是非建设用地的减少与向城市中的相对渗透(刘敏,2005)。

一直以来,在中国城市规划法律法规体系中,对城市建设用地之外的区域是否可以用于城市建设,并没有相对清楚的表述,提出明确的控制要求。随着社会经济与城市空间的快速扩张,该区域经常处于发展失控和管理被动的局面。城市规划对于非城市建设用地的规划和控制也存在着诸多的问题,对于非城市建设用地的控制作用十分有限(谢英挺,2005)。在规划调整过程中,非城市建设用地要么被严格控制,一律不予批准;要么随意调整,批准在不该用于城市建设的土地上布局建设项目(冯雨峰,2003)。

当前中国非城市建设用地面临着三个困境:一是数量不断减少,不断受到外部或内部建设用地的侵蚀;二是功能异化,传统的农业种养功能和林业等生产性功能相对减弱,而生态效用和旅游休闲功能日益凸显与强化;三是管理失控,部门管理权属不清和多头管理导致管理混乱(朱查松,2008)。

为了扭转非城市建设用地不断遭到侵蚀的现状,无锡、成都、深圳、杭州、厦门等城市出台了相关的法规和规划,规范非城市建设用地的保护工作。从表9-2中不难看出,目前国内各城市对于非建设用地的理解和控制内容上不完全一致,特别是对于历史文化保护区及其相关单位是否列入其中还存在不同的理解。

表9-2 部分城市的非建设用地规划的内容

城市	控制范围	非建设用地构成	控制内容
无锡	城市总体规划范围	红、绿、蓝、紫、黑五线范围内的用地	主要控制道路坐标、宽度、绿色开敞空间、公共绿地、建筑距离河流安全的控制距离;文物保护单位和周边控制地区的保护范围、建筑高度、基础设施、高压线、微波通道等
成都	中心城区范围	绝对控制区、重点控制区、一般控制区	密林地、过境公路两侧用地、河流两侧绿带、全部水域、沼泽地、生态敏感区等
深圳	城市规划区	重点是生态敏感区	主要控制土地用途、土地开发强度和相应指标,包括水域、耕地、园地、林地、牧草地、其他农用地、未利用地、露天采矿用地、发展备用地等

续表 9-2

城市	控制范围	非建设用地构成	控制内容
杭州	城市规划区	景观生态区、历史文化保护类、工程技术类、农田保护类、战略控制类	控制城市水源地、森林绿地、生态廊道、湿地、城市历史街区与历史地段、历史文化保护区、文物保护单位、历史遗址保护区、地下文物保护区、地质灾害地带、农田及发展备用地
厦门	城市规划区	生态资源保护用地、城市外围景观生态旅游用地、农田保护用地、其他用地	主要控制与生态、旅游、生产、社会相关的内容，具体要求包括水源保护区、水域湿地（河流、水库、海域、海岛、红树林湿地）；山体、森林公园林地、生态防护林带、风景旅游区；永久农田保护区和远期农田保护区；集镇和村庄、市政设施用地等

在这些城市中，最早完整提出和进行规划研究的是成都市，其编制的《成都市非建设用地规划》对成都市市域范围内的非建设用地进行了统一规划和保护。该规划以成都市生态安全为前提，站在促进成都平原经济圈、城市群良性持续发展的高度，结合成都市发展的实际情况，制定出基于城市生态安全的城市总体空间发展格局与城市非建设用地控制，确定非城市建设用地规划控制范围、控制模式以及不同地带的控制强度等，从而规避城市的盲目无序扩张，避免城市的连片、"摊大饼"式圈层发展，优化非建设用地空间构架及生态服务功能，以助于成都市的生态城市架构与城乡总体生态安全格局的形成，为城市发展提供依据（董戈娅，2007）（图 9-4）。

《成都非建设用地规划》主要基于以下 4 点考虑对成都的非建设用地进行规划：① 针对成都城市建设用地无序连片扩展的状况、资源基础与生态安全，建立非城市建设用地构架；② 明确非城市建设用地功能，对其进行生态功能区划，根据各自的自然特征和功能特性，选择生态建设和生态利用的思路与方法；③ 明确不同类型非建设用地控制的范围、控制的模式和控制的方法，在保护的基础上，使城市和自然共生共荣；④ 优化城市发展格局，促进城市用地的有效利用，整合城市建设用地与非建设用地，使城市在获得充分发展的同时，保持良好的城市生态环境。该规划首先从城市所处区域的生态基底性质与规律分析出发，通过建立非城市建设用地构架，反控城市建设用地扩展，为实现城市空间有序拓展、城乡有机融合，在规划理念与实践上进行了有益的探索与创新（重庆

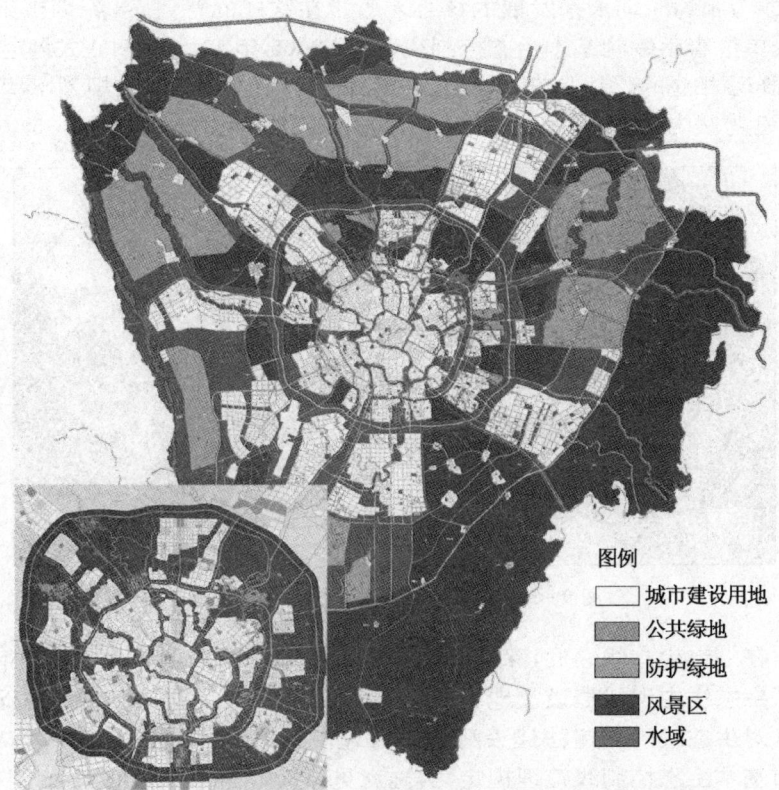

图9-4　成都市区与中心城区非建设用地布局与功能组织

大学城市规划与设计研究院，2005），因而也成为之后诸多城市非建设用地规划编制工作参考的重要范本。

除了非城市建设用地规划之外，深圳、东莞、长沙等城市还出台了"基本生态控制线"，成为缓解城市发展矛盾，防止城市无序蔓延的又一重要手段。其中，深圳是在全国最早划定基本生态控制线的城市，其运行也相对较为规范，在实践中取得了较为明显的效果。从规划技术和理论层面来看，深圳的基本生态控制线改变了传统的规划思路，实现了从"发展建设规划"到"禁止建设规划"的转变，一度被规划界认为是国内生态规划及城市增长边界管理领域的创举（盛鸣，2010）。

改革开放以来，伴随着深圳经济和城市建设的飞速发展，城市土地资源过快消耗，自然生态空间总量快速减少，资源环境面临巨大压力，土地和空间、能源和水资源、城市人口、城市环境容量4个方面的"难以为继"成为制约深圳未来发展的核心矛盾。在这样的背景下,深圳市组织有关单位着手编制基本生态控制线,并于 2005 年 11 月 1 日正式划定,随后颁布了相应的《深圳市基本生态控制线管理规定》。按照该规划,深圳市位于生态线内的土地面积为 974 km²,约占全市总面积的一半(图 9-5)。

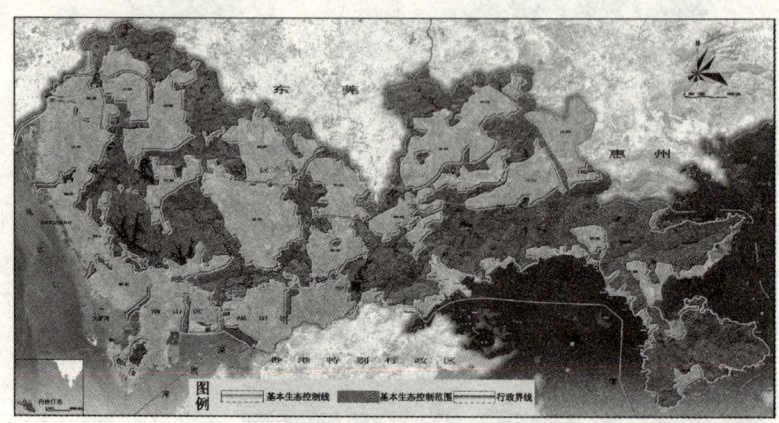

图 9-5 深圳市基本生态控制线范围图

在划定生态线之后,深圳市又开展了一系列的后续工作:2006 年组织了生态线内现状建设及地貌状况的全面普查,之后每年利用卫星遥感技术对生态线内的违法建设行为进行监测;2007 年制定并出台了《〈深圳市基本生态控制线管理规定〉实施意见》;2007 年底开始着手编制《深圳市基本生态控制线优化方案》等等。基本生态控制线划定之后,对于地方政府而言,如同是套上了一个"紧箍咒",使得原本可用于开发建设的土地资源就已捉襟见肘的部分地区的发展空间进一步受到压缩。例如宝安区纳入基本生态控制线范围内的生态用地约为 323 km²,占该区全部用地面积的 42%,全区 10 个街道被列入生态线范围的建筑物数量超过 10 万栋[1]。因生态线限制导致投资环境竞争力削弱,发展后劲严重不足等问题在宝安区以及基层社区日益凸显。

在基层社区多年不断要求调整生态线的压力下,2011 年深圳市出台了《深圳市基本生态控制线局部优化调整草案》。该次优化调整方案在保证全市基本生态控制线范围总量不减的前提下,调入基本生态控制线范围约 14 km²,以山体林地和公园绿地为主,约占基本生态控制线总

---

[1] 黄伟. 生态控制线调整博弈[N]. 南方日报,2011-06-14.

范围的 1.4%；调出基本生态控制线范围约 14 km²，主要为基本生态控制线划定前已建成的工业区、公益性及市重大项目建设用地，亦约占基本生态控制线总范围的 1.4%（图 9-6）。

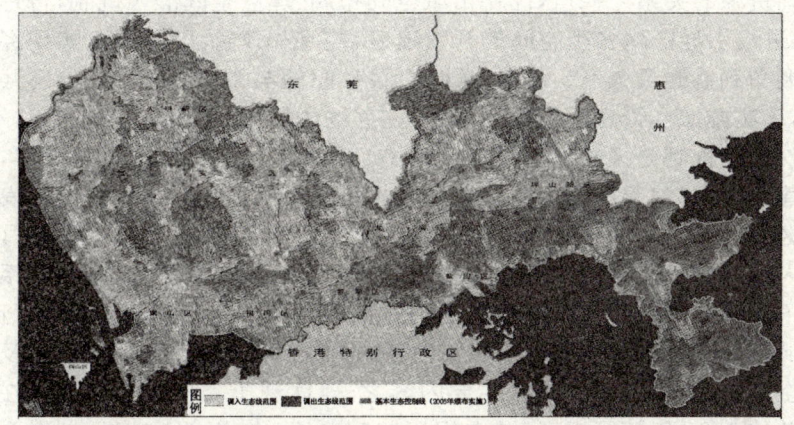

图 9-6　深圳市基本生态控制线局部优化调整草案

在这次调整中，之前调整需求强烈的宝安区获益较大，在保证全区基本生态控制线范围总量不减的前提下，调入基本生态控制线范围约 5 km²，以山体林地和公园绿地为主；调出基本生态控制线范围约 5 km²，主要为基本生态控制线划定前已建成的工业区用地。这次基本生态控制线的调整在一定程度上缓和了部分地区经济发展与生态保护的矛盾，同时，在坚持生态控制线总量不变的前提下，有多少土地调整出来，就有多少土地调整进入。对于用地划入基本生态控制线的地区而言，为了支持深圳乃至更大区域的整体利益，一定意义上说，牺牲了本地区经济发展的机会。虽然说深圳的基本生态控制线的划定是出于深圳市整体和长远发展的考虑，对于保护稀缺的土地资源，抑制城市无序蔓延发挥了积极的作用，但是那些用地划入生态线范围内的地区毕竟还是因此丧失了发展机会和发展空间，应该通过建立"生态补偿机制"来平衡个体与公共利益的冲突，对用地划入基本生态控制线和主动清退控制线内与生态保护相抵触的工业项目的社区给予必要的补助，这样才能实现基本生态控制线得到持久和贯彻和支持。

9.2.3　空间管制分区

空间管制分区是城市规划领域近年来受到较多关注和重视的概念，

其以空间资源评价为基础,从生态学、环境学、地质学、区域规划等学科进行研究。以生态的承载力为出发点,以空间资源分配为核心,以经济、社会、生态的和谐发展为目标,从整体利益、长远利益出发,以协调各类空间资源的关系为基点,优化市域空间布局,建立空间准入机制,合理规划,进而引导区域各类空间的开发建设,控制和改善区域环境,实现经济发展净利益的最大化。强化规划的服务职能与引导作用,制定公共政策,为实施城乡管理提供更为准确、完善的依据(汪劲柏,2008)。

空间管制分区的理念最早出现在区域规划之中。早在1998年,国家建设部在《关于加强省域城镇体系规划工作的通知》中将"区域开发管制区划"列为省域城镇体系规划"需要补充和加强的规划内容"之一(中华人民共和国住宅与城乡建设部,1998)。基于这样的规定,城镇体系规划不能局限于传统的城镇点的结构体系,而是要将视野扩展至全部行政区域。2000年发布的《县域城镇体系规划编制要点》将"协调用地及其他空间资源的利用"作为其主要内容之一,体现了类似的思想。而在这之前的1991年部颁规章《城市规划编制办法》中,并没有将区划作为县域城镇体系规划的基本内容之一,而是突出了城镇点的结构体系,同时针对城市建设用地进行空间布局和功能分区的安排。1995年编制的《珠江三角洲城市群发展规划——协调与可持续发展》虽然对土地实施分区开发策略,确立了4种用地模式:都会区、市镇密集区、开敞区、生态敏感区,然而主要停留在概念阶段,没有具体落实到空间,也没有切实的保障措施,难以对非城市建设用地进行有效的保护。《珠江三角洲城镇群空间协调发展规划(2004—2020)》在原有规划的基础上,建立了9类政策分区以及相应的4级空间管制体系(表9-3、表9-4)(广东省人民政府,2005)。

表9-3 珠三角的9类政策分区

类型	范围	战略性政策
区域绿地	"一环一带三核网状廊道"、法定规划划定的其他区域绿地	加快立法,通过专项规划优先划定和严格的"绿线"管制,指导各地方政府推进区域绿地的建设、维护和日常管理
经济振兴扶持地区	广州从化、增城,佛山三水、高明—西樵、合水—更楼,江门台山、恩平,惠州惠东、博罗、龙溪、稔山,肇庆四会—大旺	通过政策倾斜、财政转移支付、优先安排重点项目和基础设施等手段,重点扶持该类地区社会经济的发展和振兴

续表 9-3

类型	范围	战略性政策
城镇发展提升地区	广州东部地区、南沙，深圳前海—宝安、沙井—松岗、龙华—观澜，珠海珠港新城，佛山顺德、南海高新区、九江—龙江，江门司前，东莞虎门—长安、常平，中山火炬开发区、小榄—古镇，惠州惠阳—大亚湾	通过合理下放管理权限和适时调整行政区划等手段，提升该类地区的发展定位和综合服务功能，培育成区域新的经济增长点和发展极核
区域基础产业与重型装备制造业聚集地区	广州花都—白云、南沙万顷沙、龙穴岛，珠海珠港新城—江门银洲湖，惠州惠阳—大亚湾及深圳东北部部分地区	在统筹规划的前提下，优先安排和积极引导相关产业向该类地区集聚，并严格执行建设项目环境评估和生态环境监控制度
区域性交通通道	文本第六十条所列各主要交通通道	以空间规划为核心，协调各专项规划和地方规划，合理预留交通通道用地，并加以严格控制
区域性重大交通枢纽地区	广州南沙、深圳盐田、珠海高栏、惠州大亚湾港区及周边用地，广州、深圳、珠海机场及周边用地，广州、深圳铁路客货枢纽地区	处理好核心交通功能、辅助交通运输与物流功能和其他发展的矛盾，合理利用土地资源
城际规划建设协调地区	广州芳村、花都西部—佛山南海东部，广州番禺、南沙西南部—佛山顺德东部—中山东北部，广州黄埔、增城东南部—东莞北部—惠州博罗西部，深圳沙井—东莞长安，深圳龙岗北部与东莞东南部，深圳大工业区与惠州惠阳—大亚湾地区，珠海北部—中山南部，珠海珠港新城—江门银洲湖，佛山顺德、南海西南部—江门江海、鹤山东部—中山西北部，佛山三水、高明西部—肇庆四会、高要东部	通过制定协调规划和建立协商制度，由相邻城市对该类地区的开发建设进行磋商、协调，在达成一致的前提下自主发展

续表 9-3

类型	范围	战略性政策
粤港澳跨界合作发展地区	深圳沙头角—大鹏湾地区、深圳河两岸、深圳湾地区与香港交界地区；珠海拱北、湾仔、横琴地区和珠江口诸岛与澳门、香港交界地区	与港澳衔接，共同制定该类地区的协调规划，并积极探索粤港澳合作开发该类地区的相关政策和办法
一般性政策地区	"内圈层"的广州、深圳、珠海、佛山、东莞、中山及其他一般性城镇和产业地区，"外圈层"的江门、惠州、肇庆及江门开平、惠州惠阳及其他一般性城镇和产业地区	在国家和省的有关政策、法规指导下，按照城市型地区的规划建设要求，各城市积极采取各种有效措施，大力推动地方发展建设

表 9-4 珠三角分级空间管治指引

级别	范围	空间管治措施
一级管治（监管型管治）	区域绿地	省、市各级政府共同划定区域绿地"绿线"和区域性交通通道"红线"，各层次、各专项规划不得擅自更改。遵照"绿线"、"红线"管制要求，由省人民政府通过立法和行政手段进行强制性监督控制，市政府实施日常管理和建设
一级管治（监管型管治）	区域性交通通道	
二级管治（调控型管治）	区域基础产业与重型装备制造业聚集地区	由省人民政府对该类地区的发展类型、建设规模、环境要求和建设标准提出有较强针对性的调控要求，城市人民政府负责具体的开发建设。严格限制与区域发展总体目标不一致、与本规划确定的主要发展职能相矛盾的粗放式开发建设行为
二级管治（调控型管治）	区域性重大交通枢纽地区	
三级管治（协调型管治）	城际规划建设协调地区	相关城市共同参与制定该类地区的发展规划，确保功能布局、交通设施、市政公用设施、公共绿地等方面的协调，并在充分协商、合作的前提下，自主开展日常建设管理。城际规划建设协调地区中违反规划、损害相邻城市利益的行为，由省人民政府责令改正；粤港澳跨界合作发展地区，通过粤港澳"联席会议"机制协调
三级管治（协调型管治）	粤港澳跨界合作发展地区	

续表 9-4

级别	范围	空间管治措施
四级管治 （指引型管治）	经济振兴扶持地区 城镇发展提升地区 一般性政策地区	省人民政府根据《城镇群协调发展规划》的有关要求，指导各城市编制下层次规划。各地方政府要严格执行现行各项城市规划、建设和管理标准，全面提升该类地区的社会经济发展水平和人居环境建设质量

为了控制日益严重的城市无序扩张和城市蔓延问题，建设部在 2006 年 4 月 1 号颁布施行了《城市规划编制办法》，其中的第 31 条提出：在中心区规划中"划定禁建区、限建区、适建区和已建区，并制定空间管制措施。"在实践中，空间管制分区通常分为市域和中心城区两个层次，其中市域的空间管制分区重点在于空间管制的总体原则和目标，中心城区的"四区"管制属于强制性的内容，这也是比原先的《城市规划编制办法》所增加的内容，其核心是建立空间准入机制，对区域内各类空间资源的开发建设实施控制引导，以促进区域紧凑高效的增长，充分体现城乡规划的公共利益。空间管制区规划的理念作为城乡规划思想的新尝试，直接挑战了传统规划的条块管理模式。其基本思想是从统筹协调城乡发展，实现空间资源的有效分配的角度，为城市可持续发展留有足够空间，不失为一种有效的增长管理形式（宋志英，2008）。

空间管制分区作为有效的管理工具和非城市建设用地保护工具，在城市规划特别是总体规划领域得到广泛的借鉴和应用。在当前新一轮城市总体规划修编中，不少城市都划分了市域和中心城区的空间管制分区。如《合肥市城市总体规划（2006—2020 年）》将中心区分为建成区、适宜建设区、限制建设区、禁止建设区 4 种用地类型：建成区主要指现状的城市建设用地；适宜建设区指综合条件下适宜城市发展建设的用地，新增城市建设用地主要安排在适宜建设区；限制建设区主要是指生态敏感区和城市绿楔，生态敏感区主要包括水域生态敏感区和山地、丘陵生态敏感区等；禁止建设区规划将饮用水源一级保护区、基本农田、风景名胜区的核心区、地质灾害区、城市生态廊道以及城市滞洪区等作为控制范围（图 9-7）。

土地分区规划的提出具有重要意义：一方面，对土地开发实施了管制，控制了土地开发，防止城市非建设用地被侵占；另一方面，将对城市非建设用地的保护落实到空间，对城市非建设用地实施更有效的管理。不过，通过空间管制分区来合理规划城市非建设用地，抑制城市蔓延的效果还需要实践检验(朱查松,2008)。

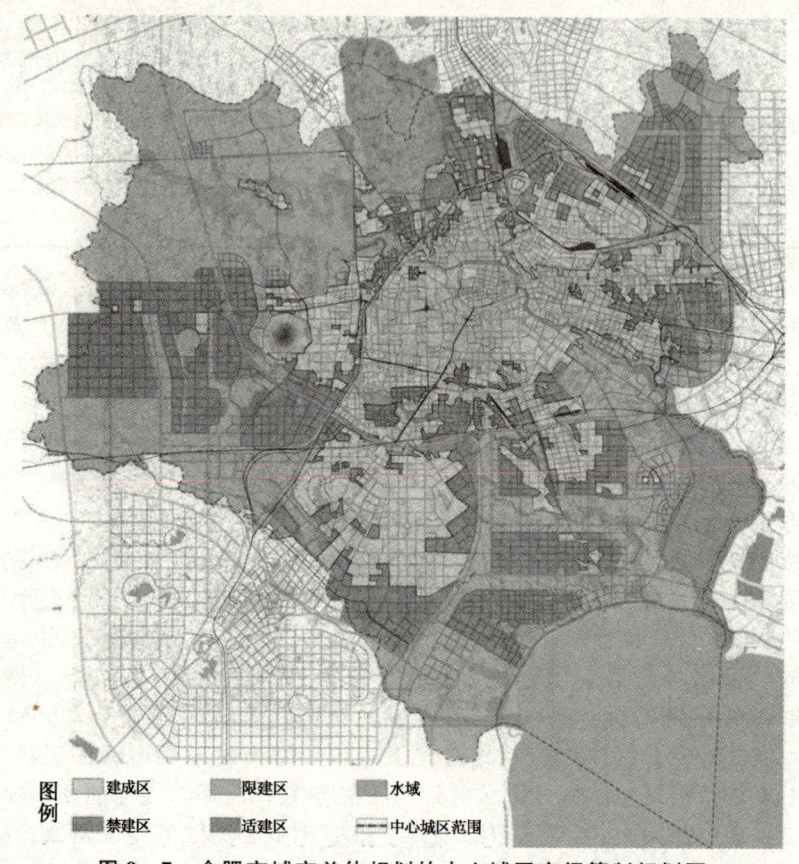

图例 ■建成区 ■限建区 ■水域
     ■禁建区 ■适建区 ---中心城区范围

图 9-7 合肥市城市总体规划的中心城区空间管制规划图

9.2.4 环城绿带

环城绿带是抑制城市蔓延扩展的重要手段:环城绿带将为城市规定空间扩展的界线,避免城镇无止境的扩张和相邻城镇的连片发展,有利于改善城乡环境质量;环城绿带的建设有利于保护大都市边缘稀缺的农田、果园、林地等绿色资源、绿色空间,使其成为城市的一个生态屏障;环城绿带的建设有利于引导城市从外延式扩张向内涵式增长转变,鼓励城市充分利用内部闲置土地及其他土地,提高土地利用效率,克服乱占、滥用和浪费土地的现象,引导城镇集约发展,保持中心城区的繁荣;环城绿带的建设将为城镇提供更多亲近自然的、低成本的、可达性较强的休闲游憩场所,满足市民不断增长的休闲游憩生活的需要;环城绿带的建设将对传承自然和历史文化,保护郊野和乡村特色,丰富城市功能,塑造优美的城乡景观形象起到良好的作用(谢涤湘,2004)。

在理论研究方面,国内对环城绿化控制带的专门研究还不多,主要是一些经验的总结。广东省在2003年制定并颁布了环城绿带和区域绿地指引,开了国内的先河。但国内学术界进行了不少与环城绿带相关的研究,比如关于城市森林、城市绿心、城市生态廊道、环城旅游带的研究等。这些研究虽然不能代替对环城绿带的研究,但为之提供了有益的借鉴和启示。在实践应用方面,随着城市化的迅速发展,中国的一些大城市和城镇密集地区逐渐关注环城绿带对于抑制与规范城市空间增长的作用。目前已经实施了绿带政策的城市包括北京、上海、广州、重庆和沈阳等,其中以北京的绿带建立最早、实施时间最久。

1958年,北京提出在市中心地区与边缘集团之间以及各边缘集团之间设置绿化隔离带,以形成"分散集团式"的布局,并为此进行了不懈的努力。近年来,北京城市建设重点逐渐由城区转向郊区,用以划分市中心和边远集团区域关系的第一道绿化隔离带规划地区和十大边缘集团成了城市建设的重点,城市基础设施在这些区域迅速建成,高速路、轨道交通、环路等迅速建成贯通。据了解,经过3年的努力,北京市第一道绿化隔离地区已经基本建成,绿化隔离地区的绿化工程已经基本实现了预定目标,隔离地区绿化总面积达到112 km^2。第二道绿化隔离地区建设工程也已全面启动。第二道绿化隔离地区位于五环路和六环路之间,涉及朝阳、海淀等10个区。随着第二道绿化隔离地区的启动,北京也将成为世界上"城市外围绿化圈最大"、环境优美的大都市。《北京市绿地系统规划》中提出了"两轴、三环、十楔、多园"的中心城履带系统的基本结构,即青山相拥,三环环绕,十字绿轴,十条楔形绿地穿插,公园绿地星罗棋布,由绿色通道串联成点、线、面相结合的绿地系统,而其中的"三环"就是环城绿带的典型。

近年来,上海在建的环城绿化带紧贴上海外环线道路外侧,环绕整个上海一周,拟建设苗圃、花圃、观光农业、纪念林地、陵园、休疗养院、青少年野营基地等以绿化为主的项目。珠江三角洲环城绿化带建设也被提上议事日程,将成为今后较长一段时间内珠江三角洲城乡建设的重点之一(赖胜男,2005)。

然而,从实际效果来看,环城绿带(绿化隔离带)并没有真正发挥限制城市无序增长和城市蔓延的功效,如北京市中心城区不断向外蔓延,由"二环"扩展到"三环",现今这个"城市大饼"已经摊到"五环"。随着中心城区的外延,原先规划的中心城区与边缘集团之间的绿化隔离区不断被蚕食。1958 年总体规划的绿化隔离区面积为314 km^2,1983 年减少到260 km^2,1993 年只剩下 244 km^2。根据 1994 年北京市政府颁布的文件、1999 年规划市区绿化隔离地区的调查报告以及 2005 年 TM 遥感影像数据,北京市第一道绿化隔离带内的绿色空间的比例在大幅度减少,约从 1994 年的 66.7% 减少到 2005 年的 47%。与此同时,根据 Yang 等人的研究,第二道绿化隔离带内的绿色空间比例也已经从 1992 年的 78% 减少到 2005 年的 68%(韩昊英,2009)。事实证明,原有的以林地为主的隔离带并没有起到很好的控制中心城向外蔓延的作用(张凤荣,2005)。如图 9-8 所示,《北京市绿地系统规划》能够得到多大程度的实

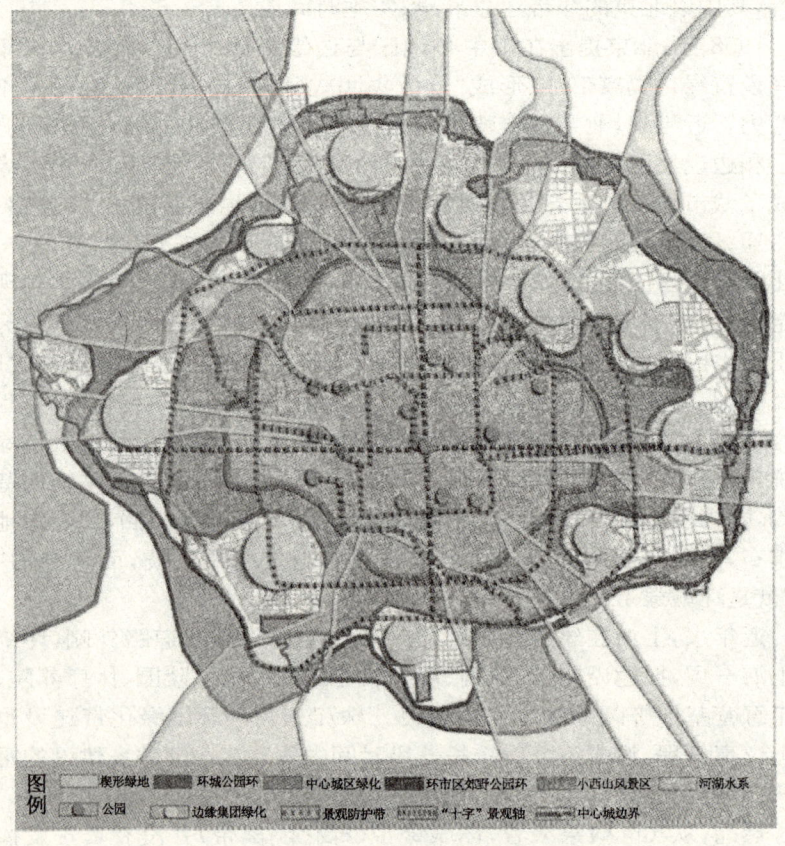

图 9-8 北京中心城区绿地系统规划

施以及将来的命运如何,恐怕前景不容乐观。

此外,某些城市的绿化隔离带成为城市开发特别是高档房地产开发的聚集地。无锡绿化隔离带的建设就是一个典型。

建国之后,特别是改革开放以来,无锡城市空间①增长大致经历了"龟背城—运河城—蠡湖城—太湖城"的发展轨迹(图9-9)。

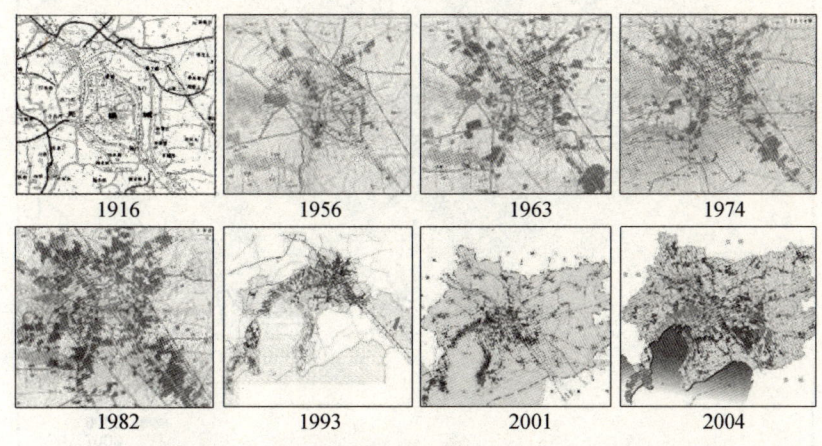

图9-9 无锡城市空间形态的演变(1916—2004年)

进入21世纪之后,无锡城市空间增长速度明显加快,建设用地规模以年均增加40~50 km² 的速度扩展,在短短的6年里,无锡增加了将近300 km² 的城市建设用地。总体而言,无锡城市空间增长呈现出比较明显的圈层式扩张(图9-10),扩张的主要方向是东南部(以工业用地为主)和西南部(以居住用地为主)。

早在1985年,无锡城市总体规划就提出了绿化隔离带的思想:无锡各功能片区之间利用河道,结合地形布置绿化,尽可能避免并成一块;每个片区都有居住、工作、学习、游憩设施和各自的公共服务中心,做到各片区布局紧凑,功能明确,各有特色,生活、生产基本平衡;通过主要干道将组团联系起来,形成整体。可以看出,无锡市利用绿化实现隔离主要是为了避免城市建设用地的连片,它的应用往往与城市功能分区相结合,与增长管理工具中"绿带"的概念相似。

在其后的各版城市总体规划中,绿化隔离带的思想得到继承与完

---

① 本书研究的无锡城市空间范围主要是指当前无锡市区的范围,不包括无锡所辖的江阴、宜兴两个县级市。

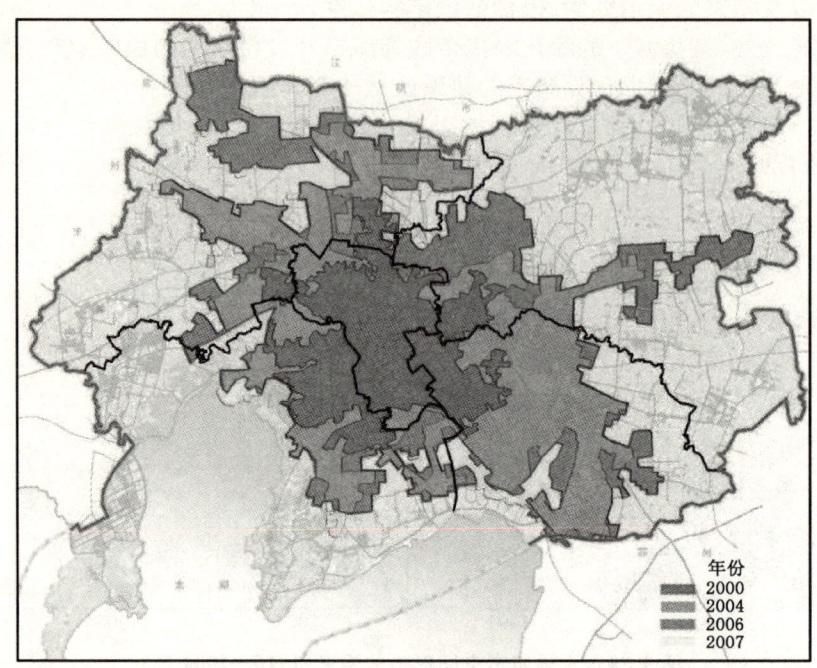

图 9-10　无锡主城区建设用地扩张情况

善。例如于 2004 年编制的《无锡市非建设用地规划》，明确提出了无锡市非城市建设用地主要包括生态隔离带及农业保护区、风景名胜区、森林公园、郊野公园、生态风景林等，明确了限制城市空间增长的绿化隔离（图 9-11）。在《无锡城市总体规划（2001—2020 年）》中进一步完善落实了城市功能分区和绿化隔离的思想，以避免城市建设用地的连片。规划提出：市区逐步形成以主城区为核心，城镇空间集聚，生态空间开敞的现代都市空间格局；城镇之间以山林、水体、基本农田和人工防护林为骨架，形成连绵一体的生态隔离带，逐步实现"两环十二片"的生态空间格局（图 9-12）。

　　从图 9-11 和图 9-12 中不难看出，无锡规划的绿化隔离带基本上环绕在城市建成区周围，特别是城市西南角，依托太湖、蠡湖以及锡山、惠山等山水景区，规划了大片的山水景观空间。虽然该地带背靠太湖，在绿带外侧不可能存在城市增长的空间，但是我们可以通过分析该绿带内侧无锡主城区城市空间的增长与演变情况，来研究绿带对无锡城市空间增长的影响。

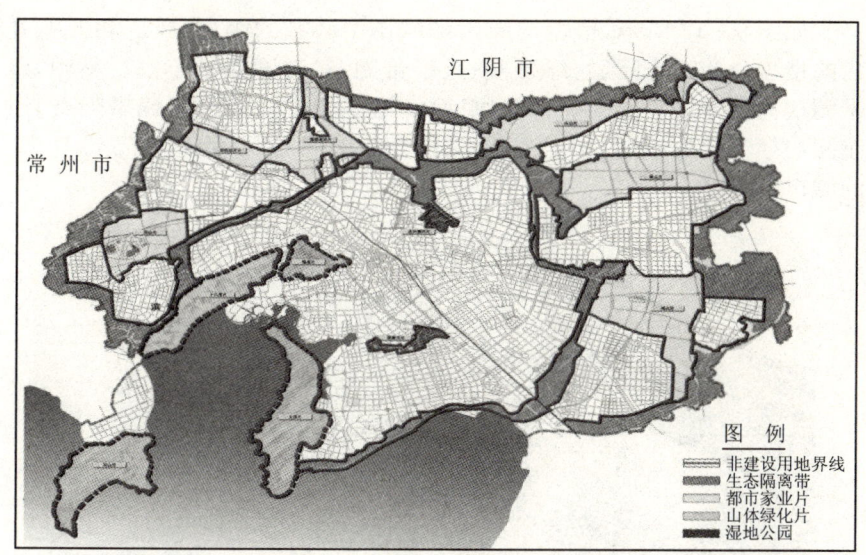

图 9-11 无锡非建设用地规划图

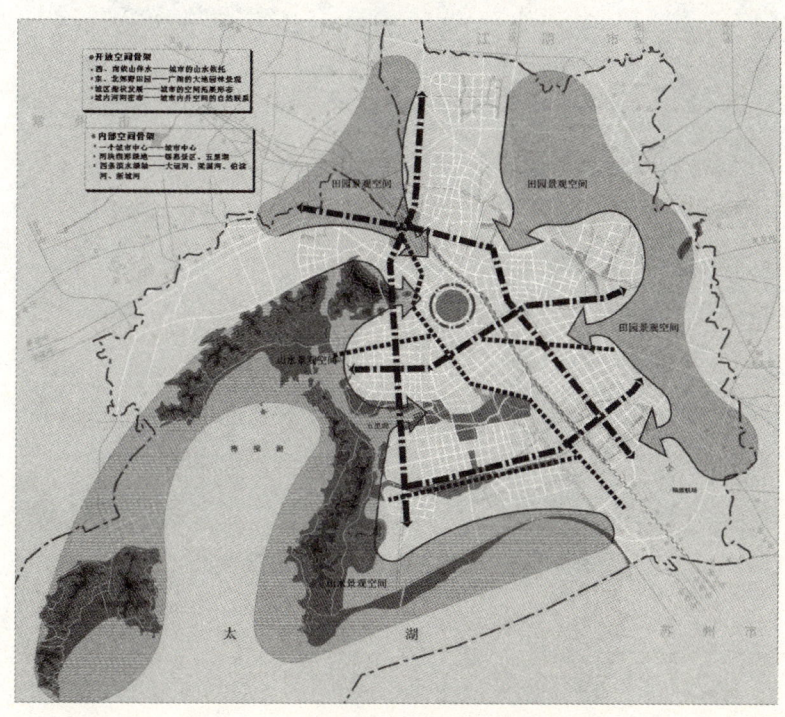

图 9-12 无锡市生态空间规划布局图

如图 9-13 所示，根据与绿带和城市中心区的距离，我们将无锡在售的楼盘分为四个圈层：绿带圈、近绿带圈、过渡圈和中心圈。其中，绿带圈楼盘位于规划中的绿带范围之内；近绿带圈楼盘位于绿带附近；过渡圈与绿带距离较远，相对靠近城市中心①；中心圈楼盘位于运河以东的城市中心区。

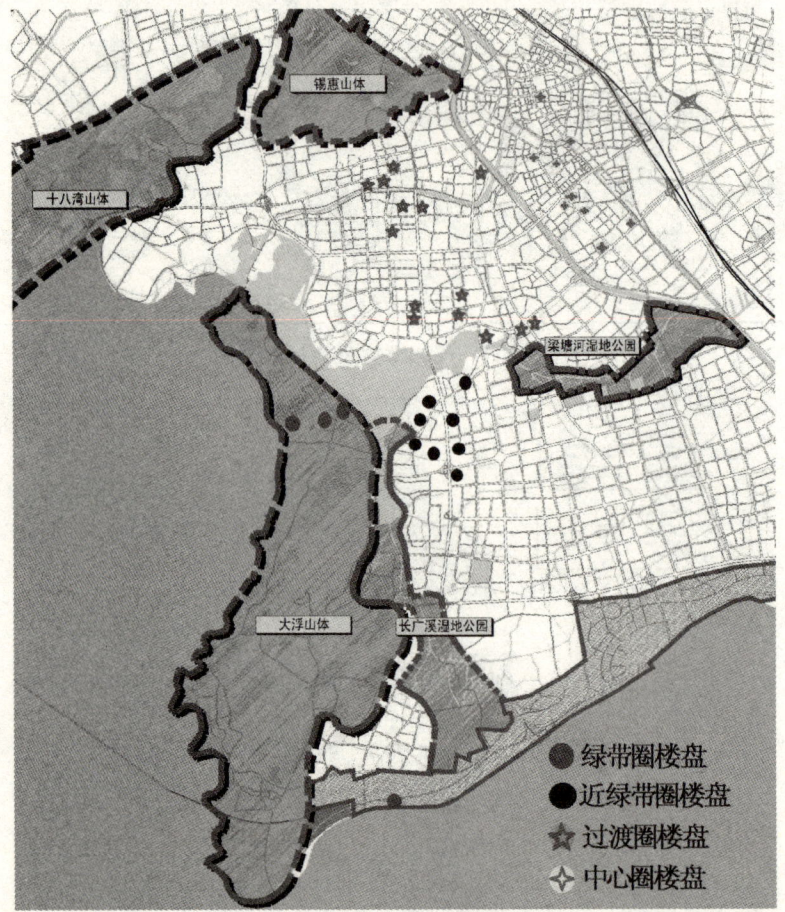

图 9-13　无锡不同圈层楼盘分区情况

---

① 按照无锡城市总体规划，过渡圈实际上位于规划中的城市副中心，这对住宅价格有一定的拉伸作用。

从表9-5可以看出,不同圈层楼盘的类型、容积率和价格等方面的指标差距很大。绿带圈楼盘基本上为多层和别墅,容积率很低,基本都在1以下,最低的湖玺庄园和江南景园两个别墅楼盘,容积率甚至仅为0.2左右。价格方面,这些楼盘基本在10000元/m²以上。显然绿带圈的楼盘都是面向高收入阶层的。近绿带圈楼盘在类型上也以多层和别墅为主,容积率相对较高,基本上为1左右,价格也较绿带圈楼盘有所下降。过渡圈楼盘以高层建筑为主,容积率较近绿带圈楼盘又有所上升,平均值上升到1.8左右,价格也出现了明显的下降,主力楼盘价格均在5000~7000元/m²。中心圈楼盘也以高层建筑为主,容积率和价格水平均有明显的上升,容积率大都在2以上,价格也基本上超过10000元/m²。

表9-5 不同圈层楼盘基本情况

圈层	楼盘名称	类型	容积率	价格(元/m²)
绿带圈	山水花苑	多层	0.99	15000
	山水茗苑	多层、花园洋房	1.11	9000~10000
	湖玺庄园	别墅	0.199	一房一价
	江南景园	别墅	0.20	一房一价
近绿带圈	水清木华	多层、小高层	1.27	6400
	蠡湖公馆	多层	1.05	11000
	蠡湖尚郡	多层、别墅	1.045	80000
	银河湾花园	别墅	0.94	12000
	威尼斯花园二期	别墅	0.29	11500
	魅力万科城	多层、小高层	1.40	7500
	太湖国际社区	多层小高层	1.20	6000
过渡圈	山水滨湖花园	多层、别墅	0.53	5500
	金领家园	高层	2.24	4000
	城市经典	小高层	1.30	4900
	蠡湖一号	高层	1.20	10000
	湖滨一号	高层	3.00	5280
	滨湖假日	多层	1.40	5000
	湖滨杰座	高层	4.50	7500

续表 9-5

圈层	楼盘名称	类型	容积率	价格(元/m²)
过渡圈	新梁溪人家	高层	1.50	5000
	集景花园	小高层	1.00	6500
	西花园	小高层	1.50	6800
	奥林花园	高层	1.80	6800
	金域蓝湾	高层	2.50	7800
	阳光嘉园	小高层	1.90	7000
	秀景花园	多层、小高层	1.00	5200
	清扬御庭	多层、高层	2.20	7500
中心圈	古韵坊	多层	0.80	12000
	首席	高层	2.99	7200
	茂业豪园	高层	6.50	10000
	世贸国际公寓	高层	4.55	14000
	逸景园	高层	2.70	5380
	清扬仕席	多层	12.8	14000
	紫金广场	多层	1.50	12000
	摩天360	多层、高层	6.00	14000

如图 9-14 所示,就价格而言,绿带圈价格最高,近绿带圈次之,中

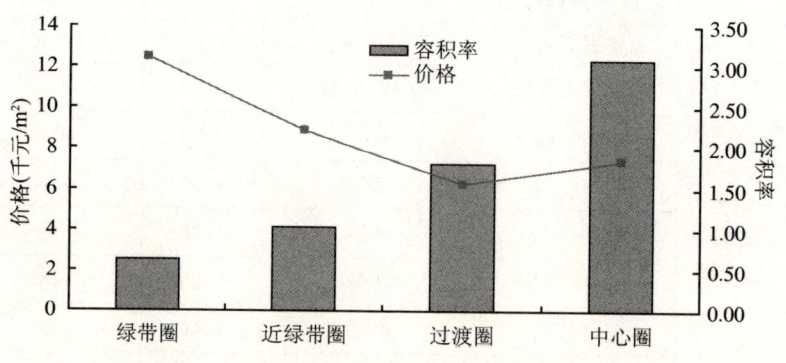

图 9-14 无锡不同圈层楼盘平均价格与容积率

心圈第三,而过渡圈价格最低。尽管存在其他的影响因素,但是从不同圈层平均价格变化情况来看,绿带建设显然对住宅价格起到了显著的拉动作用。就容积率而言,由绿带圈到中心圈,容积率逐渐增加,说明楼盘建筑密度和高度逐渐提升,也从侧面说明单套的住宅面积逐渐减小。

综合以上的分析,我们可以初步得出结论,无锡太湖沿岸绿带的建设,显著拉动了周边住宅的价格,并且造就了一个面向追求高居住质量的高收入家庭的住宅市场。无锡的案例印证了本书理论模型所得出的结论。换句话说,无锡绿带建设培育了高档住宅需求,从而拉动城市空间朝向绿带方向扩张。在巨大的经济利益面前,城市规划显得苍白无力。就无锡而言,在面对客观存在的高档住房需求及其背后的经济利益时,城市规划并没有很好地控制城市向太湖蔓延的趋势,甚至起到推波助澜的作用,例如,无锡提出建设"太湖城市"的口号,无疑将会推动城市空间加快向太湖沿岸绿带的蔓延。甚至,在经济利益的驱动下,规划中的绿带也逐渐受到侵蚀,上文中列出的绿带圈中的若干楼盘,就是活生生的案例。

9.2.5　建设用地总量控制

土地资源是城市一切社会经济活动赖以生存的载体,也是城市社会经济发展的必要前提。城市空间增长离不开新增的建设用地,控制建设用地总量,无疑就是给城市空间增长增加了"紧箍咒"。建设用地总量控制制度对于城市的增长与管理具有重要的意义(张忠国,2006):首先,有利于严格控制城市建设用地的无序蔓延,提高城市建设用地的集约利用程度;其次,有利于保持稀缺的土地资源,保持城乡生态系统的完整性与多样性;最后,有利于减少城市土地利用的负面外部效应,提高土地利用的生态效益。

受制于人多地少的基本国情,我国早在1990年代就提出了控制建设用地总量进而实现城市集约增长的政策。1998年修订的《中华人民共和国土地管理法》中即有"实行建设用地总量控制"的原则性规定,之后,国务院、国土资源部等有关部门出台多部法律法规,使建设用地总量控制这一制度逐步确立和完善。2000年11月,国土资发〔2000〕337号《关于加强土地管理促进小城镇健康发展的通知》中提出对"小城镇建设中镇域或县域范围内"的用地总量进行控制;国务院2001年5月发出的《关于加强国有土地资产管理的通知》对控制建设用地的意义进行了详细的阐述:"严格控制土地供应总量是规范土地市场的基本前提。只有在严格控制土地供应总量的前提下,才能有效发挥市场配置土地资源的基础性作用,充分实现土地资产价值,提高土地资源利用效率。各级政府必须严格执行土地利用总体规划、城市规划和土地利用年度计划,严格控制新增建设用地供应总量。要抓住经济结构调整的有利时机,把土地利用引导到对存量建设用地的调整和改造上来,优化土地利用结构。"2004年8月修正的《中华人民共和国土地管理法》对控制建设用地总量的规定更加具体明确:"严格限制农用地转为建设用地,控制建设用地总量,对耕地实行特殊保护……地方各级人民政府编制的土地利用总体规划中的建设用地总量不得超过上一级土地利用总体规划确定的控制指标,耕地保有量不得低于上一级土地利用总体规划确定的控制指标……各级人民政府应当加强土地利用计划管理,实行建设用地总量控制。"从以上的法律法规可以看出,建设用地控制政策已经从初期的原则性规定逐渐发展成为集建设用地总量控制的总体规划、闲置土地处置政策、建设用地储备制度、建设用地的空间管制、城乡建设用地增减挂钩制度等多项操作性工具于一体的综合性政策体系(宫龙,2009)。

然而,虽然国家早在20世纪末就提出了控制建设用地总量的原则要求,之后该政策也不断得到重申和完善,但是,从实施效果来看,建设用地总量控制政策并未能完全发挥抑制城市空间增长的作用。从第八章的分析中我们不难看出,1990年代以来,中国城市建成区面积的增长仍然保持较高的水平,甚至进入21世纪之后,增长速度还明显加快。从审批建设用地面积和耕地转用面积来看,如图9-15所示,除了个别年份之外,每年审批的新增的建设用地面积和耕地转用面积仍然居高不下。

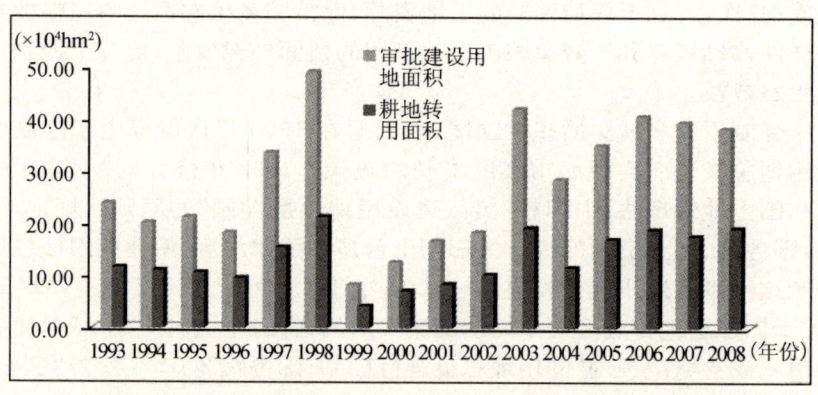

图9-15　1993—2008年审批建设用地面积和耕地转用面积

此外,建设用地总量控制特别是年度土地利用计划指标的实行,客观催生了包括"小产权房"、以租代征等违法用地行为。特别是在住房价格一路飙升的背景之下,这些违法行为更是屡禁不止。据报道,目前,北京在售的400余个楼盘中,"小产权"楼盘约占市场总量的18%,绝大多数分布在远郊区县,房山区的"小产权"项目数量最多,占比为26.3%;其次为怀柔区、密云县和通州区,占比分别为20.0%、17.5%和11.3%①。其中,通州的张家湾镇及其附近地区是北京知名的"小产权房"集中地。除了号称北京乃至全国最大的"小产权房"小区太玉园之外,西定村的环湖小镇、何各庄的月亮湾晓镇、马营村的祥和乐园、土桥村的欣桥家园都是"小产权房"(图9-16)。

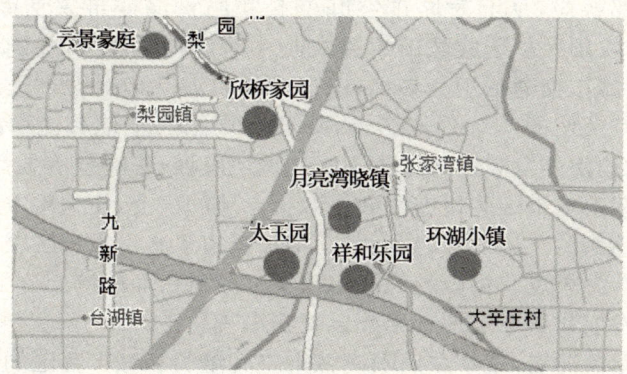

图9-16 张家湾镇及其附近地区的"小产权房"区位示意图

9.2.6 基本农田保护制度

基本农田保护制度的出发点是保护我国稀缺的土地特别是耕地资源,但在客观上也发挥了限制城市空间增长和城市蔓延的作用。根据《基本农田保护条例》,所谓基本农田,是指按照一定时期人口和社会经济发展对农产品的需求,依据土地利用总体规划确定的不得占用的耕地;基本农田保护区,是指为对基本农田实行特殊保护而依据土地利用总体规划和依照法定程序确定的特定保护区域。

从法律法规上看,基本农田保护对限制城市空间增长和城市蔓延的意图是很明显的。《中华人民共和国土地管理法》第十九条规定"严格保

---

① 北京"小产权"楼盘占在售住宅近两成[N]. 新华网,2007-3-24,http://news.xinhuanet.com/house/2007-03/24/content_5889143.htm.

护基本农田,控制非农业建设占用农用地";第四十五条规定,(建设)征收基本农田由国务院批准。2004年的国务院第28号文件《国务院关于深化改革严格土地管理的决定》重申了国家保护基本农田的决心,第十一条规定,"严格保护基本农田。……基本农田一经划定,任何单位和个人不得擅自占用,或者擅自改变用途,这是不可逾越的'红线'。符合法定条件,确需改变和占用基本农田的,必须报国务院批准。"从以上规定可以看出,国家对基本农田保护的力度很大,这加大了基本农田转为城市建设用地的难度,从而在一定程度上发挥了抑制城市空间增长和城市蔓延的作用。

值得注意的是,以基本农田保护的形式限制城市空间增长将会产生明显的外部效应,从而对城市空间增长和结构演变带来负面的影响。其一,基本农田保护造成城市中的农业飞地,增加了城市基础设施的投资,增加了城市交通费用。其二,城市中的农业飞地对城市土地和住房市场施加有负面的市场外部影响,降低它周围的土地和住房的市场价格。其三,迫使开发商选择区位不好的地块发展,影响经济效益。最后,增加了非基本农田区的耕地发展为城市土地的机会,使这些农民有很大机会获取高额的土地发展的利益,间接地损害了基本农田区农民的利益和积极性。如果没有相应的税法和政策来减低负面的社会公平问题,未来的城市发展和城市土地利用都会受到影响。

从实际情况看,基本农田限制城市空间增长和城市蔓延的作用大大低于预期。根据《基本农田保护条例》,基本农田保护区规划应与城市规划相协调,但在实际操作中,由于城市规划的法律地位和社会地位高于基本农田保护区规划,一些地方在编制基本农田保护区规划时,往往将城市规划照搬过来,在确定城市用地范围的基础上,再确定基本农田保护区范围。此外,在上轮规划当中,许多城市将主城区中的耕地预留下来,作为基本农田,然而在实际实施过程中,主城区的用地扩张最快,经济建设占用的耕地面积也在不断地增加,因而给基本农田保护工作的实施带来了问题与困惑。为了避免这一问题,不少城市在这轮规划中,在城市规划区内不划基本农田,而是把一些劣质耕地、偏远山区的一些坡耕地划入基本农田保护区,以此来完成上级下达的指标,或达到某一较高的数量指标(蔡银莺,2005)。如图9-17所示,南京市的基本农田保护区基本上位于都市的远郊和边缘地带,主城周边几乎没有基本农田保护区,这样一来,基本农田保护制度就难以发挥限制城市空间增长的实质性作用。

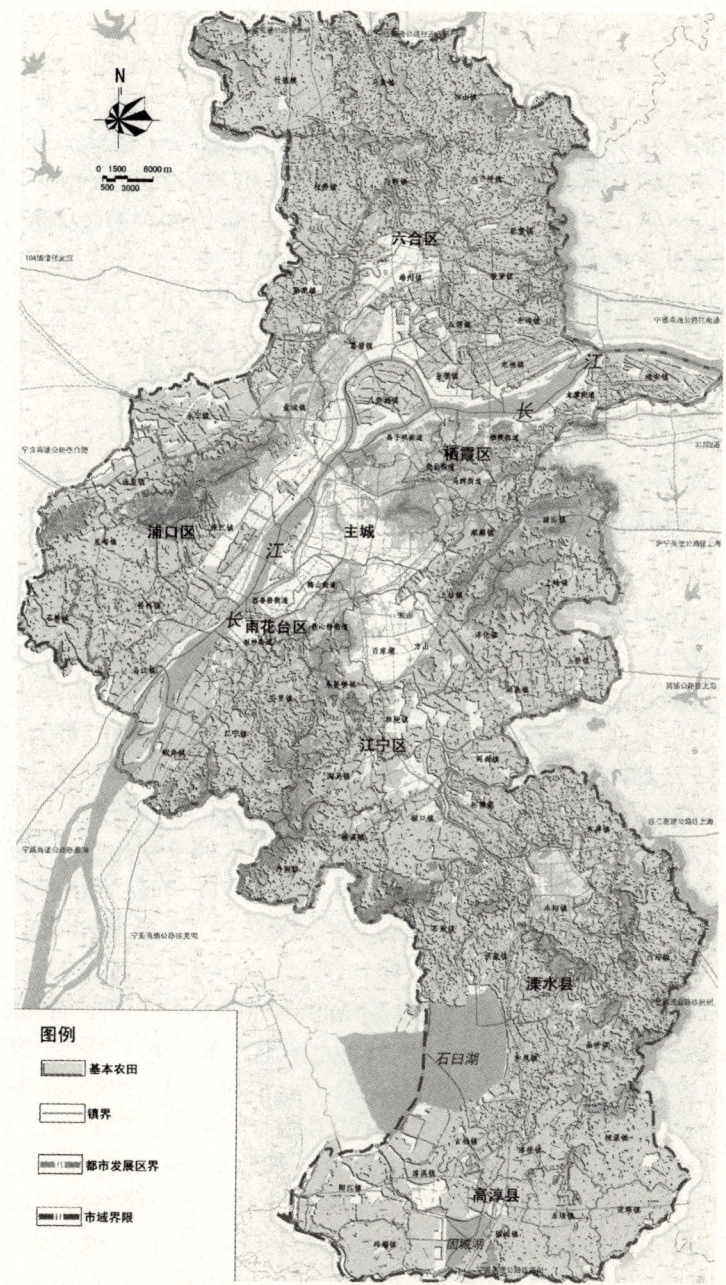

图 9-17　南京基本农田保护规划图

9　中国城市增长管理的实践及其改进方向

为了解决基本农田保护和城市空间扩展之间的矛盾,有学者认为大都市区土地利用总体规划应将基本农田作为城市绿化隔离带,这样更能有效地阻止城市"摊大饼"(张凤荣,2005)。首先沿交通干线、河流两侧建设林地与农田交替的绿色走廊,用耕地和基本农田代替目前道路和河流两侧连绵的宽林带;其次,对城乡交错区城镇与农村居民点之间的耕地生态系统进行嵌块体填充,根据城市空间发展布局,将规划建设区之间的耕地作为基本农田保护下来,将斑块农田安插在城市发展的各个方向,有效控制城市"摊大饼"式的蔓延;最后,平原远郊区的居民点在农田基质中镶嵌式分布,由交通用地廊道连接城市与乡村。

9.3 未来中国城市增长管理的改进方向

9.3.1 加快土地制度改革,构建城乡统一的土地市场

如前所述,双重二元化土地市场结构,特别是城乡二元化的土地市场是当前中国城市土地开发和城市空间增长失控的重要诱因。因而,加快土地制度改革,构建城乡统一的土地市场便成为未来抑制城市蔓延,构建城市增长管理政策体系的一个重要环节。

土地市场作为一种重要的生产要素市场是现代市场经济及其市场体系不可分割的一部分。由于土地商品的特殊性,土地所有者在实际上所拥有的是实施一定行为的权利,从本质上看,土地市场上交易的不是土地实体,而是对土地采取特定行为的权利。这种权利的交易也必须按照平等的原则进行。因此,交易的客体——土地权利(使用权能)首先必须是统一对等的。国外土地市场制度的历史变迁向我们说明,土地使用权能和土地市场在本质上是统一的,城乡土地市场仅仅代表不同的土地利用方式。虽然,国际上不同国家或地区通常对于不同的土地利用类型采取差异性的政策,特别是对于农地的非农化存在严格的限制,但是,与此同时,政府也会对农业土地所有者给予一定的补偿。比如,在美国,如果某一地块的农地发展权受限,即意味着国家购买其开发权并给予对等的市场价格补偿;如果因规划的改变,这一地块重新获准开发,那么该土地的拥有者既可以自己开发也可以转移(让)其开发权(李晓妹,2003)。从中可以看出,土地产权市场制度在本质上是统一的,土地使用权能在性质上是一致的。国家对于同一产权主体下的农地和非农用地采取不同政策,并不是因为土地权能或权属差异,或者是因为行政范围归属的

不同,而仅仅是因为两种土地截然不同的利用方式(袁弘,2003)。

当前,在中国现行的土地产权和使用制度下,由于地方政府剥夺了农业土地所有者的土地开发权,从而使农业土地所有者不能分享其土地转换的增值收益,也就是增长溢价,因此,改革我国现有的土地制度,构建城乡统一的土地市场成为历史发展的必然趋势。对于我国土地市场制度的改进和创新,有两种路径可供选择(张合林,2007):一是在现有土地制度框架内,主要靠缩小征地范围、提高补偿标准、规范征地程序和严格土地执法行政手段来改进;一是打破现有土地市场制度框架,以农地(包括农村建设用地)流转为突破口,进而形成城乡统一的土地市场体系来创新。虽然不管是从理论分析,还是从西方实践来看,构建城乡统一的土地市场是土地制度改革的必然选择,但是,从我国特殊的制度背景和发展状况来看,完善现有的土地制度框架不失为当前一个较为现实的选择。

9.3.2 科学确定城市扩展范围,加强城市增长空间管制

在美国等西方国家,划定绿线(绿地界限)、城市增长边界和城市服务边界是抑制城市蔓延的重要手段。虽然,当前中国已经运用了城市增长边界、非建设用地规划和空间分区管制等多项抑制城市蔓延的政策工具,但仍处于试探性阶段,还需要不断地发展完善(刘宏燕,2007)。

首先,划定城镇增长界线。明确区域的农田保护地、水源保护地、组团隔离带、旅游休闲地、郊野游览地、自然生态用地和远期发展备用地等非建设地域的范围界线。科学预测城镇发展规模,在综合运用传统人口预测方法的同时增加对资源(主要是水资源、土地资源)、环境容量的考虑,推算用地规模。考察城镇建成区周边的环境制约,在不侵犯非建设地域的基础上确定扩展方向,根据推算出的用地规模,划定城镇增长界线。

其次,以空间资源利用功能与特征属性为标准划定区域分区。在区域范围内,根据现状发展特征、资源禀赋及生态环境承载能力、未来发展的可能划分不同的管制分区,实施开发强度、开发模式和管理模式的分类指导。由于不同地域空间的特色化,类型区的划分并不存在统一的模式,常见分区有城镇建设发展区、农业发展区、生态环境保护区等。或可根据开发与保护的要求不同,分为严格保护区(包括基本农田保护区、自然保护区、城镇水源地、生态脆弱区等)、控制保护区(包括历史文化遗产保护区、风景名胜区、生态功能保护区等)、规划调控区(城市规划区和农

村居民点)等。区域分区管制的重点是:以开发与保护相协调为目标,明确生态平衡空间与发展建设空间的空间格局与范围,并在此基础上分区;制定各分区不同的开发与保护原则、保护力度与开发要求。

最后,以土地开发利用强度为标准划定城镇建设空间分区。依据土地利用开发强度的差异,将全覆盖的城镇建设空间划分为适宜建设区、限制建设区、禁止建设区等。各类型区管制要求与开发标准制定包括各空间类型区的特性描述、用地主导类型、空间定位、产业发展引导、开发要求与措施、开发条件和时序、与其他分区空间的协调、景观形态控制等方面的引导控制对策和量化控制指标。指标可包括类型区空间范围面积、建设用地占该区总用地的比重、土地利用率、人口用地增长率、开发密度等。指标值的设定可在参考相关地区实际开发建设情况并作比较、分析后确定。空间分区的确定既要考虑空间因素,又要考虑时间因素,要研究适宜建设区、限制建设区、禁止建设区的关系。各不同空间分区之间要存在着转化的可能。研究各分区在空间上的布局关系;研究适宜建设区在何种条件下(通过开发密度、资源环境等指标界定)应转化为限建区(引导建设区);限建区(缓建区)在何种条件下(基础设施配套、特种项目预留等)可进行开发建设。在上述研究的基础上,规定各空间分区的开发时序;预测在城镇处于不同的发展阶段时,各空间分区的转化趋势,并确定转化标准。

9.3.3 强化经济调控手段,实现城市理性发展

相对于刚性的城市容纳型政策工具(如城市增长边界)而言,经济手段(如征收拥挤费)操作弹性相对较大,限制城市蔓延的效果相对较为显著,因此对城市增长管理来说,是一种非常有效的手段。在美国等西方国家,地方政府普遍采用征收开发影响税或者改良税以及不动产转移税等方式来抑制和引导城市土地开发活动。与影响费不同,通过税收形式征收的资金通常最终都会被用于新开发地区的基础设施和服务设施建设(Nelson,1995)。如要对重要河流、航道、生态廊道进行保护(尤其是污水排放控制),可征收排污费或实行排污许可交易;通过提高(或降低)开发影响费的数额来鼓励(或抑制)某地区的开发;通过对土地价值以较高的税率征税,对建筑物的改良价值以较低的税率征税,降低土地集约利用(如公寓)的税负,提高土地粗放利用(如停车场)的税负等。

在当前中国城市土地和房地产价格疯狂上涨,投资乃至投机性需求非理性膨胀的背景下,通过出台相关的土地和房地产的税费政策来抑制

城市土地和房地产的过度膨胀,实现城市的理性有序增长就显得尤其重要。

当前,对于中国是否出台和如何制定物业税政策,在政界和学术界存在广泛的争议。笔者认为,通过制定合理的物业税标准,增加土地和房地产的保有成本,对于抑制当前土地和房地产市场日益膨胀的投资乃至投机需求,实现土地和房地产市场的理性发展具有重要的作用。当前不动产税收主要集中于不动产的流转环节,对不动产的保有几乎没有征税,从而变相鼓励了公民、法人和其他组织尽量多占土地。如农村一户多宅的现象非常普遍,在宅基地超占费不再征收后,该问题更加突出;各类园区中,新建厂房的建筑密度,近些年来不但未能增加,反而越来越小;城镇居民出于置产投资的需要,许多人都在计划购买第二套甚至多套住宅。土地保有、占用的低成本,对土地的需求形成了巨大压力。因此,建议国家开征不动产保有税,采取分级累进的形式征收,即房地产价格在一定的范围内免税,超过则分段计税(佟绍伟,2004)。从这一角度而言,出台物业税政策是毋庸置疑的,需要探讨的只是物业税的具体政策设计问题,从而使其更好地发挥保障人民群众的基本住房需求和规范房地产市场发展的作用。

除了出台物业税之外,笔者认为还可以通过制定差别性的土地开发补贴政策,设立具有不同优先权的城市土地开发范围,对于旧城更新和填充式开发给予更大政策和资金支持,引导城市土地开发行为更多地向现有的建成区范围内聚集加快旧城更新和填充式开发,改变中国城市外延式扩张,也就是"摊大饼"的增长模式,从而实现城市集约、理性增长。

9.3.4 改进规划协调机制,积极推动公众参与

城市增长管理涉及的利益主体众多,特别存在不同辖区和不同部门之间的利益争夺以及政府和公众之间的利益博弈,因此,为了实现城市的有序理性增长,必然要求改进现有的规划协调机制,并且积极推动公众参与到城市规划管理之中(刘宏燕,2007)。

城市空间增长管理特别是空间分区管制或跨行政区划的重大空间资源利用涉及不同部门机构,为弥补规划行政主管部门单一管理的不足,有必要设立专门的协调管理组织机构,统一协调编制相关规划,并负责监督管理的实施。如制定环境影响区规划管理联席会议,建立常设的协调机构。需明确协调机构与横(相关职能部门)、纵(各级地区政府)向各机构之间的事权分配。对于重点协调地区、专项协调内容,在常设协

调机构基础上,可根据具体要求设立专项协调机构。

  增长管理实施的过程是公众权益平衡和决策权力分配的过程,因此市民和其他利益团体参与是增长管理和开敞空间保护政策成功实施的关键因素,需确定相应的制度安排。在我国,加强公众参与的主要制度安排可包括:在法律上,确定公众参与的法律地位,规定公众参与的具体程序,使之能够贯穿增长管理计划的全过程;研究各层次、各类型规划中公众参与范围的界定标准,研究公众建议的合理性、可行性的鉴别机制和方法,确立可能的标准规定。在机构设置上,尽可能与现行整体行政体系相衔接,形成相应的组织安排,建立以组织、协调、仲裁、交流为主的权力机构;在人员安排上,由规划权威专家组织专业人员主持工作;在形式上,可成立市民顾问委员会,使公众参与到如设计增长管理计划的框架、增长管理立法、将一般的政策转变为特定的战略、对于其参与的增长管理立法过程中的纰漏进行检查、互相冲突的利益团体之间的谈判等工作中,并可采用公众评议、公众听证会的参与形式。

参考文献

·中文文献·

[1] 阿瑟·奥沙利文[美]. 城市经济学[M]. 第6版. 周京奎,译. 北京:北京大学出版社,2008.

[2] 艾建国. 中国城市土地制度经济问题研究[D]. 华中农业大学博士学位论文,2000.

[3] 奥利弗·吉勒姆[美]. 无边的城市——论战城市蔓延[M]. 叶齐茂,倪晓辉,译. 北京:中国建筑工业出版社,2007.

[4] 彼得·卡尔索普,威廉·富尔顿[美]. 区域城市——终结城市蔓延的规划[M]. 叶齐茂,倪晓辉,译. 北京:中国建筑工业出版社,2007.

[5] 蔡银莺. 城市区域基本农田保护的思考与定位[J]. 国土资源科技管理,2005(1):67-71.

[6] 陈芳,沈虹宾,李白良. 透视房地产热的"圈地潮"[J]. 中外房地产导报,2003(4):19-20.

[7] 陈虎,张京祥,朱喜钢,等. 关于城市经营的几点再思考[J]. 城市规划汇刊,2002(4):38-40.

[8] 陈锦富,任丽娟,徐小磊,等. 城市空间增长管理研究述评[J]. 城市规划,2009(10):19-24.

[9] 陈明星,叶超,付承伟. 国外城市蔓延研究进展[J]. 城市问题,2008,(4):81-86.

[10] 陈鹏. 基于土地制度视角的我国城市蔓延的形成与控制研究[J]. 规划师,2007,(3):76-78.

[11] 陈顺清. 城市增长与土地增值[M]. 北京:科学出版社,2000.

[12] 仇保兴. 紧凑度和多样性——我国城市可持续发展的核心理念[J]. 城市规划,2006(11):18-24.

[13] 重庆大学城市规划与设计研究院,中国科学院建设部山地城镇与区域环境研究中心. 成都非城市建设用地规划[D]. 2005.

[14] 丁成日. 城市经济与城市政策[M]. 北京:商务印书馆,2008:36.

[15] 丁成日. 城市密度及其形成机制城市发展静态和动态模型[J]. 国外城市规划,2005(4):7-10.

[16] 丁成日. 城市"摊大饼"式空间扩张的经济学动力机制[J]. 城市规划,2005(4):

56-60.
[17] 丁成日. 土地价值与城市增长[J]. 城市发展研究, 2002(6): 48-53.
[18] 董戈娅. 重庆都市区非建设用地规划及管理控制方法研究[J]. 重庆大学硕士学位论文, 2007.
[19] 杜安伊, 等[美]. 郊区国家: 蔓延的兴起与美国梦的衰落[M]. 苏薇, 等, 译. 武汉: 华中科技大学出版社, 2008.
[20] 段德罡, 芦守义, 田涛. 城市空间增长边界(UGB)体系构建初探[J]. 规划师, 2009(8): 11-15.
[21] 菲利普·麦卡恩[英]. 城市与区域经济学[M]. 李寿德, 蒋录全, 译. 上海: 格致出版社, 上海人民出版社, 2010.
[22] 冯科, 吴次芳, 韦仕川, 等. 管理城市空间扩展: UGB 及其对中国的启示[J]. 中国土地科学, 2008(5): 77-85.
[23] 冯科, 吴次芳, 韦仕川, 刘勇. 城市增长边界的理论探讨与应用[J]. 经济地理, 2008(3): 425-429.
[24] 冯雨峰, 陈玮. 关于"非城市建设用地"强制性管理的思考[J]. 城市规划, 2003(8): 68-71.
[25] 官龙. 建设用地总量控制制度研究[D]. 中国海洋大学硕士毕业论文, 2009: 15-19.
[26] 谷一桢. 物业税与城市蔓延之关系研究述评[J]. 城市问题, 2008(12): 79-83.
[27] 顾杰. 城市增长与城市土地、住房价格空间结构演变——基于杭州的实证研究[D]. 浙江大学博士毕业论文, 2006.
[28] 关涛, 宗晓杰. 经营城市土地若干问题的战略思考[J]. 城市规划, 2005, 2(4): 52-55.
[29] 广东省人民政府. 珠江三角洲城镇群协调发展规划[Z]. 2005.
[30] 郭湘闽. 美国都市增长管理的政策实践及其启示[J]. 规划师, 2009(8): 20-25.
[31] 哈尔·R. 范里安[美]. 微观经济学: 现代观点[M]. 第 6 版. 费方域, 等, 译. 上海: 格致出版社, 上海三联书店, 上海人民出版社, 2006.
[32] 韩昊英, 冯科, 吴次芳. 容纳式城市发展政策: 国际视野和经验[J]. 浙江大学学报(人文社会科学版), 2009(2): 162-171.
[33] 郝书辰, 李军杰. 土地征用、城建打捆项目融资与开发区热[J]. 东岳论丛, 2004(3): 159-163.
[34] 洪世键. 大都市区治理: 理论演进与运作模式[M]. 南京: 东南大学出版社, 2009: 71-73.
[35] 洪世键, 张京祥. 交通基础设施与城市空间增长: 基于城市经济学的视角

[J]. 城市规划, 2010(5): 29-34.

[36] 洪世键, 张京祥. 土地使用制度改革背景下中国城市空间扩展[J]. 城市规划学刊, 2009(3): 89-94.

[37] 胡学彦, 何东波. 开发影响费与不动产税对都市发展影响效果之比较分析[J]. 规划学报, 2000, 27: 73-97.

[38] 黄晓军, 李诚固, 黄馨. 长春城市蔓延机理与调控路径研究[J]. 地理科学进展, 2009(1): 76-84.

[39] 黄亚平. 城市外部空间开发规划研究[M]. 武汉: 武汉大学出版社, 1995.

[40] 蒋芳, 刘盛和, 袁弘. 北京城市蔓延测度与分析[J]. 地理学报, 2007(7): 649-658.

[41] 蒋芳, 刘盛和, 袁弘. 城市增长管理的政策工具及其效果评价[J]. 城市规划学刊, 2007(1): 33-38.

[42] 赖胜男, 郭宏慧. 我国环城绿化控制带建设探讨[J]. 江西农业大学学报(社会科学版), 2005(2): 151-153.

[43] 雷爱先. 国有土地使用制度改革、效应与走向[J]. 中国土地, 2005(6): 10-12.

[44] 李东. 新城市主义(上)[J]. 北京规划建设, 2003(6): 90-92.

[45] 李景刚, 欧名豪, 张全景, 张效军. 城市理性发展理念对中国土地利用规划的启示[J]. 中国土地科学, 2005(4): 56-60.

[46] 李强, 等. 西方城市蔓延研究综述[J]. 外国经济与管理, 2005(10): 49-56.

[47] 李强. 西方城市蔓延的界定与测度[J]. 北京工业大学学报, 2006(9): 817-821.

[48] 李晓妹, 袭燕燕. 美国的土地发展权[J]. 国土资源, 2003(7): 48-49.

[49] 梁进社, 楚波. 北京的城市扩展和空间依存发展——基于劳瑞模型的分析[J]. 城市规划, 2005(6): 9-14.

[50] 廖和平, 彭征, 洪惠坤, 程希. 重庆市直辖以来的城市空间扩展与机制[J]. 地理研究, 2007(6): 1137-1146.

[51] 林肯土地政策研究院. 土地规划管理——美国俄勒冈州土地利用规划的经验教训[M]. 国土资源部信心中心, 译. 北京: 中国大地出版社, 2003.

[52] 刘冬华. 面向土地低消耗的城市精明增长研究[D]. 同济大学博士学位论文, 2007: 47-51.

[53] 刘海龙. 从无序蔓延到精明增长——美国"城市增长边界"概念述评[J]. 城市问题, 2005(3): 67-72.

[54] 刘宏燕, 张培刚. 增长管理在我国城市规划中的应用研究[J]. 国际城市规划, 2007(6): 108-113.

[55] 刘敏.城镇化进程中非建设用地控制性研究[D].重庆大学硕士学位论文,2005.

[56] 刘守英,廖炳光.土地的城市化:从外延扩张转向理性增长[D].首届国土资源法制与市场学术研讨会论文集,2010.

[57] 龙瀛,何永,刘欣,杜立群.北京市限建区规划:制订城市扩展的边界[J].城市规划,2006(12):20-26.

[58] 陆大道,等.关于遏制冒进式城镇化和空间失控的建议[A]//中国科学院.2008科学发展报告[C].北京:科学出版社,2008.

[59] 罗名海.利用CA模型进行城市空间增长动力的研究——以武汉市主城空间增长过程分析为例[J].武汉大学学报(信息科学版),2005(1):51-55.

[60] 罗震东,张京祥.当前中国非城市建设用地规划研究的进展与思考[J].城市规划学刊,2007(1):39-43.

[61] 雒占福.基于精明增长的城市空间扩展研究——以兰州市为例[D].西北师范大学博士学位论文,2009.

[62] 马强,徐循初."精明增长"策略与我国的城市空间发展[J].城市规划汇刊,2004(3):16-22.

[63] 马润潮,吴缚龙.中国城市空间的重构——多样化的过程与重组的空间[A]//吴缚龙,马润潮,张京祥.转型与重构:中国城市发展的多维透视[C].南京:东南大学出版社,2007.

[64] 潘鑫,昝建华.中国大城市空间扩展与绿带保护策略研究[J].中国工程咨询,2008(1):24-26.

[65] 攀志全.大力推进集约使用土地 建设节约型社会[N].光明日报,2005-12-14.

[66] 乔林凰,等.1990年以来兰州市的城市空间扩展研究[J].人文地理,2008(3):59-64.

[67] 森川洋.都市化与都市体系[M].东京:东京大明堂发行,1989.

[68] 沈建法.空间、尺度与政府——重构中国城市体系[A].//吴缚龙,马润潮,张京祥.转型与重构:中国城市发展的多维透视[C].南京:东南大学出版社,2007.

[69] 盛鸣.从规划编制到政策设计:深圳市基本生态控制线的实证研究与思考[J].城市规划学刊,2010(7):48-53.

[70] 宋彦,丁成日.韩国之绿化带政策及其评估[J].城市发展研究,2005(5):41-46.

[71] 宋志英,宋慧颖,刘晟呈.空间管制区规划探讨[J].城市发展研究,2008(S1):309 311.

[72] 苏建忠,魏清泉,郭恒亮.广州市的蔓延机理与调控[J].地理学报,2005

(4): 626-636.

[73] 孙群郎. 美国城市郊区化研究[M]. 北京:商务印书馆,2005:180.

[74] 谈明洪,李秀彬,吕昌河. 我国城市用地扩张的驱动力分析[J]. 经济地理, 2003(5):635-639.

[75] 佟绍伟. 求解最严格的土地管理制度[J]. 中国土地,2004(1,2):11-13.

[76] 汪劲柏,赵民. 论建构统一的国土及城乡空间管理框架——基于对主体功能区划、生态功能区划、空间管制区划的辨析[J]. 城市规划,2008(12):40-48.

[77] 王丹,王士君. 美国"新城市主义"与"精明增长"发展观解读[J]. 国际城市规划,2007(2):61-66.

[78] 王丽萍,周寅康,薛俊菲. 江苏省城市用地扩张及驱动机制研究[J]. 中国土地科学,2005(6):26-29.

[79] 威廉·阿朗索[美]. 区位和土地利用——地租的一般理论[M]. 梁进社,等,译. 北京:商务印书馆,2007.

[80] 翁羽. 城市增长管理理论及其对中国的借鉴意义[J]. 城市,2007(4):53-57.

[81] 吴次芳,韩昊英,赖世刚. 城市空间增长管理:工具与策略[J]. 规划师, 2009(8):15-19.

[82] 吴冬青,冯长春,党宁. 美国城市增长管理的方法与启示[J]. 城市问题, 2007(5):86-91.

[83] 谢涤湘,宋健,魏清泉,等. 我国环城绿带建设初探——以珠江三角洲为例[J]. 城市规划,2004(4):46-49.

[84] 谢英挺. 非城市建设用地控制规划的思考——以厦门市为例[J]. 城市规划学刊,2005(4):35-39.

[85] 徐江,叶嘉安. 二元化土地制度下的多样化土地交易与中国城市空间结构[A]. //吴缚龙,马润潮,张京祥. 转型与重构:中国城市发展的多维透视[C]. 南京:东南大学出版社,2007.

[86] 许学强,周一星,宁越敏. 城市地理学[M]. 北京:高等教育出版社,1997.

[87] 杨伟民. 中国特色城镇化道路的四个关键问题[A]//顾朝林. 城市与区域规划研究[C]. 北京:商务印书馆,2008.

[88] 尹奇,吴次芳. 理性增长——美国城市增长的新理念[J]. 中国矿业大学学报(社会科学版),2005(3):73-76.

[89] 俞孔坚,李迪华,韩西丽. 论"反规划"[J]. 城市规划,2005(9):64-69.

[90] 袁弘. 我国城乡土地市场与地价体系研究[D]. 中国农业大学硕士学位论文, 2003:46.

[91] 张波. 中国城市成长管理研究[M]. 北京:新华出版社,2004.

[92] 张凤荣,张晋科,张琳,等. 大都市区土地利用总体规划应将基本农田作为城市绿化隔离带[J]. 广东土地科学,2005(3):4-6.

[93] 张凤荣,赵华甫,姜广辉. 都市何妨驻田园——基本农田保护与城市空间规划的一点设想[J]. 中国土地,2005(6):13-14.

[94] 张合林,郝寿义. 城乡统一土地市场制度创新及政策建议[J]. 中国软科学,2007(2):28-40.

[95] 张进. 美国的城市增长管理[J]. 国外城市规划,2002(2):37-41.

[96] 张京祥,陈浩. 中国的"压缩"城市化环境与规划应对[J]. 城市规划学刊,2010(6):10-21.

[97] 张京祥,吴缚龙,马润潮. 体制转型与中国城市空间重构——建立一种空间演化的制度分析框架[J]. 城市规划学刊,2008(6):55-60.

[98] 张京祥,于涛,殷洁. 试论营销型城市增长策略及其效应反思——基于城市增长机器理论的分析[J]. 人文地理,2008(3):7-11.

[99] 张落成,吴楚材,姚士谋. 苏南地区近20年城市用地扩展的特点与问题[J]. 地理科学进展,2003(6):639-645.

[100] 张明. 城市的增长边缘——规划与管理[J]. 城市规划,1991(2):42-46.

[101] 张庭伟. 后新自由主义时代中国规划理论的范式转变[J]. 城市规划学刊,2009(5):1-13.

[102] 张庭伟. 控制城市用地蔓延:一个全球的问题[J]. 城市规划,1999(8):43-48.

[103] 张庭伟. 1990年代中国城市空间结构的变化及其动力机制[J]. 城市规划,2001(7):7-14.

[104] 张忠国. 城市成长管理的空间策略[M]. 南京:东南大学出版社,2006.

[105] 中华人民共和国住宅与城乡建设部(原建设部). 关于加强省域城镇体系规划工作的通知[Z](建规〔1998〕108号),1998.

[106] 周一星,孟延春. 中国大城市的郊区化趋势[J]. 城市规划汇刊,1998(3):22-27.

[107] 周一星. 土地失控谁之过?[J]. 城市规划,2006(11):65-72.

[108] 朱查松. 城市非建设用地规划及其管理研究[D]. 南京大学硕士学位论文,2008:16.

[109] 朱查松,张京祥. 城市非建设用地保护困境及其原因研究[J]. 城市规划,2008(11):41-45.

[110] 朱春阳. 城市带状绿地研究综述[J]. 中国风景园林网,http://www.chla.com.cn/html/c47/2009-11/45566.html.

[111] 朱介鸣. 市场经济下的中国城市规划[M]. 北京:中国建筑工业出版社,2009.

[112] 庄悦群. 美国城市增长管理实践及其对广州城市建设的启示[J]. 探求, 2005(2): 62-67.

[113] 卓莉, 等. 20世纪90年代中国城市用地外延扩展特征分析[J]. 中山大学学报(自然科学版), 2007(3): 98-102.

·外文文献·

[1] Alonso W. Location and land use[M]. Cambridge, Massachusetts: Harvard University Press, 1964.

[2] Altshuler A. Review of the Cost of Sprawl[J]. Journal of the American Planning Association, 1977, 43(2): 207-209.

[3] Anderson W P, Kanaroglou P S, et al. Urban Form, Energy and the Environment: A Review of Issues, Evidence and Policy[J]. Urban Studies, 1996, 33(1): 7-35.

[4] Anthony J. Do state growth management regulations reduce sprawl?[J]. Urban Affairs Review, 2004, 39(3): 376-397.

[5] Benedict M A, McMahon E T. Green infrastructure: smart conservation for the 21st century[J]. Renewable Resources Journal, 2002, 20(3), 12-17.

[6] Bengston D N, Youn Y. Urban Containment Policies and the Protection of Natural Areas: The Case of Seoul's Greenbelt[EB/OL]. http://www.ecologyandsociety.org/vol11/iss1/art3/.

[7] Bengston D N, Fletcher J O, Nelson K C. Public policies for managing urban growth and protecting open space: policy instruments and lessons learned in the United States[J]. Landscape and Urban Planning, 2004, 69(3): 271-286.

[8] Brueckner J. Infrastructure Financing and Urban Development: The Economics of Impact Fees[J]. Journal of Public Economics, 1997, 66: 383-407.

[9] Brueckner J., Kim H. Urban sprawl and the property tax[J]. International Tax and Public Finance, 2003 (1): 5-23.

[10] Brueckner J. The economics of urban yard space: An "implicit-market" model for housing attributes[J]. Journal of Urban Economics, 1983, 13(2): 216-234.

[11] Brueckner J. Urban Sprawl: Diagnosis and Remedies[J]. International Regional Science Review, 2000, 23(2): 160-171.

[12] Brueckner J. Urban sprawl: Lessons from urban economics[C]// Gale W, J Pack, eds. Brookings-Wharton Papers on Urban Affairs, 2001: 65-97.

[13] Burchell R W, Naveed A S, David L. et al. The Cost of Sprawl-Revisited [D]. Washington DC: National Transportation Research Board. National Research Council, 1998.

[14] Burchell R W, Downs A, McCann B, et al. Sprawl Costs: Economic Impacts of Unchecked Development[M]. Washington, DC: Island Press, 2005.

[15] Burchell R W, et al. Cost of Sprawl – 2000[M]. Washington DC: National Academy Press, 2002.

[16] Capozza D, Helsley R. The Fundamentals of Land Prices and Urban Growth[J]. Journal of Urban Economics, 1989, 26(3): 295 – 306.

[17] Catier, C. 'Zone Fever', the Arable Land Debate, and Real Estate Speculation: China's Evolving Land Use Regime and It's Geographical Contradictions[J]. Journal of Contemporary China, 2001, 28(10): 445 – 469.

[18] Carruthers J, Ulfarsson G. Fragmentation and sprawl: evidence from interregional analysis[J]. Growth and Change, 2002, 33: 312 – 340.

[19] Carruthers J I. Evaluating the Effectiveness of Regulatory Growth Management Programs: An Interregional Analysis[D]. Seattle: University of Washington, 2001.

[20] Carruthers J I. The Impacts of State Growth Management Programs: A Comparative Analysis[I]. Urban Studies, 2002, 39(11): 1959 – 1982.

[21] Cohen J R. Maryland's 'Smart Growth': Using incentives to combat sprawl[C]// Squires G(ed.). Urban sprawl: Causes, consequences and policy response. Washington DC: Urban Institute Press, 2002.

[22] Cook I G, Murray G. China's Third Revolution: Tensions in the Transition to Post-Communism[M]. Richmond: Curzon Press, 2001.

[23] Deng F F, Huang, Youqin. Uneven land reform and urban sprawl in China: the case of Beijing[J]. Progress in Planning, 2004, (61): 211 – 236.

[24] Dipasquale D, Wheaton W C. Urban Economics and Real Estate Markets [M]. Englewood Cliffs: Prentice Hall, 1996.

[25] Dipasquale D, Wheaton W C. Urban Economics and Real Estate Markets [M]. Englewood Cliffs: Prentice Hall, 1996.

[26] Downs A. New Visions for Metropolitan America[M]. Washington DC: The Brookings Institution and Lincoln Institution of Land Policy, 1994.

[27] Dutton J A. New American Urbanism: Reforming the suburban metropolis [M]. New York: Distributed in North America and Latin America by Abbeville Pub. Group, London: Distributed elsewhere by Thames & Hud-

son, 2000.

[28] Dutton J A. New American Urbanism: Re-forming the Suburban Metropolis [M]. Milano: Skira Editore, 2001.

[29] Ewing Reid. Is Los Angeles-Style Sprawl Desirable[J]. American Planning Association Journal, 1997, 63 (1): 107-126.

[30] Ewing R, et al. Measuring Urban Sprawl and Its Impacts [R]. Smart Growth America, 2003.

[31] Ewing R, Rolf P, Chen D. Measuring Sprawl and Its Impact[M]. Washington, DC: Smart Growth America, 2004.

[32] Feiock R C, António FT, Mark L. Policy Instrument Choices for Growth Management and Land Use Regulation[J]. The Policy Studies Journal, 2008, 36(3): 461-480.

[33] Frenkel A, Ashkenazi M. Measuring urban sprawl: how can we deal with it [J]. Environment and Planning B: Planning and Design, 2008, 35(1): 56-79.

[34] Fulton W, Pendall R, Nguyen M, et al. Who Sprawls Most? How Growth Patterns Differ Across the US[D]. Washington, DC: Brookings Institute, 2001.

[35] Galster G, Hanson R, Ratcliffe M R, et al. Wrestling Sprawl to the ground: Defining and measuring an elusive concept[J]. Housing Policy Debate, 2001, 12(4): 681-718.

[36] Gillham Oliver. The Limitless City: A Primer on the Urban Sprawl Debate [M]. Washington DC: Island Press, 2002.

[37] Hadly C C. Urban sprawl: indicator, causes, and solutions[D]. paper prepared for the Bloomington Environmental Commission, 2000.

[38] Hall P, Pain K. The Polycentric Metropolis: Learning from Mega-City Regions in Europe[M]. London: Earthscan, 2006.

[39] Harvey R O, Clark W A V. The Nature and Economics of Urban Sprawl [J]. A Quarterly Journal of Planning, Housing & Public Utilities, 1965, 7 (1): 1-10.

[40] Harvey R O, Clark W A V. The Nature and Economics of Urban Sprawl [C]// Bourne L S, et al. Internal Structure of the City. New York: Oxford University Press, 1971: 475-482.

[41] Hasse J E. Geospatial Indices of Urban Sprawl in New Jersey[D]. A Dissertation submitted to the graduate school new brunswick Rutgers. State University of New Jersey, 2002: 202-211.

[42] Innes J E. Implementing state growth management in the United States: strategies for coordination[C]// Stein J M (ed). Growth Management: The Planning Challenge of the 1990s. Sage, Newbury Park, CA,1993: 18-43.

[43] Johnson W C. Growth Management in the Twin Cities Region: the Politics and Performance of the Metropolitan Council[D]. Center for Urban and Regional Affairs Publication, No. CURA 98-3, Hubert H. Humphrey Institute of Public Affairs, University of Minnesota, Minneapolis, MN, 1998.

[44] Kahn M. Does Sprawl Reduce the Black/White Housing Consumption Gap[J]. Housing Policy Debate, 2001, 12(1): 77-86.

[45] Kelly E D. Managing Community Growth—Policies, Techniques and Impacts[M]. Westport Connecticut: Praeger,1993.

[46] Knaap G, Nelson A. C. The Regulated Landscape: Lessons on State Land Use Planning from Oregon[D]. Lincoln Institute of Land Policy, Cambridge, MA. 1992.

[47] Knox P L. The restless urban landscape: economic and socio-cultural change and the transformation of Washington DC[J]. Annals of the Association of American Geographers 1991, 81: 181-209.

[48] Kolankiewicz L, Beck R. Weighing Sprawl Factors In Large U. S. Cities: Analysis of U. S. Bureau of the Census Data on the 100 Largest Urbanized Area of United States[R]. http://www.sprawlcity.org/studyUSA/, 2001:1-47.

[49] Krugman P. Development, Geography and Economic Theory[M]. Cambridge,MA: MIT Press,1995.

[50] LeRoy G. Subsidizing Sprawl: How Economic Development Programs are Going Away[J]. Multinational Monitor, 2003(10): 9-12.

[51] Levy J M. Urban and Metropolitan Economics[M]. New York: Oxford University Press, 1985.

[52] Lin C S. The growth and structural change of Chinese cities: a contextual and geographic analysis[J]. Cities, 2002(5): 299-314.

[53] Lopez R, Hynes H P. Sprawl in the 1990s: Measurement, Distribution, and Trends[J]. Urban Affairs Review, 2003, 38(3): 325-355.

[54] Lopez Russ, Hynes H. P. Sprawl in the 1990s: Measurement, Distribution and Trends[J]. Urban Affairs Review, 2008, 38(3): 325-355.

[55] Lowry Ira S, Bruce W. Ferguson. Development Regulation and Housing Affordability[M]. Washington DC: Urban Land Institute, 1992.

[56] Ma L J C. Urban Transformation in China, 1949—2000: A Review and Re-

search Agenda[J]. Environment and Planning A, 2001, 34(9): 1545 – 1569.

[57] McFarlane A. Taxes, Fees, and Urban Development[J]. Journal of Urban Economics, 1999, 46: 416 – 436.

[58] McMahon E T. 1999 Smart growth trends[J]. Plan Commissioners Journal, 1999, 33: 4 – 5.

[59] Meck S, Rebecca R. The Emergence of Growth Management Planning in the United States: The Case of Golden v. Planning Board of Town of Ramapo and Its Aftermath[J]. Journal of Planning History, 2008, 7(2): 113 – 157.

[60] Mills E S. An Aggregative Model of Resource Allocation in a Metropolitan Area[J]. American Economic Review, 1967, 57: 197 – 210.

[61] Mills E S. Studies in the Structure of the Urban Economy[M]. Baltimore: Johns Hopkins Press, 1972.

[62] Mills E S. Book Review of Urban Sprawl Causes, Consequences and Policy Responses[J]. Regional Science and Urban Economics, 2003, 33(2): 251 – 252.

[63] Mills E S, Bruce W. Hamilton, Urban Economics(Fifth Edition)[M]. New York: Harper Collins, 1994.

[64] Mills E S. Book review urban sprawl causes, consequences and policy responses[J]. Regional Science and Urban Economics, 2003, 33(2): 251 – 252.

[65] Muth R. Cities and Housing[M]. Chicago: University of Chicago Press, 1969.

[66] Nechyba T J, Randall P W. Urban Sprawl[J]. The Journal of Economic Perspectives, 2004(4): 177 – 200.

[67] Nelson A C, Duncan J, Mullen C, et al. Growth management: Principles and practices[M]. Chicago: APA Planners Press, 1995.

[68] Nelson A C, Duncan J B. Growth Management Principles and Practices[M]. Chicago, IL: Planners Press, American Planning Association, 1995.

[69] Nelson A C. Comparing States with and without Growth Management Regulations Based on Indicators with Policy Implications[J]. Land Use Policy, 1999, 16: 121 – 127.

[70] Nelson A C, Pendall R, Dawkins C J, Gerrit J. Knaap. The Link between Growth Management and Housing Affordability: the Academic Evidence [M]. The Brooking Institution Center on Urban and Metropolitan Policy,

2002.

[71] Oates W E. The Effects of Property Taxes and Property Values: An Empirical Study of Tax Capitalization and the Tiebout Hypothesis[J]. Journal of Political Economy, 1969, 77(6): 957-971.

[72] Osborne David, Gaebler T. Reinventing Government: How The Entrepreneurial Spirit Is Transforming The Public Sector[M]. Lexington, MA, Addison-Wesley, 1992.

[73] Owens D W. Land-use and development moratoria[J]. Popular Government. 1990, 56(2), 31-36.

[74] Palen J. The Urban World[M]. McGraw-Hill Humanities Social Press, 1981.

[75] Pendall R, Martin J, Fulton W. Holding the Line: Urban Containment in the United States[M]. Washington D C: The Brookings Institution Center on Urban and Metropolitan Policy, 2002.

[76] Pendall R. Do Land-use Controls Cause Sprawl[J]. Environment and Planning, 1999, 26(4) 555-571.

[77] Hall, P. The Containment of Urban England[M]. London: Allen and Unwin Press, 1973.

[78] Porter D R. Managing Growth in America's communities[M]. 2nd ed. Washington D C.: Island press, 2008.

[79] Porter D R. Managing Growth in America's communities[M]. Washington D C.: Island press, 1997.

[80] Rothblatt D. North American metropolitan planning: Canadian and US perspectives[J]. Journal of the American Planning Association, 1994(4): 501-520.

[81] Scargill D I, Scargill K E. Containing the City: The Role of Oxford's Green Belt[D]. School of Geography Research Paper, University of Oxford, 1994.

[82] Scott A J. New industrial spaces: flexible production organization and regional development in North America and western Europe[M]. London: Pion, 1988.

[83] Siedentop S. Urban Sprawl-verstehen, messen, steuern[D]. DISP, 160. Zürich, 2005: 23-35.

[84] Sierra Club. Sierra Club Report on Sprawl. http://www.sierraclub.org/sprawl. 1998.

[85] Sohn J, Gerrit-Jan K. Does the Job Creation Tax Credit Program in Mary-

land Help Concentrate Employment Growth[J]. Economic Development Quarterly, 2005, 19(4): 313-326.

[86] Song Y, Zenou Y. Property tax and urban sprawl theory and implications for US cities[J]. Journal of Urban Economics, 2006(3): 519-534.

[87] Soule D C. The Cost of Sprawl[J]// Soule D C. Urban Sprawl: A Comprehensive Reference Guide [C] Westport CT: Greenwood Press, 2006: 260-269.

[88] Sutton P C. A scale-adjusted measure of 'Urban sprawl' using nighttime satellite imagery[J]. Remote Sensing of Environment, 2003 (8): 353-369.

[89] Wassmer R W. An economic perspective on urban sprawl[D]. Working Paper for the California Senate Office of Research, 2002: 1-21.

[90] Weitz J. From quiet revolution to smart growth: state growth management programs, 1960 to 1999[J]. Journal of Planning Literature, 1999, 14(2): 267-338.

[91] Whyte W H, Jr. Urban Sprawl: The exploding metropolis[M]. N. Y Doubleday, 1958.

[92] Wu Fulong Gar-On Yeh A. Changing Spatial Distribution and Determinants of Land Development in Chinese Cities in the Transition from a Centrally Planned Economy to a Socialist Market Economy: A Case Study of Guangzhou[J]. Urban Studies, 1997, 34(11): 1851-1879.

[93] Wu Fulong China's Changing Urban Governance in the Transition Towards a More Market-oriented. Economy. Urban Studies, 2002, 39(7): 1071-1093.

[94] Wu Fulong. The (Post-) socialist entrepreneurial city as a state project: Shanghai's reglobalisation in question[J]. Urban Studies, 2003, 40(9): 1673-1698.

[95] Wu J, Plantinga A J. The Influence of Public Open Space on Urban Spatial Structure[M]. Journal of Environmental Economics and Management, 2003, 46(2): 288-309.

[96] Yeh A G O, LI X. Urban growth management in the Pearl River delta: an integrated remote sensing and GIS approach[M], ITC Journal, 1996(1): 77-86.

[97] Zhang T. Urban development and a socialist pro-growth coalition in Shanghai[J]. Urban Affairs Review, 2002(4): 475-499.

[98] Zhang Tingwei. Community Feature and Urban Sprawl: the Case of the Chicago Metropolitan Region[J], Land Use Policy, 2001,18: 221-231.

[99] Zhu J. Local growth coalition: the context and implications of China's gradualist urban land reforms[J]. International of Urban and Regional Research, 1999(3): 534-548.

[100] Zovanyi G. Growth Management for a Sustainable Future: Ecological Sustainability as the New Growth Management Focus for the 21st Century. Praeger, Westport, CT, 1998.

图表来源说明

第 1 章

图 1-1 源自:本书作者自制。

图 1-2 源自:雒占福.基于精明增长的城市空间扩展研究——以兰州市为例[D].西北师范大学博士学位论文,2009:69.

图 1-3 源自:本书作者自制。

第 2 章

图 2-1 至图 2-3 源自:本书作者自制。

图 2-4 源自:丁成日.城市"摊大饼"式空间扩张的经济学动力机制[J].城市规划,2005(4):56-60.

图 2-5 至图 2-7 源自:本书作者自制。

图 2-8 源自:简·K.布吕克纳[美].城市均衡的结构:对穆特—米尔斯模型的统一处理[C].转自埃德温·S.米尔斯主编.区域和城市经济学手册(第 2 卷).郝寿义,等,译,北京:经济科学出版社,2003:104.

图 2-9 源自:威廉·阿朗索[美].区位和土地利用——地租的一般理论[M].梁进社,等,译,北京:商务印书馆,2007:147-148.

图 2-10 源自:威廉·阿朗索[美].区位和土地利用——地租的一般理论[M].梁进社,等,译,北京:商务印书馆,2007:152-153.

图 2-11 源自:本书作者自制。

图 2-12 源自:周伟材,严翼,等.城市经济学[M].上海:复旦大学出版社,2004:163

图 2-13 至图 2-14 源自:洪世键,张京祥.交通基础设施与城市空间增长:基于城市经济学的视角[J]。城市规划,2010(5):29-34

第 3 章

图 3-1 源自:Brueckner J. Urban sprawl: Lessons from urban economics[C]// Gale W Pack J, (eds). Brookings-Wharton Papers on Urban Affairs, 2001: 65-97.

图 3-2 源自:Brueckner J Urban sprawl: Lessons from urban

economics// Gale W, Pack J, eds. Brookings-Wharton Papers on Urban Affairs, 2001:65－97.

图3-3 源自:洪世键.大都市区治理:理论演进与运作模式[M].南京:东南大学出版社,2009:72.

图3-4至图3-6 源自:丁成日.城市密度及其形成机制城市发展静态和动态模型[J].国外城市规划,2005(4):7－10.

第4章

图4-1 源自:本书作者自制.

图4-2 源自:黄贤金.土地经济学[M].北京:科学出版社,2009:338.

表4-1至表4-2 源自:奥利弗·吉勒姆[美].无边的城市——论战城市蔓延[M].叶齐茂,倪晓辉,译.北京:中国建筑工业出版社,2007:79－80.

表4-2 源自:奥利弗·吉勒姆[美].无边的城市——论战城市蔓延[M].叶齐茂,倪晓辉,译.北京:中国建筑工业出版社,2007:79－80.

表4-3 源自:Burchell R W, Naveed A S, David L, et al. Sprawl-Revisited[D]. Washington D C: National Transportation Research Board. National Research Council, 1998.

表4-4 源自:奥利弗·吉勒姆[美].无边的城市——论战城市蔓延[M].叶齐茂,倪晓辉,译.北京:中国建筑工业出版社,2007:169.

表4-5 源自:Bengston D N, Fletcher J O, Nelson K C. Public policies for managing urban growth and protecting open space: policy instruments and lessons learned in the United States[J]. Landscape and Urban Planning, 2004, 69 (3): 271－286.

表4-6 源自:韩昊英,冯科,吴次芳.容纳式城市发展政策:国际视野和经验[J].浙江大学学报(人文社会科学版),2009(2):162－171.

第5章

图5-1 源自:Rothblatt D N, Danie G. Suburbia: An International Assessment[M]. London: Groom Helm, 1986:4.

图5-2 源自:Downs A. Opening Up the Suburbs: An Urban Strategy for America[M]. New Haven: Yale University Press, 1973:199.

图 5-3　源自：网络资料。

图 5-4　源自：Meck, Stuart, Rebecca Retzlaff. The Emergence of Growth Management Planning in the United States: The Case of Golden v. Planning Board of Town of Ramapo and Its Aftermath[J]. Journal of Planning History, 2008(7): 113-157.

图 5-5　源自：Metro. The nature of 2040: The region's 50-year plan for managing growth[D]. http://library.oregonmetro.gov/files/natureof2040.pdf.

图 5-6 至图 5-8　源自：奥利弗·吉勒姆[美]. 无边的城市——论战城市蔓延[M]. 叶齐茂, 倪晓辉, 译. 北京：中国建筑工业出版社, 2007.

表 5-1 至表 5-2　源自：奥利弗·吉勒姆[美]. 无边的城市——论战城市蔓延[M]. 叶齐茂, 倪晓辉, 译. 北京：中国建筑工业出版社, 2007:6.

表 5-3　源自：Weitz J. From quiet revolution to smart growth: State growth management programs, 1960 to 1999[J]. Journal of Planning Literature, 1999, 14(2): 267-338.

表 5-4　源自：Anthony J. Do state growth management regulations reduce sprawl[J]. Urban Affairs Review, 2004, 39(3): 376-397.

表 5-5　源自：Porter D R. Managing Growth in America's communities(Second Edition)[M]. Washington DC: Island Press, 2008: 16-17.

表 5-6　源自：Meck, S, Rebecca R. The Emergence of Growth Management Planning in the United States: The Case of Golden v. Planning Board of Town of Ramapo and Its Aftermath[J]. Journal of Planning History, 2008, 7(2): 113-157.

表 5-7　源自：奥利弗·吉勒姆[美]. 无边的城市——论战城市蔓延[M]. 叶齐茂, 倪晓辉, 译. 北京：中国建筑工业出版社, 2007:77.

第 6 章

图 6-1　源自：本书作者自制。

图 6-2 至图 6-3　源自：历年《中国国土资源年鉴》。

图 6-4　源自：洪世键, 张京祥. 土地使用制度改革背景下中国城市空间扩展[J]. 城市规划学刊, 2009(3): 89-94.

图 6-5 至图 6-6　源自：本书作者自制。

图6-7　源自:根据张可云教授绘图修改。

图6-8　源自:洪世键,张京祥.土地使用制度改革背景下中国城市空间扩展[J].城市规划学刊,2009(3):89-94.

表6-1　源自:张洪波.对"大学城"规划热潮的回顾与反思[J].西安建筑科技大学学报(社会科学版),2005,24(3):22-25.

第7章

图7-1至图7-3　源自:历年《中国统计年鉴》。

图7-4至图7-5　源自:本书作者自制。

图7-6至图7-10　源自:根据厦门、泉州、漳州相关年份的统计年鉴整理而成。

表7-1　源自:历年《中国统计年鉴》。

表7-2　源自:根据相关资料整理。

表7-3至表7-5　源自:根据厦门、泉州、漳州相关年份的统计年鉴整理而成。

表7-6至表7-7　源自:本书作者自制。

第8章

图8-1　源自:《长三角洲区域规划纲要》。

图8-2　源自:《长江三角洲地区土地利用规划》。

图8-3　源自:《中国城市统计年鉴》(1998—2008)

图8-4至图8-6　源自:本书作者自制。

表8-1　源自:《中国城市统计年鉴》(1998—2008).

第9章

图9-1至图9-2　源自:刘冬华.面向土地低消耗的城市精明增长研究[D].同济大学博士学位论文,2007:47-48.

图9-3　源自:北京规划局.北京城市总体规划(2004—2020年).

图9-4　源自:重庆大学城市规划与设计研究院.成都市非建设用地规划[D],2004.

图9-5至图9-6　源自:深圳市规划和国土资源委员会.

图9-7　源自:合肥市城市总体规划(2006—2020).

图9-8　源自:《北京市绿地系统规划》。

图9-9至图9-12　源自:无锡市规划局。

图 9-13 至图 9-14　源自:本书作者自制。

图 9-15　源自:历年《中国国土资源年鉴》。

图 9-16　源自:本书作者自制。

图 9-17　源自:《南京城市总体规划》(1991—2010)。

表 9-1　源自:张波.中国城市成长管理研究[M].北京:新华出版社,2004:194-195.

表 9-2　源自:邢仲余.非建设用地的规划控制研究[J].城市规划,2010(增刊):27-30.

表 9-3 至表 9-4　源自:《珠三角城镇群空间协调规划》(2004—2020)。

表 9-5　源自:无锡市房地产市场网(http://www.wxhouse.com)。